教育中的心理效应

张彦军 主编

陕西师范大学出版总社　西安

图书代号　JC24N1986

图书在版编目(CIP)数据

教育中的心理效应 / 张彦军主编. -- 西安：陕西师范大学出版总社有限公司, 2024.9. -- ISBN 978-7-5695-4752-8

Ⅰ.G44

中国国家版本馆CIP数据核字第20247GR512号

教育中的心理效应
JIAOYU ZHONG DE XINLI XIAOYING

张彦军　主编

责任编辑	王东升
责任校对	钱　栩
封面设计	鼎新设计
出版发行	陕西师范大学出版总社
	(西安市长安南路199号　邮编710062)
网　　址	http://www.snupg.com
印　　刷	西安报业传媒集团
开　　本	787 mm×1092 mm　1/16
印　　张	15
字　　数	240千
版　　次	2024年9月第1版
印　　次	2024年9月第1次印刷
书　　号	ISBN 978-7-5695-4752-8
定　　价	45.00元

读者购书、书店添货如发现印装质量问题，请与本社高等教育出版中心联系。
电话:(029)85303622(传真)　85307864

前　言

心理学的研究对象是人的心理现象和行为。自1997年上本科开始学习心理学直至毕业后进入高校从事心理学专业教学,已有27年,在个人学习及教学中一直感觉心理学离民众的生活比较远。一方面是受实证主义的影响,心理学的许多研究都依靠数据分析、生理机制分析,主流研究往往热衷于论证 $p<0.05$ 是否成立,这样往往忽视了人的主观能动性、人的社会性;另一方面,心理学知识在表述过程中术语非常多且晦涩,许多理念及概念我也是在多轮教学之后才真正理解,术语的难以理解造成心理学知识的普及和推广并不如人意,因此社会大众长期以来一直将心理学理解为"猜别人心里怎么想"的学科,大众对心理学的理解更倾向于心理学对个人心理规律的解读而忽视了心理学对群体心理的研究。在刚参加工作时,领导曾委派我负责河西学院心理卫生协会的工作,协会的宗旨为"让大众了解心理学,让心理学走向大众",随着教龄的增长,我越来越认可这句话。在多年的教学工作中,我也力图将心理学的知识用最通俗易懂的语言讲给学生,比如我会将"先行组织者"让学生理解为"课前导入",让学生将"最近发展区"理解为"潜力",这样讲之后学生就很容易理解。在本书编写过程中,对大部分心理效应在介绍过程中也查证了一些该效应的量化研究及部分事例,力图做到通俗性和学术性相统一。

心理效应是个体在特定情境中出现的心理现象或心理规律,它能让个体对情境有相当程度的预期,也为旁观者预知个体行为提供了有效途径。心理效应普遍存在于人们的工作、学习和生活领域,学生通过对心理效应的学习可以掌握学习规律,教师和家长掌握相应的心理效应可以实现对学生的高效引导与管理。

诚然,对心理现象的解释往往仁者见仁、智者见智,每个人都是带着特定图式来理解当前情境,这也就决定了对同一问题的不同理解,也决定了对同一问题出现的心理效应可能有所偏差。

本着让读者更容易理解心理现象的理念,我在本书编写过程中也很注意以下几个方面:第一,心理学知识的表述尽量避免使用晦涩的术语,用通俗语言来解释复杂的心理现象;第二,教育现象的表述尽量与老师、家长的教育实际相结合;第三,学习规律的表述尽量以实例来论证,以增强学生的可借鉴性。本书既可作为高等院校心理学专业的教材,又可作为心理学爱好者的普及读物。

学生的学习方法与策略、老师的班级管理与教学水平、家长的教育方法、学生与教师和家长的互动方式都是影响教育效果的重要因素。本书也是从这些方面入手,分五个专题来阐述"教与学中的要素"。

专题一是心理效应与教育,主要介绍心理效应研究的历史和心理效应的机制。通过本专题的介绍,力图使读者了解心理效应研究的久远历史、心理效应是长期社会实践的总结,心理效应的产生也是心理定势和长期社会强化的结果。

专题二是学生成长中的心理效应,主要介绍学生学习中的心理效应和学生发展中的心理效应。学生是正在发展中的人,心智尚不成熟,其在学习效率、社会性发展方面会出现一定的问题。这些问题的解决有助于促进学生智能的提升和社会性的提高。但并不是每一个老师和家长都重视学生的学习效率与学习方法,更常见的情况是许多家长和老师往往只给孩子强调学习的态度,不教给孩子具体的学习方法。这导致孩子在努力之后提升不明显,进而出现习得性无助,对老师和家长的"心灵鸡汤"产生抵触情绪。在社会性发展方面,中小学生正处于和社会接触逐渐增多的时期,正在走向成熟,因此需要老师和家长给予更多的指导,以期实现学生心理与行为的社会化。

专题三是教师在教育中的心理效应,主要介绍了教师在教育管理中的心理效应和教师在课堂教学中的心理效应。教育是科学,也是艺术。恰当地利用心理效应对学生的影响力,可以增强教师对学生的影响力,进而提高教育效果。

专题四是家庭教育中的心理效应,主要介绍了家庭环境中的心理效应和亲子互动中的心理效应。家庭是孩子的第一所学校,父母是孩子的第一任教师。

学生在走进学校前在思维方式、行为习惯等方面已深深烙上了父母的痕迹。学生正是在此基础上开始了新的学习与发展。父母对孩子正确、有效的影响,将为孩子在学校的发展打下良好的基础。

专题五是教育要素中的心理效应,本专题介绍了社会环境对学生学习的重要影响。尽管学生与社会的接触相对较少,但不容否认,社会环境中教育的理念、社会文化背景、社会运行机制都会对学生产生影响。学生正处于世界观、人生观、价值观形成的重要时期,他们与周边人员的互动内容、模式也深刻地影响着学生的学习与发展。

本书精选了81个教育中的心理效应,对每一个心理效应的解释遵循了"是什么——心理效应的相关研究""为什么——心理效应产生的原因""怎么办——心理效应对教育的启示"的思路,即对每一个心理效应,先介绍了"效应的相关研究""效应产生的原因""效应的教育启示"。通过这样的模式,力图使读者对该效应有较为全面的理解,也有助于在教育情境中加以运用。

本书的出版得到了河西学院教师教育学院主持的甘肃省省级重点学科《发展与教育心理学》的支持,是甘肃省应用心理学特色专业建设的成果之一。在成书过程中,得到了河西学院教师教育学院、河西学院教育科学研究所诸位同仁的帮助和支持;河西学院文学院2021级的同学们参与了部分资料的收集和整理工作。没有以上老师和同学的帮助,本书的完成是难以想象的,在此对以上老师和同学的辛勤付出表示衷心的感谢。

张彦军

于河西学院教师教育学院

2024年3月28日

目 录

专题一 心理效应与教育 ·· 1
  主题一 心理效应研究的历史 ·· 3
  主题二 心理效应的机制 ·· 11
专题二 学生成长中的心理效应 ·· 15
  主题一 学生学习中的心理效应 ·· 17
    自信的作用——亨利效应 ·· 17
    "五到"——感官协同效应 ·· 19
    1＋1＝3？——群体效应 ·· 23
    欲速则不达——詹森效应 ·· 26
    "好像见过"——易感效应 ·· 29
    直觉思维——酝酿效应 ·· 30
    "组块效应"——7±2效应 ·· 32
    两头记得牢、中间记得差——系列位置效应 ······························ 35
    编码策略——培哥效应 ·· 38
    "胸有成竹"——认知地图效应 ·· 40
    学习中的瓶颈期——高原效应 ·· 44
    150%的过度学习最好——过度学习效应 ·································· 47
    记忆的恢复——记忆回涨现象 ·· 49
    遗忘是先快后慢的——艾宾浩斯遗忘曲线 ······························ 51
  主题二 学生发展中的心理效应 ·· 55
    中等强度的压力是最好的——压力效应 ·································· 55

目标引领——目标效应 …………………………………… 56
　　养成习惯需要21天——21天效应 ………………………… 59
　　他人在场影响做事的效率——观众效应 ………………… 61
　　成败影响后续的努力——成败效应 ……………………… 64
　　异性相吸——异性效应 …………………………………… 66

专题三　教师作用的心理效应 ………………………………… 69
　主题一　教育管理中的心理效应 …………………………… 71
　　距离产生美——刺猬效应 ………………………………… 71
　　批评的艺术——三明治效应 ……………………………… 74
　　强者愈强、弱者愈弱——马太效应 ……………………… 76
　　关注产生动力——霍桑效应 ……………………………… 78
　　教育要有仪式感——仪式效应 …………………………… 80
　　和风细雨强过暴风骤雨——南风效应 …………………… 82
　　"教之道、贵以专"——滴水石效应 ……………………… 84
　　人以类聚——自己人效应 ………………………………… 85
　　为了"配套"而焦虑——鸟笼效应 ………………………… 87
　　牵一发而动全身——蝴蝶效应 …………………………… 90
　　亡羊补牢，犹未为晚——破窗效应 ……………………… 92
　　一石激起千层浪——瀑布心理效应 ……………………… 94
　　承认错误，很有价值——特里法则 ……………………… 96
　　奖励可以塑造行为——扇贝效应 ………………………… 98
　　角色决定思维——角色效应 ……………………………… 100
　　自己选的路，跪着也要走完——自然惩罚效应 ………… 102
　　发现闪光点——瓦拉赫效应 ……………………………… 106
　　和谐平等的氛围也是动力——圆桌效应 ………………… 109
　　平台很重要——安泰效应 ………………………………… 111
　　说你行，你就行——皮格马利翁效应 …………………… 114
　　负面情绪是可以传染的——踢猫效应 …………………… 118

主题二 课堂教学中的心理效应 ·· 120
反馈可以提高学习效果——反馈效应 ·· 120
适当奖惩可以提升学习动机——赏罚效应 ··································· 122
人们对利益相关信息很敏感——鸡尾酒会效应 ······························ 125
色彩也是教育要素——色彩效应 ··· 128
尝试就有可能成功——威克效应 ··· 132
望梅止渴——暗示效应 ·· 134
温故而知新——反刍效应 ··· 137
整体大于部分之和——共生效应 ··· 139
评语的秘诀——巴纳姆效应 ·· 141
补偿心理——留面子效应 ··· 144
得寸进尺——登门槛效应 ··· 146
没有完成的任务记得牢——齐加尼克效应 ··································· 149
环境限制了一个人——鱼缸效应 ··· 152

专题四 家庭教育中的心理效应 ·· 155

主题一 家庭环境中的心理效应 ·· 157
环境创造人——泡菜效应 ··· 157
多元化要求会让孩子无所适从——手表效应 ······························· 159
言传身教——红苹果效应 ··· 161
西方不亮东方亮——补偿效应 ·· 164
适可而止——食盐效应 ·· 166
"老大憨、老二精、娇生惯养是老三"——出生顺序效应 ·············· 168
需要产生动机——马蝇效应 ·· 170
此时无声胜有声——留白效应 ·· 172
机不可失，时不再来——时机效应 ··· 174
躺平——习得性无助效应 ··· 176

主题二 亲子互动中的心理效应 ·· 180
别无选择的选择——霍布森选择效应 ·· 180
欣喜若狂的感觉——高峰体验效应 ··· 182

— 3 —

	过犹不及——超限效应	184
	跳一跳、能够着——篮球架效应	186
	人们喜欢喜欢自己的人——阿伦森效应	189
	内部动机消失的原因——德西效应	191
	被欣赏也是一种动力——赏识效应	194
	"吃完饭饭，才能吃糖"——祖母原则	197
	"不说还好，越说越糟糕"——飞镖效应	198
	鼓励或贬抑，效果是不同的——保龄球效应	200
	行为是会被模仿的——毛毛虫效应	203
	与自己相关的材料记得更牢——自我参照效应	205
	越是禁止，越是逆反——禁果效应	207
专题五	社会环境中的心理效应	211
	内卷——剧场效应	213
	生于忧患，死于安乐——青蛙效应	217
	"困在厕所里的老师"——寒蝉效应	219
	对名人的盲从——名人效应	222
参考文献		225

专题一　心理效应与教育

主题一　心理效应研究的历史

著名心理学家赫尔曼·艾宾浩斯曾对心理学的发展有一段著名评论:"心理学有着漫长的过去,但只有短暂的历史。"这段话至今仍频繁出现在各大《心理学史》教科书的序言中。要突破当代史去看心理学,必须从它"漫长的过去"开始说起。

一、前科学时期对心理效应的相关研究

在1879年威廉·冯特在莱比锡大学建立世界上第一个心理学实验室之前,心理学孕育在哲学学科中。当时,世界各国对心理现象的关注与研究主要依赖于思辨的方式。由于缺乏科学的研究方法与相对固定的研究对象,科学心理学并未形成。心理与行为产生的机制、规律被广泛应用于战争、国家治理等层面。中外一些思想家、教育家、政治家、军事家通过观察与思考,总结出了一些心理规律,这是人们最早探索出的心理效应。

(一)前科学时期哲学领域的心理效应研究

有人曾说"心理学的诞生,哲学是父亲,生理学是母亲,生物学是媒人",科学心理学脱胎于哲学。在漫长的历史中,中外哲学家对人性、世界存在的方式等问题进行了持续的研究,取得了丰硕的研究成果。古代哲学中涉及心理学研究的内容主要是对人性等宏观心理特征的研究,大约在2500年前,东西方几乎同时诞生了孔子(公元前551－公元前479)和亚里士多德(公元前384－公元前322)两位思想家,他们对人的心理现象和心理规律做了一些总结。孔子的哲学思想分为:"仁""德""义""礼"。他的"仁政"思想是其哲学思想和统治理论的核心。对于"德"的哲学思想,孔子提出"为政以德"和"士不可以不弘毅,任重

而道远"两种不同层面的"德"思想。"义"涉及范围很广,主要指道义、礼义和仁义。孔子的这些哲学思想,与2500年后马斯洛、罗杰斯等心理学家倡导的"人本主义"理念非常相似。

亚里士多德的《论灵魂》是历史上第一部论述各种心理现象的著作。亚里士多德把灵魂看作不可与身体分离的生命的形式,认为善是驱动人的运动的最后原因。在人的灵魂中,他区分了两种指向善的原因——思想与欲求。亚里士多德的理论中已对心理的实质、心理活动的动力、动机进行了论述。

(二)前科学时期教育领域的心理效应研究

原始社会的教育产生于实际生活的需要,教育与生活基本是一致的。在殷周之际,社会发生了第一次大的变革,宗法制度产生,有了君臣上下之分,嫡庶长幼之别。从此"礼教"成为中国古代教育中最重要的特征。在春秋战国、秦汉时期,已有部分思想家、教育家在教育实践中总结了一些教育规律并著书立说,这一时期形成的以孔孟为代表的儒家思想,成为中国教育思想的深厚根基。孔子是我国教育史上第一个将毕生精力贡献给教育事业的人,他对后世的教育活动产生了深远的影响。孔子的弟子们记录孔子言行的《论语》中记载了大量的教育事例,该书从教育的作用、教育的目的、教育的内容、教学方法、教师等方面总结分析并评价了孔子的教育思想;《论语》中提出的"循循善诱""温故知新""因材施教""学思行结合""启发式教学"等教学方法,已被当代教育普遍认可并采用。《礼记》中的《学记》,是我国乃至世界上第一篇论述教育问题的文章,对学习的作用、实践的意义、学习方法都有论及。"道而弗牵,强而弗抑,开而弗达"的教学理念符合今天我们讲的赏识学生,期待学生成功。"教也者,长善而救其失者也"用我们今天的话来讲就是要发现学生的闪光点,及时反馈、矫正学生出现的问题。

亚里士多德关于心灵的观念可以说就是"白板说",它可以看作是理解记忆的基础。亚里士多德提出了三大联想律,即相似律、对比律和接近律。这些观点被洛克和其他经验主义者借用,以此支持他们的经验主义心理学。

(三)前科学时期国家治理领域的心理效应研究

亚里士多德和孔子是中西方文化有代表性的人物,他们分别代表了其后2000多年来中西方国家治理层面的核心思想。亚里士多德主张法治,孔子主张德治（礼治）。孔子和亚里士多德生活的年代，制度文明都已经发展到了很高的程度，也是东西方思想文化空前繁荣的历史时代。孔子与亚里士多德在各自的国度中，分别主张的礼治和法治的治国理论，在很大程度上影响了中国与西方国家此后数千年国家治理模式的走向。对于伦理与道德的重视，是孔子与亚里士多德思想的基本出发点，也是他们治国模式的逻辑起点。亚里士多德认为，人类自然是趋向于城邦生活的动物，或者说，人天生是一个政治动物，也就是按本性要求必须过城邦生活的动物。这强调了人的社会属性，在社会中，群体心理活动必然产生，特定的心理规律会形成相应的心理效应。孔子的伦理思想更加深入人心。他认为，名不正则言不顺，言不顺则事不成，事不成则礼乐不兴，礼乐不兴则刑罚不中，刑罚不中则民无所措手足。孔子更加强调情感的作用，在情感的作用下，个体对集体、对他人的态度与行为也会发生相应的变化。虽然孔子和亚里士多德都强调仁爱、友善的德性意义，而且都是"中庸"原则的倡导者，但是，他们在治国模式上却衍生出了不同的结论。虽然亚里士多德和孔子都崇尚中庸，但亚里士多德主张的是中产阶级的贵族制，而孔子认为只有圣人才能达到中庸的境界。同时，亚里士多德鼓励人们不满足于现状，应争取更高的目标，正如他积极鼓励奴隶成为自由民，而孔子则倡导人们各安其位，以期实现统治者期望的社会稳定的治理目标。也正是基于这样的逻辑，孔子和亚里士多德分别推导出了德治（礼治）和法治两种有本质区别的治国模式。这两种治国模式，是出于不同的原因而在其立论伊始就选择了两种截然不同的发展方向，他们一个崇拜权力，维护专制集权，另一个则警惕权力，竭力分权制衡。可以说，中西方社会治理文化从各自历史发展的起始阶段，就已经走上了迥然有别的发展道路。在中国古代，恩威并举往往是统治者进行社会治理的有效手段，产生的心理往往能形成对统治者有利的局面。

（四）前科学时期军事领域的心理效应研究

据统计，中国从西周至清代灭亡，有记载的战争3790次，年均1.12次。我国有丰富的军事文化。据统计，从先秦至晚清，见于著录的兵书多达3300余部。在历代兵家著作的军事理论中，蕴藏有相当丰富的军事心理思想。它的内容主要涉及四个方面：(1)将领心理品质。如《孙子兵法》认为统率三军的将领必须具备才智、诚信、仁慈、勇敢、威严等五种品质。嗣后，历代的一些思想家、军事家也提出了与之大同小异的一些要求。(2)治军心理问题。其总的原则是文武兼备,恩威并重;其具体方法有重视教育和训练、强调赏罚要严明、认真加强心理训练、注重搞好将士关系等。(3)士气心理分析。认为激励士气、瓦解敌军士气是作战取胜的一个重要心理条件;考察了激励士气的原则和方法、瓦解敌军士气的原则和方法。(4)战术心理因素。要有因势利导,掌握战争的主动权;要有按照敌军将士的不同心理特点采取不同对策的灵活性;要有心理战术的巧诈;空城计、围魏救赵、声东击西无不是心理效应在战场上使用的经典战例。

卡尔·克劳塞维茨(1780—1831)是普鲁士军事理论家和军事历史学家,著有《战争论》一书,该书被西方誉为战略学的"圣经",克劳塞维茨对近代西方军事思想的形成和发展起了重大作用,也因此被视为西方近代军事理论的鼻祖。在军事历史的舞台上,只有那些真正体现兵家智慧结晶的精品才能跨越时空,魅力永恒。众所周知,《孙子兵法》和《战争论》分别代表了东西方古代军事理论的高峰,堪称世界兵学领域的"双璧"。《孙子兵法》和《战争论》对战争的最高目标问题都认为在于对敌心理的征服。战争指挥者的心理素质,即将领的谋略对于战争的意义,《孙子兵法》和《战争论》中都给予了高度重视。关于巩固己方心理防线方面,孙子注重"情"的作用,克劳塞维茨则着重谈到了军队的武德,一旦拥有良好的武德便形成了最坚实的心理防线;当然,由于文化的差异性,两部兵家名著对心战的重要性及论述的侧重点有较大差异,《孙子兵法》"尚谋",但是《战争论》"尚力",整体而言,《孙子兵法》对军事心理更加重视,表述更为详尽。

由于古人没有提出心理效应这一概念,他们只是对心理现象和规律进行了大量描述,因此,我们可以把他们对于心理现象和心理规律的描述理解为古人总结出的心理效应。

二、科学心理学对心理效应的相关研究

1910年,赫尔曼·艾宾浩斯用"漫长"和"短暂"来形容心理学的发展历史时,距离1879年威廉·冯特建立世界上第一个心理学实验室,刚刚过去31年。尽管此时的心理学的研究方法、研究范式尚显稚嫩,甚至连心理学的研究对象

和研究任务都处于争议当中,但不可否认,威廉·冯特建立心理学实验室具有开创性的意义,标志着科学心理学的诞生。

自科学心理学建立以来,各心理学流派的心理学家都试图对人类的心理与行为进行解释。但毋庸置疑的是,每一个理论流派或每一个理论都只能解释部分心理活动或行为,而不是全部。140多年来,能够有效解释心理效应的理论主要有强化理论、社会学习理论、社会文化理论、内隐认知理论和思维定势理论。

(一)强化理论

强化是指个体产生某种行为后得到了良好的结果(如得高分,受到老师或家长的表扬等),从而提高了该行为日后产生的频率。行为主义者认为,动机仅仅是学生受强化的产物。如果学生因学习而得到强化,他们就会有更强的学习动机;如果学生的学习没有受强化,甚至受到了惩罚(如遭到老师的嘲笑),他们的学习动机就会减弱,甚至厌恶、逃避学习。

尽管这一理论难以解释这样一些现象:有的学生在受到强化后,学习动机反而减弱了;而有的学生在遭到挫折后,学习动机反而增强了。但有相当多的研究已经表明,对于那些常常受到老师批评的学生,老师偶然的一次表扬能极大地激发他们的学习动机;对于那些常常受到老师表扬的学生,老师偶然的一次批评也能很好地触动他们改变不良的学习行为。因此,在教学中,教师不失时机地给那些难得受到表扬的学生,尤其是那些学业不良的学生予以表扬,显得尤为重要。而对于那些常常受到表扬的学生,在他们表现出某些不利于学习的行为时及时地给予批评,也不失为明智之举。

心理效应是个人在类似情境中多次强化的结果。

(二)社会学习理论

班杜拉是美国当代著名的心理学家,他对心理学的最大贡献在于提出了社会学习理论。班杜拉的社会学习理论形成于20世纪60年代,由于受到认知心理学思想方法的冲击,他逐渐从传统的行为主义研究中走出来,由偏重外部因素作用的行为主义向兼顾内在和外在因素的新观点转变。他认为观察学习是社会学习的一种最主要的形式。

班杜拉的社会学习理论是建立在他及其合作者所进行的大量实验研究的基础之上的。在早期的一项典型研究中,班杜拉分别就现实、电影和卡通片中成人榜样对儿童行为的影响进行了研究。他们首先让儿童观察成人榜样对一个玩偶拳打脚踢,然后把儿童带到一个放有玩偶的实验室,让其自由活动,并观察他们的行为表现。结果发现,儿童在实验室里对玩偶也会拳打脚踢。这说明,三类成人榜样都同样会导致儿童模仿这种攻击性行为。成人榜样对儿童行为有明显影响,儿童可以通过观察成人榜样的行为而习得新行为。

社会学习理论认为,榜样的行为对学生的影响很大。一般而言,教师向学生传递社会道德规范主要有两条途径:一条是言语教诲,一条是身体力行。米契尔等在要求儿童按规则进行游戏的实验中,将儿童分成两组:第一组的成人要求儿童遵守规则,自己也遵守规则;第二组的成人要求儿童遵守规则,但自己不遵守规则。研究发现,当成人在场时,第二组儿童基本上能严格按规则进行;但当成人不在场时,他们就不按规则游戏了。而第一组儿童自始至终是比较严格遵守规则的。这一结果表明,教育者仅仅对学生进行口头教育是难以奏效的,必须言行一致才能取得良好的教育效果,而且"身教重于言教"。这样,学生才能通过观察学习获得道德行为。

总之,观察学习在人类学习中具有重要的作用。它不但可以使我们超越经由赏罚控制来学习直接经验的限制,而且可以使我们超越事先设计的学习情境的限制,随时随地进行学习。人的许多社会性行为都是通过观察学习获得的,因此,观察学习是我们对中小学生进行品德教育的重要基础。在实际的德育工作中,教师应注意为学生提供良好的可资学习和借鉴的榜样,引导学生学习和保持榜样行为,并为学生创造再现榜样行为的机会,对好的行为给予及时的表扬和鼓励,对错误的行为则给予批评和教育。

(三)社会文化理论

苏联心理学家维果茨基认为,婴儿生来就具有一些基本的低级心理机能,如感觉、知觉、注意、记忆等。由于社会文化特别是语言符号的作用,这些低级心理机能逐渐转变为更加复杂的高级心理机能。以记忆为例,儿童在出生时就具有一定的记忆能力,不过这种能力十分有限。生活在每一种社会文化中的儿童都将掌握一些工具,使他们能够更有效地使用自己的低级心理机能。生活在现代社会中的儿童学会了通过文字符号来帮助自己记忆,而生活在没有文字的原始社会中的儿童学会了使用刻画、结绳等方法来达到记忆更多内容的目的。

维果茨基认为,正是通过一定的社会文化作用,儿童在与其他社会成员特别是成人的交往过程中,逐渐掌握了高级心理机能的工具——语言和符号,并不断在低级心理机能的基础上形成各种新的心理机能,如思维等。由于每个社会中的文化内容都有所不同,儿童智力发展的过程和内容会随着社会文化的不同而存在一定的差异。

维果茨基提出的"最近发展区""教学应走在发展的前面""学习的关键期"等观点,对学校教育具有重要的指导作用。学校在选择教学内容时,既不能超越学生的最近发展区,将过深过难的内容强加给学生,同时也要注意提供略高于学生发展水平的内容,把握学习的关键期,给予学生一定的挑战,以促进其良好发展。

心理效应是个人在社会生活中通过学习所处文化环境与氛围而学会的,个体心理效应的出现是个体社会化的结果。

(四)内隐认知理论

内隐认知(implicit cognition)是指在认知过程中,个体不能回忆出的过去经验(如使用内省法或口头报告法所测得的),仍然潜在地对活动者以后的行为和判断产生影响的认知现象。人们对个体在无意识状态下的内隐认知的研究主要涉及内隐记忆(implicit memory)与内隐学习(implicit learning)的研究。

内隐记忆是一个相对独立的记忆系统,它的特征是"被试者并非有意识地知道自己具有这种记忆,它只在对特定任务的操作中能自然地表现出来,这种任务的操作不依赖于被试者对先前经验的有意识恢复,因此也称为无意识记忆(或潜意识记忆,unconscious memory)"。实验性分离范式是内隐记忆的主要研究方法。该范式认为,如果用以比较两个测验所包含的加工过程是相同的,或者是高度相关的加工过程,则两个测验不应该出现实质性的分离,如果出现了分离,那么测验中所控制的自变量就有可能包含不同性质的加工过程。内隐学习是"有机体通过与环境接触,无目的、自动地获得事件或客体间结构关系的过程",也就是说,个体还没有注意到环境的结构关系,学习便发生了。内隐学习最常用的研究范式是人工语法学习,它对内隐记忆的测量主要体现在主试的指导语上。在典型的人工语法实验中,主试在学习阶段向实验组被试呈现符合语法的字符串,通过指导语对被试提出记忆字符串的任务要求,引导他们单纯去识记,不深入探究字符串之间的关系——内在结构联系或形成规则;在后续的测验中,主试才向实验组被试表明,刚才他们所学的材料是有规律可循的,然后让他们在新的测验任务中判断哪些材料是符合规律的,哪些不是。如果实验组被试的判断高于对照组(在学习阶段就被告知学习材料有规律,且要努力去探寻这些规律的被试),而又难以用言语表明自己判断的依据,表明实验组被试在学习阶段无意识获得的规律性知识影响了后来的语法判断,这种在无意识状态下自动地获得知识或规律的现象就是内隐学习。

内隐认知理论认为,心理效应是在特定的心理倾向与心理结构形成后,在特定情境中自动调取思维方式与行为方式的过程。易感效应是内隐认知的典型表现。

(五)思维定势理论

思维定势是指心理活动的准备状态,在思维活动中表现为一种易于以比较固定的方式解决问题的倾向。研究表明,在问题情境不变的条件下,思维定势能使人应用已掌握的方法迅速解决问题;在问题情境发生变化的情况下,思维定势会妨碍人采用新的解决方法。

由于思维定势在人们认知特定对象之前就已将对方的某些特征植根于头脑之中,当人们再次认识特定对象时,会不由自主地把先前印象同当前对象联系起来,这就造成认识上的先入为主,以偏概全,导致知觉歪曲。

主题二　心理效应的机制

心理效应一般是个体在后天与环境互动的过程中形成的,是后天学习的结果。作为一种学习的结果,科学心理学通常从行为主义、认知主义、建构主义、人本主义这四大学习理论来解释心理效应发生的机制。

一、行为主义对心理效应的理解

行为主义亦称"联结主义心理学",是20世纪初美国心理学家桑代克在对动物实验研究的基础上提出的一种学习心理学理论。联结主义认为,情境感觉和动作冲动反应之间形成的联结是学习的基础,也是心理行为的基本单位。"联结"一词,意指实验动物对笼内情境的感觉和反应动作的冲动之间形成的联系或联想。根据动物学习实验,桑代克提出了三条学习律,即练习律、效果律和准备律。练习律指刺激与反应之间的联结强度取决于使用该联结的频次。在试误学习的过程中,任何刺激与反应的联结一经练习运用,其联结的力量就逐渐增大,练习的时间越近,联结保持的力量越大;如果不运用,联结的力量就会逐渐减少,不用的时间越长,联结的力量减少就越多。

效果律指刺激与反应之间的联结加强或减弱受到反应结果的影响。在试误学习的过程中,如果其他条件相等,在学习者对刺激情境做出特定反应之后能够获得满意的结果时,联结就会增强;而得到烦恼的结果时,联结就会削弱。也就是说,满意的结果会促使个体趋向和维持某一行为,烦恼的结果则使个体逃避或放弃某一行为。

准备律指在试误学习的过程中,当刺激与反应之间的联结事先有一种准备状态时,则感到满意;反之,当此联结无准备状态时,则感到烦恼。

行为主义理论认为强化是行为获得最有效的手段。个体行为出现后,面临的结果如果是令个体满意的,则会增强这个行为,称为正强化,赏识效应即是正强化的例子;撤除一个厌恶刺激后,个体面临的结果如果是令个体满意的,则会增强这个行为,称为负强化。个体行为出现后,给予一个刺激,个体的行为减少或消失,这被称为正惩罚,如给予电击、罚款即是正惩罚的例子;剥夺相应的权利或取消刺激,个体的行为减少或消失,这被称为负惩罚,如罚站、隔离即是负惩罚的例子。

在巴甫洛夫的经典性条件反射实验中,先向狗呈现铃声刺激,铃响半分钟后便给予食物,于是可观察并记录到狗的唾液分泌反应。当铃声与食物反复配对呈现多次以后,仅呈现铃声而不出现食物时,狗也会做出唾液分泌反应。然而,如果把给狗呈现刺激的顺序倒过来,即先给狗给予食物,之后再摇铃,则狗不会再分泌唾液;这个原理可以解释普雷马克原理,即老奶奶哄孙子吃药时都会说"先吃药,吃完药再吃糖"而不是相反。

在斯金纳实验中,老鼠学会了通过压杠杆获取食物,鸽子通过食物的强化学会了"打乒乓球"。曝光效应即是个体在人际交往中,由于多次出现在别人面前,多次强化印象后造成的人际吸引。斯金纳在动物实验中发现,行为如果长期得不到强化,这个行为就会逐渐弱化并有可能逐渐消失,这被称为消退。在德西效应中,老奶奶就是通过逐渐取消强化物,使爱打闹的年轻人逐渐失去了打闹的动力,直至动力完全消退。

在新的新行为主义者班杜拉看来,个体的行为是通过观察和模仿而学会的。正是通过观察和模仿,我们在人际交往中锻炼出了相应的能力,在工作、学习和生活中形成了一系列的刻板印象和思维定势。

二、认知主义对心理效应的理解

主张整体认知客观世界的格式塔心理学派是认知主义早期的流派之一,其最基本的观点是"完形",即人们倾向于把事物知觉为一个相互联系的整体。以广告中的名人效应为例,由于广告中名人的形象和产品的形象一起出现或在呈现时间上接近,因而人们在知觉中会倾向于把名人和产品看成是一个整体,并将他们联系起来。由于名人在社会上的知名度和社会地位较高,受到社会大众的仰慕和喜爱,是人们心目中追求的偶像,经常受到人们的注意和评价,选择声望很高的名人来向消费大众推荐产品,可使广告的产品"借光"而身价倍增。

认知学习理论认为,学习并不是在外部环境的支配下被动地形成刺激－反应的联结,而是主动地在头脑内部构造认知结构;学习并不是通过练习与强化形成反应习惯,而是通过顿悟与理解获得期待;有机体当前的学习依赖于他从记忆中抽取的认知结构和当前的刺激情境,学习受主体的预期所引导,而不是受习惯所支配。如认知主义者布鲁纳就十分重视认知结构在学习过程中的作用。在学生学习中,学生新学的知识应找到相应的固着点,知识以逻辑框架(思维导图)的形式存在,学生就能在更宏观的层面来理解知识、吸收知识;认知地图效应很好地解释了对知识宏观理解的重要性。

三、建构主义对心理效应的解释

建构主义是认知主义的进一步发展,建构主义者主张世界是客观存在的,但是对于世界的理解、对世界所赋予的意义,却是由每个人自己决定的。建构主义者强调,知识并不是对现实的纯客观反映,它只不过是人们对客观世界的一种解释、假设或假说,它并不是问题的最终答案,随着人们认识程度的深入,会不断地出现新的解释和假设。学习是在一定情境即社会文化背景下,借助其他人的帮助而实现的意义建构过程,即学习者主动地对外来信息进行选择加工,从不同背景、角度出发,在教师和他人的协助下,通过独特的信息加工活动,建构起自己对现实世界的意义的过程。建构主义强调在教学过程中教师对学生的引导而不是"讲授",这就对老师提出了更高的要求,老师在教学中要充分利用反馈效应、暗示效应等提高课堂教学的质量。

四、人本主义对心理效应的解释

人本主义心理学是20世纪五六十年代在美国兴起的一种心理学思潮,其主要代表人物是马斯洛和罗杰斯。人本主义的学习与教学观深刻地影响了世界范围内的教育改革,是与程序教学运动、学科结构运动并称的20世纪三大教学运动之一。

人本主义心理学既是一种时代思想,也是一种社会及教育改革运动,它自产生之日起便讥讽精神分析心理学为精神病人的心理学，行为主义心理学是低级动物和婴幼儿的心理学。人本主义心理学旨在发掘人类的心理潜能，它不但主张心理学应研究正常的人，而且更强调研究人的高级心理活动，如热情、信念、生命和尊严等内容。它主张把人作为一个整体来研究，而不是将人的心理肢解为不能整合的几个部分。由于人本主义主要是在对新行为主义和精神分析学派的批判中形成和发展的，所以常常被人称为是第三势力心理学。基于其理论特点，人本主义心理学对于教育领域中的学习研究和看法，显示出与众不同的异彩。促进人的"自我实现"是人本主义心理学最根本的目的，许多人本主义心理学家都是人本主义教育的积极倡导者，罗杰斯就是其中一位杰出的代表。他提出了人格的自我论，并将自己的人格理论推广到教育和教学领域，形成了独具特色的学习理论。

专题二　学生成长中的心理效应

主题一　学生学习中的心理效应

自信的作用——亨利效应

心理学上把因接受虚假的信息或刺激产生了盲目的自信或积极的态度,从而表现出异乎寻常的正面效果,称之为"亨利效应"。

一、亨利效应的相关研究

亨利效应名称起源于两个亨利的故事。

约翰·亨利效应是指控制组在与实验组竞争时,其表现往往会超出原有水平的现象。由海尼奇于1970年在评论一些比较电视教学与课堂常规教学的研究时命名,名称源自传说。在一个实验中,为了评估打桩机的效率,建立了一个对照组。一个名叫约翰·亨利的美国黑人铁路工人被选为控制组,但亨利知道自己是要与机器做比较,因此超常发挥。一个铁钉打入木桩,一般工人需要抢3下锤子,而他只需要1下。因此他竟然赢了机器,但也死于过度劳累。

多年前,有一位叫亨利的美国青年,从小在孤儿院长大,身材矮小,长相也不好,讲话又带着浓重的乡土口音,所以一直很自卑,连最普通的工作都不敢去应聘。30岁生日的那一天,他站在河边徘徊,几乎没有活下去的勇气。这时,他的一位好友跑过来告诉他:"一份杂志里讲,拿破仑有一个私生子流落到美国,这个私生子有一个儿子,他的全部特点跟你一样。"亨利半信半疑,但当他拿起那本杂志琢磨半天后,开始相信自己就是拿破仑的孙子。此后,亨利不再为贫穷、矮小、乡土口音等特征自卑,凭着"我是拿破仑孙子"的信念积极面对生活。

3年后,他成了一家大公司的董事长。后经查证,亨利并非拿破仑的孙子,但这已经不重要了。在"我是拿破仑孙子"这个美丽的谎言中,他改变了自己的人生。

二、亨利效应产生的原因

"积极心理学"主要突出人的"美""善"和"优",重点强调人的积极性,鼓励人们在逆境中找到正确的出路,在顺境中谋求更好的发展,告诉人们无论在哪种环境都要勇于发现自己的"真、善、美",从而建立起自己的信心。如果以积极的主观感受去面对那些容易令人不开心的事情,遇事总说一句"真是非常好",人生会完全不同。"积极心理学"和"亨利效应"的相通之处在于:都是积极向上,以鼓励为主的心理学理论,都对学生信心的建立有很好的促进作用,应用在教学中,都有很好的应用价值。"亨利效应"是一种心理期待。每个人的心理深层都有一种成功的动机,塑造和完善自己的渴望,它一旦被激励、赏识和唤醒,就会产生巨大的冲动和不可遏止的激情。莱曼·波特对于期望行为进行了研究,研究结果表明,人在能力范围以内,尽自己最大的努力,完成了一项既定的工作,得到了认同后,会产生喜悦感,这种喜悦感能够增加人的自信。而另外一个研究结果表明,如果这个任务是被动工作的,即使他们完成了,也不会产生喜悦感和自信。这项研究表明,过高的期望也是导致孩子不自信的原因之一,很多孩子在幼儿时期,就面对各种压力,例如各种辅导班、培训班,由于要求过高又很难达到,长期如此,会形成"我很笨、我不行"的负面情感体验,进而失去了自信。

三、亨利效应的教育启示

亨利效应告诉我们:

1.善用发展的眼光,挖掘和发现学生的亮点。不必吝啬自己的夸奖,如果学生成绩优秀或有所进步,及时表示出赞扬及肯定。当学生的考试成绩不佳时,也鼓励他们下次表现将会考得更好,以此来增强学生的自信心。

2.善用"亨利效应",启发和唤醒学生的期待。教师可以用含蓄、抽象引导的间接方法对学生的心理和行为产生影响,能够有效引导学生按照一定的方式去行动或接受一定的意见,使其思想、行为与教师期望的目标相符合。

3. 让教育面向全体学生,做学生的良师益友是素质教育对教育工作者的基本要求,在教师的眼中,每一位学生都应该是平等的,学生的个性与能力各不相同,只有依照不同的标准去衡量和评价,才能让所有的学生都展示其价值。因此,需避免用同一把尺子去衡量所有的学生,只以学生成绩的优劣这唯一的标准去看待和评价学生,其结果不仅制约了学生的个性发展,也致使许多学生厌学,甚至辍学。

4. 做学生与家长沟通的桥梁。提醒家长在日常生活中多鼓励孩子,避免打压式教育,少与"别人家的孩子"做比较,放大孩子的优点长处,使孩子变得更加自信。

5. 引导学生正确利用"亨利效应",坚定自信的同时要符合客观实际。如果客观存在的事情已经证明曾经自信的目标难以实现了,那就要根据客观实际对自信的目标进行适当调整。否则好高骛远、脱离实际的自信不仅会无所收获,而且会耗费大量的时间和精力,并使学生心理严重受挫。

"五到"——感官协同效应

"感官协同效应"是指人们在收集信息的时候,参与的感官越多,所得到的信息就越丰富,所掌握的知识也就越扎实。也就是说,多种感觉器官齐上阵,能够提高感知的效果。

一、感官协同效应的相关研究

科学家发现,人从听觉获得的知识能够记住15%;从视觉获得的知识能够记住25%;但是如果把听觉和视觉结合起来,就能记住知识的65%。而且,所有的感觉是以颇为直接的方式相互联系的。如果嗅觉受到抑制,那么,味觉也会受到严重影响。同样,视觉主要凭借着声音而得到加强,如看电影时,看有声电影的印象和理解要更深一些。

美国心理学家格斯塔做过一个实验,也证明了这个效应。他把智商相近的10个学生均分为两组,第一组在屋里只放5张椅子和5本《圣经》,第二组在室内除5本《圣经》之外,还有几本宗教故事画集,并播放宗教音乐,然后要求两组被试者都背诵《圣经》。结果发现第二组成绩远优于第一组。这是因为第二组学习《圣经》时使用的感官比较多的缘故。

宋代的大学者朱熹发明了一种"三到"读书法:"读书有三到,谓心到、眼到、口到。心不在此,则眼不看仔细,心眼既不专一,却只漫浪诵读,决不能记,记亦不能久也。三到之中,心到最急,心既到矣,眼口岂不到乎?"朱熹的这个理论被后代的许多文人奉为有效的学习方法。它之所以有效,就是因为它包含了两种感官的协同作用——视觉和听觉。

胡适先生在《怎样读书》中讲到,读书要做到"四到",即眼到、口到、心到、手到。事实上,除了这"四到"之外,还应加上脑到。

所谓眼到,就是要做到每个字都认识,要把书中的内容看仔细,看明白。一本书是由无数个字组成的,如果我们不认识书中的字,就很难将书读下去。即使囫囵吞枣地把书读完,因为有些字不认识,不理解每个字表达的真正含义,也不会明白作者从字里行间流露出的真实想法。这样书虽然读了,但不解其意,既浪费时间,也浪费精力,而且还不能做到学有所获。所以,不管是读中文书,还是外文书,认识每个字或者单词,弄清每个字或单词包含的意思,特别是对于一些多义词,更应该如此。除此之外,还要结合上下文的意境,准确地理解书中表达的真实含义,这样读书才有实效。

口到,就是能够把文章大声地读出来,甚至背下来,背得滚瓜烂熟,烂熟于心。说到读,我们眼前会浮现出这样一幅画面,在一个私塾里,一位戴着瓜皮帽,梳着长辫子的先生在房间里走来走去,摇头晃脑,大声地读着书。一群学生坐在座位上,左摇右晃,声嘶力竭地跟着先生读。仿佛书不念出来就读不好,仿佛书不背下来就记不住。大声读书对于诗词歌赋来说的确非常重要。诗词歌赋讲究一个韵味,只有大声地读出来,才能读出其中的韵味;只有大声地背出来,才能品出其中之意。读书百遍,其义自见,说的就是这个道理。现在虽然没有人提倡背书,但如果我们读到诗歌,或者遇到一些精彩的片段,或者读到一些有思想、有文化、有学问的句子,最好还是能够把它们背下来,牢牢记在心里,至少在我们脑海里留下一些印象。当我们自己写文章时,能够迅速地把它从脑海里搜索出来,运用到自己的文章中。当然不能照搬照抄,而要加上自己的理解,加上自己的感悟。许多人的文章里，经常会引用一些经典名句，这与他们平时的有效积累是分不开的。

心到，就是要弄清弄懂每一句话、每一个字的意思，这样才能真正理解全文想要表达的意境。要做到心到，必须依靠一些工具，比如字典、词典等工具书，还可以利用搜索引擎去网络上搜索。不管采用何种方式，其最终目的是要弄清楚这些字词的真实含义。有的词可能包含多种词义，遇到这样的词，还要结合上下文的意思，恰当地理解这个字或词在文中真正想要表达的意思。这样，对文章内容的理解才能更加准确。宋人张载说："读书先要会疑，于不疑处有疑方是进矣。"就是对心到的最佳描述。只有先心生疑惑，然后再利用工具解疑释惑，才能使我们读到文章的真谛。

手到，就是要在书中做好标识，对于精彩的段落，精美的文章还可以抄录下来，做好自己的读书笔记。读书时，对于一些重要的、关键的字词句段，我们可以用笔做出标记，可以使用波浪线、直线，可以画圈，可以画方框，或者使用马克笔、荧光笔等工具，在书上做出标识。当然，对于那些不属于我们自己，或不方便在书上做标记的书，还可以采用折页的方式做出标识，这样也可以起到同样的提醒效果。做标识的目的，就是要突出其重要性。当我们再去翻看书籍时，能够很快地找到书中的重要内容。记读书笔记是手到的一个非常重要的方式。记笔记，可以抄录书中的内容，也可以记录下自己读书时的所思、所想、所感、所惑，这样有助于我们更好地理解文章，吸收文章的精华。手到，还可以帮助我们做到心到。我们平时读到的文章、听到的信息、看到的现象，只是在脑子里留下了一些印象，如果不及时地把它们记录下来，时间一长就会忘记。当我们把这些内容记录下来，及时加以整理、总结、升华，就会长时间地留在脑海里，最终变成我们自己的思想和认识。

脑到就是要做到经常思考。读书，更重要的是去理解和应用。书中的东西再好，也是别人的，要想变成自己的东西，就必须经过自己大脑的加工处理、总结提升、提炼升华，才能做到真正有所收获。读书时，不仅要准确理解书中的内容，还要及时地发现这些内容与以往自己的经验有什么差别，有什么联系，或互相质疑，或相互补充，最终不断完善知识架构，形成自己崭新的知识体系。"学而不思则罔，思而不学则殆。"没有思考的读书是浪费时间。思考对于读书来说,是非常重要的事,也是读书的升华和延续。读书不是为了读而读,而是为了理解和应用。通过读书,可以增长自己的知识,提升自己的能力,提高自己的素质。所以,读书时一定要真正做到这"五到"。只有这样,才能真正把书读到位,把书读到骨子里,读到心坎上。

著名的"学习金字塔"理论里说:通过听觉来学习知识,24小时后脑袋只留下5%的知识点;通过阅读(也就是视觉)来学习,24小时后只能够留下10%的知识;通过视频(包括声音和图片)来学习,24小时后能够留下20%的知识;通过演示、展示来学习,24小时后可以留下30%的知识。把学来的知识找人互相讨论交流后,我们可以得到50%的知识;把学来的知识通过实践成功运用起来,我们会得到75%的知识;把学到的知识亲手教会其他人,我们将会得来90%的知识。譬如在钢琴演奏教学中,并不是听觉、嗅觉或视觉的单一应用,而是听觉、触觉或视觉各系统内部的协同和这三者之间的协同,因此培养学生的感官协同能力至关重要。

二、感官协同效应产生的原因

根据国外科学家的实验和研究,各种感觉吸收知识的比率有很大的差异。一个健全的人的视觉、听觉、嗅觉、触觉、味觉等五种感官器官吸收知识的比率如下:视觉占83%、听觉占11%、嗅觉占3.5%、触觉占1.5%、味觉占1%。从记忆的效率看,单靠听觉获得的知识,3小时能记住60%,3天后只记住15%;只靠视觉获得的知识,3小时后能记住70%,3天后记住40%;视觉、听觉并用获得的知识,3小时后能记住90%,3天后仍可记住75%。这说明从总体上看,多种感官并用记忆的效果更好。这是由于多种感官同时接受知识,就可使同一内容在大脑皮层上建立许多通路,留下多种痕迹,即使某一痕迹淡薄了,还有其他痕迹在,可以使记忆重现。此外,因为多种感官以多维度、多层次的方式感知识记材料,立体地反映一个对象,信息就会通过不同的感觉神经通路传入大脑,起着不同角度的复述、强化作用,从而使印象加深。现代科学研究发现:人的左脑侧重于抽象思维,主管语言、代数、逻辑等;人的右脑侧重于形象思维,主管直观图像、音乐、几何、综合创造等。心理学家理查德·汤普森和医学家斯凯尔的研究证明,人的小脑中被称为"下橄榄核"的部位对记忆起着重要的作用。在学习中,充分调动人脑视觉中枢、听觉中枢、语言中枢、运动中枢等各个部位的积极性,协同记忆,对于提高记忆质量效果显著。

三、感官协同效应的教育启示

(一)提醒学生学习时合理利用感官协同

遗忘是因为信息提取失败,而感官协同则可以帮助我们加强信息之间的联结,增加信息提取的路径,从而有助于记忆。在上课期间,同学们可以在认真听课的同时,眼睛跟随老师屏幕或者看着课本,将重点的部分用手中的笔记录下来,调动身体的各个感官,更高效地学习。

(二)提高知识内化程度

在学习中我们也可以借鉴动态交互式阅读的理念,动态交互式阅读也是多感官协同调用的一种方式,即以动作将静态的书面内容表演出来的阅读方式。研究发现通过这种方式会使实验组的孩子对故事的理解提高50%以上。而且这些孩子同时也会记住更多的细节,甚至在第一次阅读故事之后的几天里仍然清晰地记得。同学们可以在理解的基础上,尝试在头脑中将文章描述的事情表演出来,提高知识的内化程度,更好地记忆。

(三)变抽象为形象

在学习一些抽象的知识时,我们也可以运用感官协同效应,帮助我们进行想象和理解。比如在刚开始学习运算的时候,可以用豆子、小棒等来帮助理解加减乘除运算。在学习空间几何类知识的时候可以制作正方体、长方体等,来帮助理解相关知识。高效地应用感官协同效应,不仅更有利于培养我们的空间想象力、动手能力,还能发现平时所忽略掉的一些细节,甚至是发现完全和自己以往想象不一样的部分。

1 + 1 = 3?——群体效应

群体效应是指个体形成群体之后,通过群体对个体约束和指导,群体中个体之间的作用就会使群体中的一群人,在心理和行为上发生一系列的变化。

一、群体效应的相关研究

对于一个工作群体,既可以产生"1+1=3"的工作成果,也可以产生"1+1=1"的工作成果。群体的工作成果如何,与群体成员的工作行为有直接的关系。与此同时,群体对成员的行为也会产生制约、影响和改变的作用。

社会心理学研究群体问题已有长久历史。早在19世纪末,法国社会学家G·勒邦在其著作《群众》(1896)中就考察群体行为问题。他认为群众是冲动的、无理性的、没有责任感的、愚蠢的,个体一旦参加到群众之中,由于匿名、感染、暗示等因素,会丧失理性和责任感,表现出冲动的、凶残的反社会行为。后来社会心理学中的个性消失概念,就是勒邦这一思想的延续。在W·麦独孤的《社会心理学导论》(1908)中,他认为人类具有"结群本能"——一种寻找伙伴并与他人结群的先天倾向。在西方社会心理学的群体理论中,有较大影响的是F·H·奥尔波特的事象结构论。他认为,人类的群体都是个体通过一系列的社会活动、相互发生关系而形成的。事过境迁,群体则随着社会环境的变化而改组其结构。另一种较有影响的群体理论观点是K·勒温提出的团体动力学。他把格式塔心理学的原理应用于群体行为上,认为群体所具有的某些心理特征并不等于它的各部分之和。群体动力学主张,应当把群体看成一种动力整体,不可能通过分析群体中的个体情况来达到对一个群体的分析。

20世纪60年代初,苏联社会心理学也开始提出、形成自己的群体心理学理论。他们主张,社会心理学应当以历史唯物论观点为指导,在现实社会关系的基础上,研究现实社会生活中的现实群体,而不是去研究人为的、假设的群体。

个体是构成群体的主要元素,当个体能够达成共识,并朝着一个方向努力时,就会形成一股合力,而这股合力又会反过来推动每个个体的发展。所以,群体效应还体现在群体思维上,当大学生群体具有共同的发展目标时,他们就会在互相鼓励、互相帮助下付诸行动,也会在实践中不断总结经验,同时不断克服实现目标过程中遇到的各种困难,从而形成坚定的理想信念。

二、群体效应产生的原因

古斯塔夫·勒庞是法国著名社会心理学家、现代群体心理学的创始人,有

"群体社会的马基雅维利"之称,其代表作《乌合之众》被誉为群体心理学的经典。勒庞认为,"在某些既定的条件下,并且只有在这些条件下,一群人会表现出一些新的特点,它非常不同于组成这一群体的个人所具有的特点。"勒庞根据法国大革命的历史事实,提出了大量关于群体心理的理论学说,他认为《法国大革命与革命心理学》的价值超过了《乌合之众》。个体要获得集体的心理,并非一定要有实质性的接触。特定事件诱发出来的激情和封闭的共同情感足以使得个体产生集体心理,瞬间形成的集体灵魂是一种特殊的情结。其主要特征便是:完全处在一些无意识的因素支配之下,并服从于一种特殊的逻辑——集体逻辑。集体对个体影响最为显著的结果之一便是他们的情感和意志综合在一起。这种心理上的融合赋予集体巨大的力量。心理上的这种联合源于群体中的情感、举止和行为的相互传染。

巴黎社会科学高级研究院社会心理学教授塞奇·莫斯科维奇的名著《群氓的时代》所探讨的是自勒庞直至弗洛伊德的群体心理学的历史演变,并提出了自己的群体心理学理论体系。莫斯科维奇指出:一种集体生活形式的诞生总是伴随着一种新类型的人的出现。相反地,一种集体生活形式的衰亡也总是伴随着某种类型的人的消失。我们生活在一个大众社会和群体人的时代里。每个必须指挥、管理其伴的人都具有一些共同的素质,而领袖必须把这些素质与其他更有魔力的先知的素质结合起来,去唤起羡慕和热情。

勒温借用物理学中磁场的概念,认为人的心理、行为决定于内部需要和环境的相互作用。因此,要测定人的心理与行为就必须了解完成这一行为的内在的心理力场和外在的心理力场的情境因素。勒温的"场"理论最初只用于研究个体行为。1933年他迁居美国后,又应用于研究群体行为,提出"群体动力"的概念。所谓"群体动力"就是指群体活动的方向,而研究群体动力就是要研究影响群体活动动向的各种因素,因为群体活动的动向同样决定于内部力场和情境力场的相互作用。

综上,心理学家一般认为群体效应的产生是由于个体在群体中受到情绪、行为、氛围的感染而产生的尽量与群体保持一致的倾向。

三、群体效应的教育启示

在对学生的教学中,为了让群体效应得到最大的发展,教师们要注重因材施教,并为学生制定相应的小组合作计划,将有不同优点的学生组合在一起,让他们在优选搭配中最大程度上发挥自己的长处,这样一来能从有效的教学资源中剥离出最能发挥群体效应优点的生源。在一个小组中若学生们都各有所长,就会促进他们之间互相学习,互相进步,能在自我认知的基础上提出不同的学习观点,在学习过程中得到思维发散,从而提高学习的整体效率。

教师在教育中,应当和学生拉近距离,相较于以往死板的师生关系,如今网络上涌现出的一些"网红老师",在疫情期间的网课教学上效果很不错。风趣的语言和创新的教育手段,能够和学生打成一片,真正成为学生的"领导者",这样的班级,往往氛围更轻松,学生也更愿意跟着老师的步伐走。

建立和谐、平等、有爱的师生关系,严慈相济,做学生的良师益友;一个良好的师生关系能够促使群体效应在教育中有效发挥。

在师生情感关系的建设上,教师是主导,教师的一举一动都会影响学生对教师的态度。教师应该去塑造一种良性的群体竞争,虎跃雄关地,奔狼竞逐峰。当优秀的学生受到表扬,其他同学不是产生消极的嫉妒心理,而是互相学习,互相帮助,那么班级的学习氛围就会更加浓厚,由于环境对人的影响,这样的氛围下,即使是稍微差一点的学生,也会有学习的动力。

欲速则不达——詹森效应

人们把那种平时表现良好,但由于缺乏应有的心理素质而导致竞技场上失败的现象称为詹森效应。詹森效应就是人的一种浅层的心理疾病,就是将现有的困境无限放大的心理异常现象。

一、詹森效应的相关研究

丹·詹森是奥运会速滑运动员,1994年去挪威参加利勒哈默尔冬季奥运会前,他已经获得了七枚奖牌,同时打破了七项世界纪录。而在这之前的三届奥运会上,他获得的却只有无尽的遗憾。

1984 年的南斯拉夫萨拉热窝奥运会,丹·詹森在 500 米速滑比赛中获得第四名。而在四年后的加拿大卡尔加里冬季奥运会即将开幕时,在比赛当天的早上,詹森得知了姐姐因肺炎去世的消息,这严重地影响了他的心情。在比赛中,他虽然极力地克制自己,告诉自己要平静,但是情绪上的波动还是无法让他处于最佳状态,在接下来的 1000 米速滑赛中,他没有明显的优势,因而再次失败。1992 年,在法国阿尔贝维尔冬季奥运会上,詹森再次与奖牌擦肩而过。在利勒哈默尔参加比赛时,大家都很看好詹森,认为他将会是 500 米速滑金牌的得主,但是不幸又一次发生了,比赛的过程中,他滑倒了,最终与奖牌无缘。在多次失败面前,詹森并没有被吓倒,就在最后一次参加 1000 米速滑时他紧紧地抓住了机会,终于成功地夺取了金牌,打破了世界纪录,这枚金牌为他的奥运生涯画上了一个圆满的句号。心理学家由此总结得出了该效应并以詹森效应命名。

詹森效应在心理学上又有一个专门的称呼,叫做"目的颤抖"。有位心理学家做了一个实验:他请来十名观众,给他们每人一根线、一盒针,比赛穿针。在三分钟之内,穿针穿得最多的人可以获得三千元美金。可能是因为有重金奖励,十名参赛者都希望自己能取得好成绩。可是,他们越是想拿第一,双手越是发抖。最后虽然有人胜出,但总的成绩并不理想。比赛之后,心理学家请原班人马再穿一次针,也是三分钟,但不发奖金,只每人提供一份快餐。这一次,每个人的双手都不再颤抖,任务完成得都很出色。

于是,心理学家把这种现象称为"目的颤抖"。换言之,目的颤抖就是所做事情的目的性越强,就越不容易获得成功。

二、詹森效应产生的原因

心理学著名定律耶克斯——多德森定律恰好可以解释"詹森效应",进而分析考试焦虑与学业水平之间的关系。该定律认为,在一般情况下,学习难度是中等的时候。压力水平与学习效果之间呈倒 U 型的关系,即学习压力微弱或过于强烈都不利于学习。只有当学习压力的强度适中时,才能取得最理想的学习效果。学习难度很小时,学习压力大,反而能取得好的学习效果;学习难度很大时,适当地降低学习压力的强度才能促进学习。而"詹森效应"也是由压力过度所导致的紧张不安甚至带有恐惧的情绪状况引起的。

元认知心理干预技术认为,考试焦虑是学生对考试这一刺激情境的过敏性紧张,是一种消极的条件性情绪反应。条件情绪反应是以 S－E－R 为表征式的:S 为条件刺激或情境;E 为自动出现的条件性情绪;R 为条件性情绪推动下的思维和行为反应。校园里"詹森效应"的心理机制是:当学生遇到重大考试 S 时,焦虑紧张的情绪 E 就会自动出现,导致学生出现思维混乱、头脑空白、难以注意集中、手抖出汗等一系列思维、行为和躯体反应 R,而学生会对自己的消极反应 R 进行消极评价,进而产生消极的认知评价情绪 E′,这种情绪 E′又增加了条件性情绪 E,从而形成恶性循环,导致学生考场发挥失常,出现校园"詹森效应"现象。

三、詹森效应的教育启示

詹森效应对我们当下的启发意义重大。特别是在当前,学生的学业压力大,竞争激烈,更是需要摆正自己的心态。

首先,一个人要提升自己的实力,增强自信心。一个学生如果平时考试都不及格,就算他的心理素质再好,再怎么超常发挥,也无法考上清华北大。一个运动员如果连小型的比赛都没有名次,就算他心态再好,也没有机会在真正的赛场上展示自己的水平。一个人缺乏应有的实力,就算给了他机会,他也把握不住。所以,拥有一定的实力是前提。只有自己实力强大,才能有资格展现自己的水平,才能有信心走上赛场。增强实力的方法也有很多,比如做自己擅长和热爱的事情,平时勤奋刻苦地训练,找到适合自己的方法,寻找名师帮助自己,等等。一个人的实力足够强大,心里才会更有底气,拥有自信的人才能更好地发挥出自己的水平。

其次,要正确对待每一次测试,对结果保持一颗平常心。只要是比赛,成绩就会有先后,成绩好了值得开心,结果不理想也是很正常的。高考确实重要,但一个人真的落榜了也并不意味着人生就完了。奥运金牌谁都想要,但是努力过了没拿到,生活还是要继续。一个人可以拼尽全力争取自己想要的东西,但是要对结果保持一颗平常心。只有保持一颗平常心,才能在比赛的过程中保持专注,把细节做到位。更何况,有些因素并不是自己能把握的,只要把自己该做的都做了,不留遗憾就好了。

最后,要学会给自己进行积极的心理暗示,用良好的心态助力自己的成功。心理学研究表明,消极的自我暗示会对人产生很大的负面影响,而积极的自我暗示则能够起到激励和鼓舞作用。有时,一个人表现不好,并不是没有实力,而是总往坏处想,产生了太多的心理负担。

"好像见过"——易感效应

由于先前的学习已经改变了学习者的知识结构,当再一次遇到这个学习材料时,他就会更容易觉察材料中所包含的潜在意义。这种现象被称为易感效应。

一、易感效应的相关研究

易感效应的出现是由于有先前知识的学习经历,当看到材料时,出现了对材料的熟悉感,能迅速调动已有经验、经历来应对当前情境。有学者对200名幼儿进行了实验研究,相比于非暴力动画片组,观看暴力动画片组的幼儿存在更高的攻击性认知。

二、易感效应产生的原因

同化理论认为,当新获得的意义还比较清晰和完整地保持在认识结构中时,再一次接触这个已学过的材料,已经获得的认识内容会使学习者产生这种易感效应。因此,较早地进行复习,学习者易于觉察更精细的意义和微小差别。这可以认为是关于新知识学习后应该早一点复习的权威性解释。

易感效应可以帮助我们更好地学习理解知识。著名的教育家蒙台梭利说:反复练习,能完善儿童的心理感觉过程,反复练习是儿童的智力体操。比如,我们在阅读一本专业性比较强的书籍时,刚开始难免会觉得晦涩难懂,我们唯一的办法就是多读几遍,逐步理解那些字词句的含义。看得多了,会觉得书中的内容越来越好懂。这种现象也可以用易感效应来解释。

三、易感效应的教育启示

首先,帮助孩子养成课前预习的习惯。根据易感效应理论,孩子在预习时,可以在头脑中初步建立一个认知结构,哪怕这个认知结构不是特别完整和准确也没有关系。孩子在跟着老师学习时,可以不断调整、改变和完善初步的认知结构,这样就会比没有预习效率更高,理解起来也更加容易。

其次,要让孩子养成及时复习的习惯。根据记忆规律,对于刚学过的知识如果不进行及时巩固,很快就会忘掉。如果能及时复习,不仅可以加深记忆,还能进一步完善与这个知识点有关的认知结构。最好是当天的知识当天复习一遍,隔几天再复习一遍,多次重复效果更好。

最后,要探索一些适合自己的学习方法。比如,有的孩子通过画思维导图来帮助自己巩固学过的知识,有的孩子会写读书笔记来加深自己的感悟,有的孩子会通过复述来加深自己的记忆。方法有很多,适合孩子的就是最好的。

需要注意的是,对于已经熟练掌握和比较容易的知识点,不要过多重复,重复多了反而是对时间和精力的浪费。如果重复了很多次,还是没有掌握住,可以考虑改变一下学习方式,比如和同学讨论一下,请老师再讲解一次,等等。重复学习的时候,也需要注重效率,要兼顾自己的时间和精力、学科内容等等,千万不要因小失大了。

直觉思维——酝酿效应

所谓酝酿效应,又称为直觉思维,是指反复探索一个问题的解决而毫无结果时,把问题暂时搁置几小时、几天或几个星期,由于某种机遇突然使新思想、新心象浮现了出来,百思不得其解的问题往往一下子便会找到解决办法。酝酿效应也是一种无意识加工的体现,转入酝酿阶段后,可能会对事情的解决起促进作用。

一、酝酿效应的相关研究

在古希腊,国王让人做了一顶纯金的王冠,但他又怀疑工匠在王冠中掺了银子。可问题是这项王冠与当初交给金匠的一样重,谁也不知道金匠到底有没有捣鬼。国王把这个难题交给了阿基米德。阿基米德为了解决这个问题冥思苦想,起初尝试了很多想法,但都失败了。一天他去洗澡,当他坐进澡盆,看到水往外溢,同时感觉身体被轻轻地托起。他恍然大悟,运用浮力原理解决了这个问题。

心理学家西尔维拉的实验说明酝酿效应的存在。她给被试提出项链问题,其指导语如下:"你面前有4个小链子,每个链子有3个环。打开一个环要花2分钱,封合一个环要花3分钱。开始时所有的环都是封合的。你的任务是要把这12个环全部连接成一个大链子,但花钱不能超过15分钱。"读者可自行尝试解决这个问题。在实验中的3组被试都用半小时来解决问题,第一组半小时中有55%的人解决了问题;第二组在半小时解决问题中间插入半小时做其他事情,有64%的人解决了问题;第三组在半小时中间插入4个小时做其他事情,有85%的人解决了问题。这说明解决问题时酝酿时间越久,越有利于成功解决问题。

在考试前,老师强调"遇到不会做的题先放一放",往往在做其他题时能想到解决此题的办法,即是酝酿效应的体现。

二、酝酿效应产生的原因

意大利美学家克罗齐提出这样一个观点:人的知识有两种,一种是直觉的,一种是逻辑的,前者是"从想象得来的",后者是"从理智得来的"。直觉是人脑对于对象中隐含的整体性、次序性、和谐性的某种迅速而直接的洞察和领悟,它可以引导我们绕过不可逾越的高山,曲径通幽,达到柳暗花明的境界。

美国化学家普拉特和贝克等人也都讲述过类似的经历。例如,普拉特和贝克写道:"我摆脱了有关这个问题的一切思绪,快步走到街上,突然,一个想法仿佛从天而降,来到脑中,其清晰明确犹如有一个声音在大声喊叫。我决心放下工作,放下有关工作的一切思想。第二天,我在做一件性质完全不同的事情时,好像电光一闪,突然在头脑中出现了一个思想,这就是解决的办法,简单到使我奇怪怎么先前竟然没有想到。"

近年来,研究者对创造性问题解决过程中的酝酿效应及其影响因素进行了广泛的研究,同时提出了较多理论试图进一步解释酝酿效应。酝酿效应的代表性理论可分为"选择性遗忘理论""激活扩散和线索同化理论""无意识加工理论"等,它们从不同角度解释了酝酿效应的机制,并对其影响因素和有关现象各有预测。认知神经研究表明,酝酿期的基本认知成分,即表征重构和激活扩散,涉及前额叶、纹状体、海马体等多个脑区的协同合作。

三、酝酿效应的教育启示

在课堂教学中,教师不要满堂灌,一整节课都在讲,学生没有时间去理解和接纳知识,因此,要让学生有"酝酿"的时间,可以组织学生课堂讨论、辩论,以此得到教师讲课的目的。

教师在教学的过程中,将"以退为进"的学习、解题方法积极教授给学生,以举例子或讲故事的方式,让学生明白,解决不了问题时,暂时停止对问题的探索,然后再回过头来解决问题,会更容易找到解决问题的办法。

在教学中,合理安排课程,文史类与工科类相结合地进行。如果长时间地思考理科问题,会造成精神紧张,不利于学生的学习;同理,长时间学习文史类科目,容易精神松懈,同样不利于学习。因此,教学安排要劳逸结合和注意课程合理分配,让学生的大脑保持正常运转的状态,才能达到学习的最佳效果。

对于学生而言,自己也要积累知识和经验,以便在"酝酿期"使大脑的知识储备足以支撑起潜意识的思考,解决问题也会更加容易。

"组块效应"——7±2效应

7±2效应又被称为组块效应,是指人的短时记忆容量在7±2的数量之间浮动,也就是说个体在同时处理信息的时候最多同时处理5~9个信息或组块。大量的研究显示,人在短时间内能关注到的对象的数量(注意的范围)也是5~9个。

一、7±2效应的相关研究

早在19世纪中叶,心理学家威廉·汉密尔顿就注意到,如果将一把石子撒在地板上,人们很难一下子观察到超过7颗的石子。

1887年心理学家雅各布斯通过实验发现,对于无序的数字,被试者能够回忆出的最大数量约为7个。发现遗忘曲线的艾宾浩斯也发现,人在阅读一次后可记住约7个字母。这个神奇的"7"引起许多心理学家的研究兴趣。从20世纪50年代起,许多心理学家用字母、音节、字词等各种不同的材料进行过类似的实验,所得结果都约是"7"。

1956年,美国心理学家米勒教授发表了一篇重要的论文《神奇的数字7加减2:我们加工信息能力的某些限制》中明确提出短时记忆的容量为7±2、即一般为7并在5~9之间波动。这就是神奇的7±2效应。"7±2效应"同时还揭示短时记忆的关键是信息单位的"组块",这个"组块"可以是一个字母、一个符号、一个词、一个式、一个图像、一首诗或是一段话,等等。例如"教育心理学"5个字对于不懂心理学的人来说是5个组块,对稍懂心理学的人来说是两个组块(教育、心理学),而对心理学家、教育学家来说这5个字就只有一个组块。但不论人们储存的组块是什么,短时记忆的容量为7±2个组块。

有一个研究孩子记忆容量的实验,一共找90名学生来参加,其中分为一年级组,三年级组,五年级组,每组各30人,采用"背数字"的方式进行研究,以最后的总得分来作为短时记忆广度的成绩。最后实验表明,确实孩子们的短时记忆是由年龄增长而提高的。各年级儿童的顺背数字广度(最高通过位数的平均数)分别是:一年级为六至七位(5.70±0.84),三年级为七至八位(6.83±1.05),五年级为七至八位(7.12±1.09)。实验结果表明,7-9岁这一年龄阶段是短时记忆容量迅速发展的时期。

二、7±2效应产生的原因

7±2效应的产生既和"组块"的特点有关系,又和短时记忆的特点有关系。

组块是短时记忆容量的信息单位。指将若干单个刺激联合成有意义的、较大信息单位的加工过程,即对刺激的组织与再编码。因此,组块是加工处理若干刺激的意义单位。在心理学中,为了方便记忆我们把一些要记忆的东西加以分类或加工,使之成为一个小的整体,就称之为组块。组块记忆法之所以是优秀的,是与它的动态性、扩容性、相对独立性、整体性特征分不开的,这些特征也使它从众多记忆术中脱颖而出。

由于组块内部各元素之间结合非常紧密,有些组块在使用中总是作为一个元素出现的。例如一首唐诗,人们在使用的时候,往往说出上半句,下半句就紧跟着出现了。

短时记忆是指人脑中的信息在一分钟之内加工与编码的记忆,是信息从瞬时记忆到长时记忆的过渡阶段;处在工作状态中的短时记忆,或者在完成当前任务时起作用的短时记忆,就是工作记忆。一般而言,短时记忆的内容如果30秒左右得不到复述,便会遗忘。短时记忆是服从当前任务需要,主体操作、使用记忆时,主体有着清晰的意识。短时记忆中的信息保持的时间既短又易受干扰,当有新信息插入时,即阻止了复述,原有信息就会很快消失,而且不能再恢复。

三、7±2效应的教育启示

7±2效应的教育意义在于,它提醒教育者需要考虑学生的短期记忆能力有限这一现实,从而采取措施帮助学生更好地理解和记忆学习材料。具体来说,7±2效应的教育意义包括以下几个方面:

1. 将学习任务分解成小部分。教育者可以将学习任务分解成小部分,从而减轻学生的认知负担,提高学生的注意力和记忆能力。这样可以帮助学生明确学习目标,提高学习效率,促进深度学习。比如我们一个字母一个字母地记washmachine这个单词,需要记住11个组块;但是如果把单词拆解为wash和machine两个单词,则只需记住2个组块,大大提高了英语复习的效率。

2. 采用多重编码策略。教育者可以采用多重编码策略,例如图表、示意图、动画等方式,将学习材料通过不同的方式进行编码,从而提高学生的记忆能力。这样可以帮助学生更好地理解和记忆学习材料,提高学习效果。

3. 提供复习机会。由于学生的短期记忆容量有限,他们很容易忘记学习材料。因此,教育者应该给学生提供适当的复习机会,让学生重复学习材料,加强记忆。这样不仅可以帮助学生更好地掌握学习内容,还能通过不断回顾和思考,提高学生的记忆能力。

4. 提供反馈机会。学生需要及时了解自己的学习进度和成果,以便更好地调整学习策略。因此,教育者应该及时提供反馈机会,让学生了解自己的学习成果和问题,帮助他们认识到自己的优势和不足,指导他们进一步改善学习策略和提高学习成效。

两头记得牢、中间记得差——系列位置效应

系列位置效应是指在系列学习中的记忆材料,在一系列中所处的位置不同记忆效果不同,包括首位效应和近因效应。系列开头的材料比系列中间的材料记得好叫首因效应或首位效应;系列末尾的材料比系列中间的材料记得好叫近因效应或新近效应。系列位置效应一般在自由回忆中出现,是双重记忆理论的重要依据。

一、系列位置效应的相关研究

1885年,德国心理学家艾宾浩斯用顺序回忆法研究了"音节表的长度对学习难度的影响"。他选用英国诗人拜伦(G·G·Byron)的诗《唐璜》中的6节作为实验材料,进行了7次实验。结果发现,对于长度约为80个字音的诗,被试者只需要诵读8次就可以正确背诵;而对于同样数量的无意义音节,则需80次诵读才能达到标准。从信息加工理论来看。系列位置效应与注意和信息加工的策略有关。信息加工理论认为,末尾刺激的词(近因效应)记忆最好,最早呈现的刺激(首因效应)回忆效果次之。

1962年加拿大学者默多克向被试者呈现一系列无关联的字词,如"肥皂、氧、枫树、蜘蛛、雏菊、啤酒、舞蹈、雪茄烟、火星、山、炸弹、手指、椅子、木偶"等,以每秒出现1个的速度呈现完毕,让被试者以任意顺序自由回忆,结果发现回忆的效果与字词在原呈现系列中的位置有关,在系列的开始部分和末尾部分的单词均比中间部分的单词更容易回忆。

因此,研究结果表明,在一个长的刺激程序中,刺激的中间部分回忆相对难一些。通常情况下,系列的开始部分或最初学的项目较容易记忆,末尾部分或最后学习的部分也相对容易记忆,而中间部分很容易受到先学或后学材料的影响,所以是最难记忆的。

系列位置效应的结果,以系列位置为 x 轴,回忆的百分率或绝对数量为 y 轴,则可形成一个 U 形的曲线,叫系列位置曲线。(见图 2-1)

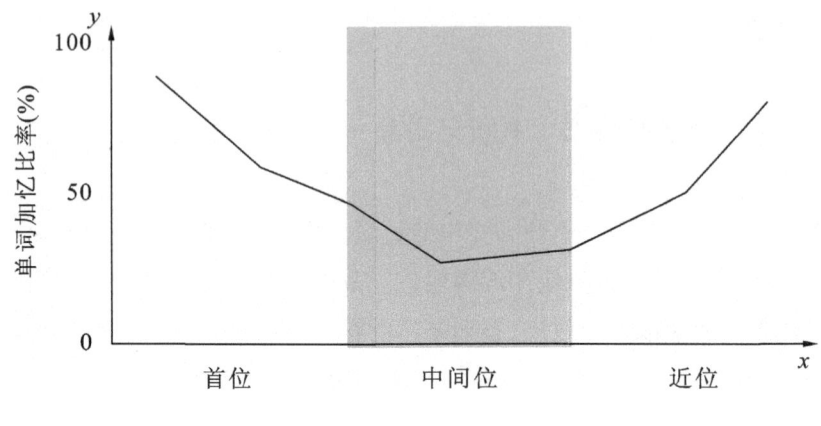

图 2-1 系列位置曲线

学生背会的课文,在多年后只能想起开头的几句和结尾的几句;在学生毕业多年后,班主任往往能够想起的是班级中最优秀的学生和最差的学生,都是系列位置效应的体现。因为学习材料所处位置不同,学习效果也就不同。倒摄抑制和前摄抑制说明不同位置的各部分材料互相干扰,受到干扰最大的就是中间部分。

二、系列位置效应产生的原因

双重记忆理论(dual memory theory),亦称"两过程理论""双重贮存理论"。把记忆区分为长时记忆与短时记忆两种贮存系统。最初的模型由布罗德本特提出。后经沃、诺曼及鲍尔修改和发展。最系统且具有代表性的陈述由 R·C·阿特金森和希弗林提出。该理论假定:输入到知觉系统的刺激项目先被分析,后被识别,且若被控制过程注意,则其内部代码进入活跃的短时记忆系统(用符号 STM 表示)。STM 中的信息只能保持在 1 分钟以内,且容量有限,至多只能保持几个信息项目。若控制过程发动复述之类的活动,则 STM 中的信息能转移至长时记忆系统(用符号 LTM 表示)。LTM 中的信息可保持 1 分钟以上,乃至终生,且容量无限。在大脑处于工作状态下,LTM 中的信息又可回到 STM 中来。如在心算时,既要记住运算的数字,又需回忆运算规则。前一信息来自当前的知觉,后一信息来自 LTM。这一理论受到了加工水平说等理论的挑战。为证明双重记忆理论,最有力的证据是在自由回忆实验中获得的系列位置效应。因为自由回忆中出现了首位效应和近因效应,而改变实验,在呈现一系列信息后,在回忆前增加逆运算,结果近因效应消失了。因此,能够得出结论:首位效应之所以出现,是因为作为第一个出现的信息,其得到了足够的时间,使之进入长时记忆,因此回忆效果好;而近因效应之所以出现,是因为作为最后出现的信息,其尚停留在短时记忆中,因此效果好;但加入逆运算后,短时记忆在记忆结束后处理数字运算,使其先前自由回忆实验中尚停留其中的信息被抹去,因此回忆时末尾的信息效果不好。

信息是从一个假设的结构到另一个假设的结构中去的流程。学生从环境中接受刺激,刺激作用于人的感受器,并转变为神经信息。这些信息进入感受登记器,这是非常短暂的记忆贮存,一般在百分之几秒内就可以把来自各感受器的信息登记完毕。被感觉登记的信息很快进入短时记忆,信息在这里可以持续 20~30 秒。如果要进一步保持信息,就得采取复述的策略,信息通过编码储存,最终进入长时记忆系统里得到永久的保持。可是,复述只能有利于保持信息以便进行编码,并不能增加短时记忆的容量。一般认为,长时记忆是个永久性的信息贮存库。储存在短时记忆或长时记忆中的信息恢复后,到达反应发生器,在这里信息被转换成行动,也就是激起效应器的活动,并作用于环境。此外,除信息流外,学习的信息加工模式还包含着期望事项与执行控制。期望事项即学习动机,正是因为学生对学习有某种期望,教师给予肯定的反馈才会具有强化的作用。因此,教师可以利用系列位置效应,用各种方法使学生得到信息的提取线索,以此来增强学生的信息回忆量,增加信息的摄入,到达最初的目标,并引导他们成为独立的学习者。

三、系列位置效应的教育启示

系列位置效应的研究有很关键的教育意义。

对于学习者而言,学习要循序渐进,要多加巩固,巩固的程度越高,内容的内部联系就越紧密,干扰的可能性就越小。在实际记忆材料中,要经常变换内容开始位置,在正向记忆后适当从材料的中间开始记忆或做更多次数的复习,从而克服一直按一贯顺序所引起的中间部分记忆率低的问题。

对于教育者而言,文化技能的传输固然重要,但更深层次的是培养学习者的思想与感知力。那么,前期阶段必须用科学有效的方法来提升学习效率,所以清晰明确的记忆是使学生更好理解知识内容的前提。因此,教育者可以利用系列位置效应,把握学习者心理,设计相应教学对策方法,做出既符合学习者生理发展又有益于心理健康的优质培养方案。首因部分主要为"导学提纲、自主预习、创设情境、高效导入、合作学习、搭建框架"的教学策略,起到迅速提高学生兴趣,对整节课提纲挈领的作用;渐进部分主要采取"趣味素材、丰富教学、针对练习、巩固提升、划分模块、压缩渐进"的教学策略,实现重点难点教学和高效课堂总结,加深学生对课堂内容的记忆。在教育工作中经常要说服学生,在说服的过程中,往往要呈现正面论据和反面论据才能增强说服效果;根据系列位置效应的原理,将正面论据放在开头和结尾半部分呈现,将反面论据放在中间呈现,效果是最好的。

编码策略——培哥效应

培哥效应是指学生将常用的数字和日常物品按谐音或形状进行编码,并将学习中已理解的内容与之联想进行记忆的过程。培哥效应实际上是通过自创一套记忆编码,来形成一个特定的链接,然后通过联想把要记的材料与之结合。

一、培哥效应的相关研究

培哥效应是由语言学家帕尔默提出,是一种图像定位记忆法。用更通俗的话说,就是学生把需要记忆的材料,进行合理编码,并转化为具体生动的图像,然后运用联想法、定桩法等办法来记忆。运用这种方法,再抽象、再复杂的知识,都能被快速转化为具体生动的图像,从而被快速而且牢牢地记住。而一般在使用培哥效应的时候有四个实施步骤:

1. 设置固定编码。需要按照自己的喜好来设定固定编号。
2. 进行编码联想。如睡觉与苹果发生联想时,可以想象成"苹果在睡觉"就具有印象性。

3. 经常训练。多次训练,会使联想内容越丰富、生动,记忆的效果会越好。

4. 灵活使用编码。当你逐渐掌握这种记忆技巧后,不仅在讲话中能用编码,听别人谈话也同样可以用编码记忆。

按照这样的步骤实施,会使自己的记忆力和学习效率得到提高。

在有些电视节目中,曾有人做过所谓奇特的记忆表演。一般都是在舞台上立一块黑板,然后随意让观众说出一些词语、数字、节目名称、公式、外语单词等等,并按序写在黑板上。表演者在这一过程中不看黑板,但他却能根据观众的要求准确地讲出其中的任意一项内容,甚至还能把全部内容倒背出来。这种表演看起来十分神奇,其实只不过是运用了培哥记忆术,产生了"培哥效应"。这种方法实际上并不难,它是自创一套记忆编码,比如:(1)帽子 (2)眼镜 (3)围巾 (4)衣服 (5)腰带 (6)裤子……并熟练地记下来,然后通过联想与要记的材料相连接。比如要求你记住这样几个词:(1)大象 (2)打气 (3)洗澡 (4)电风扇 (5)自行车 (6)水……这样你就可以把大象与固定编码的第一号"帽子"联系起来,联想到"大象的鼻子上戴了一顶帽子"。要记住第六个词"水"时,把它与裤子产生联想,——"水把裤子弄湿了"。

通过这样的编码联想,记起来就不困难了。因为在联想时,我们有意识地把联想的事物放大,表象清晰而奇特。例如要记住第四个词——电风扇与衣服发生联想时,如果表象是电风扇吹开了衣服就很一般,但如果想象成电风扇穿了一件羽绒服,就非常奇特,这就更便于记住这一对象。培哥记忆术的固定编码有很多种,如按照自己身体各部分的上下编号,按进门后能看到的东西编码,按自己的亲朋好友的姓名编号,等等。

二、培哥效应产生的原因

联想心理学主张以联想过程来解释人们的记忆、思维、学习的基本原则乃至人类的全部心理现象。早期联想心理学者认为,心理现象的产生和相互更替不是杂乱无章的,它遵循着与物理世界相类似的规律。早期联想心理学者提出了联想的四个基本定律:接近律、对比律、相似律和关系律。即从两事物的接近、相反、相似、种属或因果等关系,说明对一事物的感知或回忆引起对另一事物的回忆。根据联想心理学的观点,部分学者总结出了联想教学法,联想教学法就是在教学中经常就某一知识、某一现象或某一问题引导学生展开相关联想,从而达到激发学生思维、活跃课堂氛围,提高课堂效率的教学方法,譬如老师在讲课中讲到一个新概念,可以叫学生想一想"以前学过的类似的概念是什么"。通过这些联想,可以增强记忆效果,使知识相关联,可以使特定记忆内容处于知识体系中从而增强知识记忆的牢固性;另外,由于知识之间进行了关联或匹配,使记忆内容较少且更加形象化,也是培哥效应产生的重要原因。

三、培哥效应的教育启示

对于培哥效应及其机制的了解是很有教育意义的。记忆能力不仅靠天赋更靠方法,培哥效应是提高学生记忆力的好方法,它提醒我们,作为教育工作者,无论是教师、家长或其他人员,对于受教育者要正确指导,运用合理的方法去教育学生,切忌盲目让学生死记硬背。每个学生的大脑储存都存在差异,我们要正确对待每个学生的差异性。而我们需要认识到此效应在教育中会起关键性作用,它可以把天赋不好的人,慢慢训练成为一个记忆力好的人,从而让教育工作者的工作变得更加轻松。并且会让一个记忆力不好的人重拾自信,慢慢理解学习的乐趣,也会让原本学习好的人学得更加轻松。

学校可以在校内开展关于联想记忆法的课程,使学生提高专注度,不仅能活跃课堂,而且让学生从小有意识地开始联想记忆。家长要尊重孩子的兴趣爱好,从学生的兴趣爱好入手,将兴趣爱好和记忆学习联合起来,让学生自主地去学习联想。家长和学校要关注孩子的学习方法和效率,不要死记硬背,要一起努力找到适合学生的记忆方法,让学生感到记东西不是负担。

"胸有成竹"——认知地图效应

认知地图效应指通过不断地强化人们对某个事物的认识,可以在其大脑里形成一张"认知地图",这张认知地图可以完整地展现这个事物,使人获得更为清晰明确的认知,"庖丁解牛""胸有成竹""老马识途"成语故事便是认知地图效应的最好展现。

一、认知地图效应的相关研究

认知地图最初起源于20世纪30年代,由美国心理学家托尔曼提出。他们用老鼠做实验,将一只饥饿的老鼠放在迷宫内,通过食物来引导它们。在最初的探索中,老鼠在迷津内到处奔跑,有时跑进正确的通道,有时跑进死胡同。偶然间,它们发现了食物,并且随着次数的增多,它们的错误次数也相应地减少。托尔曼认为,在迷津实验中,目标物为老鼠提供了行为的目的和方向。老鼠在每一选择点上建立起期望,即期望着与选择点联结起来的某些线索将会引导它们走向食物。如果期望得到证实,老鼠获得食物,那么与该选择点联结起来那个线索的符号-期望的格式塔就得到加强。当老鼠在迷津中的所有选择点上都建立起一个完整的符号、期望的格式塔模式时,托尔曼就认为老鼠形成了"认知地图"(Cognitive Map)。

托尔曼用实验来证明白鼠学习的是认知地图而非一系列运动反应。他设计了一个十字形的迷津,把老鼠分成两组:一组老鼠总是在同一地点找到食物,尽管为了获得食物,它们有时必须向右转,有时必须向左转,也就是说,运动反应虽不同,但食物的地点或位置一样。另一组老鼠总是做出相同的反应,但它们须在不同的地方寻找食物,也就是说,白鼠从十字形迷津的这一端开始,只有从选择点向右转才能找到食物,如果从十字形迷津的另一端开始,也只有向右转才能找到食物。研究结果表明,第一组学习比第二组学习快。第一组8只老鼠只试验了8次就学会了,而且连续再做10次均无错误。但是,第二组的8只老鼠,没有一只能像第一组那样快,其中有5只连续试验72次都不能达到标准。这证明,在有机体的学习中,位置学习(第一组)比反应学习(第二组)快而有效。也就是说,学习有赖于认识达到目的的符号-格式塔(对白鼠来说,即认识获得食物的途径),而不是获得一系列机械的运动反应。托尔曼认为,动物和人类的行为都受目的的指导,学习者在达到目的的过程中,会遇到各种环境条件,只有认知这些条件,才能在环境线索和学习者的期望之间建立一种符号格式塔,以便达到目的。

在托尔曼看来,动物和人类的学习就其本质而言是形成认知地图,而不是一系列运动的习惯。认知地图的形成表明有机体获得了环境的整体认知,在头脑中产生了一张类似现场地图的东西。这张地图使得有机体在环境中从一点走到另一点，而不受固定的一系列身体运动的约束。

托尔曼最初的"认知地图"的概念是对环境地图在头脑中的模拟。但是托尔曼在后来的研究中把认知地图的概念泛化了，内涵得到了延伸。他认为在主体头脑中不仅可以对现场的空间环境形成一种认知地图，对书本上的符号、文字、图片等抽象的概念以及概念之间的关系也可以形成认知地图。认知地图在教育中的广泛运用，使得其在教育学生的认知方面获得极大的延伸，培养了学生的空间观念，引导学生主动探索学习。

20世纪70年代以来认知地图概念体系经历了由静态向动态转变的过程。心理学家们从信息加工角度重新审视了认知地图的本质，提出认知地图实质是认知映射，即一个包括获取、编码、存储、内部操作、解码和使用外部环境信息的动态过程。

孙慧妍在论文《学前儿童理解和使用地图能力的发展及教育思考》中指出：学前儿童已经具备了初步的地图能力，从儿童对地图概念的理解上看，绝大多数儿童已经能够了解到地图的空间表征物特性；从儿童运用地图的能力发展上看，随着年龄的增长儿童地图运用能力的发展不断成熟，开始显现出熟练地图使用者所具备的方位与对应能力；从儿童的策略使用上看，儿童在地图定位过程中能有意识的运用策略，并且随着年龄的增长儿童的策略运用更具有效性和灵活性。

二、认知地图效应产生的原因

认知地图效应的产生符合格式塔心理学"整体大于局部之和"的认知理念；由于长期的认知与思维训练，个体在认知情境中往往会倾向于从整体上做出判断，也就是用图式来理解当前情境。图式是一种结构，心理图式指的是人脑中已有的知识经验的网络。人往往是经验主义的，过去的经验会对其未来认识事物的过程和结果产生影响。由于图式概念有助于解释复杂的社会认知现象，很快被社会心理学家所采用。20世纪90年代以来图式理论又被运用于跨文化交际的研究领域，与其他理论相比，图式理论兼具描述和解释功能，并可以借此开展一些实证研究。图式理论认为，保存在头脑中的信息是以特定的认知结构存在的,通过同化及顺应,头脑中的知识结构不断丰富和调整,我们的认知框架、认知地图也随之丰富或调整。在科技革命和知识激增的条件下,必须按结构主义原理进行课程改革,让学生掌握科学知识的基本结构,即基本原理或基本概念体系;基本结构即基本概念、原理或规则,它有助于学生的理解、记忆和迁移。

三、认知地图效应的教育启示

1. 认知地图,可以实现形象教学。应当全面地引入认知地图工具来让知识的呈现方式更加多元化、具体化。这样可以有效地激发学生的学习兴趣,促进学生学习效率提高。让学生在形象化展示中不断激发学习和求知的兴趣,真正促进学生学习效率和质量的提升。

2. 教师可以积极地引入认知地图工具来开展有效化的对比教学,让学生在深刻的对比学习中强化对相应基础知识的学习和理解,进一步深化学生的认识。在后续的复习过程中也可以借助认知地图工具让学生进行对比复习,真正深化学生的认识,促进学生更为有效地开展学习。譬如教师在讲一门课伊始,可以从目录开始讲起,让学生知道本学期要学习的内容及其内在逻辑联系。在讲每一节课前,都可以简要介绍本节课教学内容与之前所学知识的联系,这样就能够促进学生头脑中知识的连接(即形成认知地图),有助于学生知识的迁移与知识的体系化。这即是奥苏贝尔所讲的课前要给学生呈现的"先行组织者"。

3. 借助认知地图,教师可以构建清晰的知识体系。各学科的基础知识内容较多,且体系庞杂。需要教师积极地分析该阶段课堂教学中存在的各种突出问题,并科学地引入认知地图工具来帮助学生构建知识体系,不断深化学生对相应基础知识内容的学习和理解,从而不断提升教学效率和质量。

4. 借助认知地图,可以更好地培养学科素养。传统的课堂教学中,部分教师受到应试教育思想和理念的影响,往往忽视对学生语文素养和语文能力的全面化培养,这样不利于核心素养培养目标的落实。科学地引入认知地图工具可以让学生强化对相应基础知识内容的学习和理解,进一步培养学生的各项学科素养。

学习中的瓶颈期——高原效应

"高原效应"也称为高原效应,是指在学习或技能的形成过程中,出现的暂时停顿或者下降的现象。在成长曲线上表现为保持一定水平而不上升,或者有所下降,但在突破"高原效应"之后,又可以看到曲线继续上升。

一、高原效应的相关研究

最早用实验方法证明高原效应的是1897年布瑞安(Bryan)等的研究。布瑞安等研究了收发电报中动作技能的进步,结果发现,在收报练习15~28天之间,成绩一度停顿下来,虽有练习,但成绩不见提高,这就是练习进程中的高原时期。

弗兰克斯等人的研究中,实验任务是追踪物体,每天练习105次,共10天。在最初的四天中,参与者进步十分明显;在第5、6、7三天中,学习成绩没有提高,呈现高原效应;而7天后,学习成绩进一步提高。

高原效应在学习中是常见的,例如,许多英语学习者曾经感觉到学习到达一定的层次以后,想要再进一步地提高学习成绩变得非常困难,仿佛学习停滞不前了,即使继续努力也收效不大。这就是心理学上所说的高原效应。并不是所有的技能学习中都必然存在高原效应,它并不具有普遍性和必然性。如果技能结构比较简单,学习者的身心状况又好,就不会出现高原效应。需要特别指出,高原效应并非技能水平达到生理极限的表现。由于人掌握技能的水平与其机体和神经系统的活动能量有密切关系,故练习的生理限度是不能否认的。但是,从人们掌握技能的实际情况看,一般并未达到生理极限,尤其是青少年学生,其技能提高的潜力是很大的。

1977年美国职业心理学家菲伦斯(T. P. Ference)等将"高原"引入职业生涯领域,用以描述个体由职业生涯发展的停滞所引发的诸如疏离感、低效能感、挫折感、失败感等系列职业生涯认同危机。他们将职业生涯"高原效应"定义为个体在职业生涯发展的某个阶段中进一步晋升的可能性非常小。后来费戈(J. F. Veiga)、菲尔德曼(D. C. Feldman)等先后又从晋升、流动和责任角度重新界定了职业生涯"高原效应",进一步丰富了其内涵。职业生涯"高原效应"现已成为职业生涯发展研究中的一个重要课题。教师作为一种传承文化、培育人才的特殊职业,其职业生涯发展过程中存在的高原效应对教师职业生涯发展具有重要影响。

二、高原效应产生的原因

麦克唐纳仔细研究了运动技能学习的过程,他将各种运动技能的学习和各种不同的学习条件总结成一个综合模式。他认为,实际的学习曲线是学习过程的量变,分为六个阶段:A 为无进步阶段;B 为迅速进步阶段;C 为学习速度逐渐减慢阶段;D 为高原阶段;E 为再次缓慢进步阶段;F 为进步再次减慢并临近极限阶段。非运动技能的学习,尽管与运动型技能学习有较大区别,例如起始进步很快,最后不存在极限阶段,但都存在学习高原效应。要说明的是,学习高原效应对任何学习者都会产生,然而表现的时间、表现时间的长短却不一样。在中学学习过程中,初二和高一的学生最容易出现高原效应,相对而言,女生比男生更容易出现学习的高原效应。

为什么会出现学习高原效应?出现学习高原效应是由于学习的不适应造成的。我们知道,根据瑞士心理学家皮亚杰的研究,儿童的认识是分阶段的,正因为如此,我们的教材编写就要根据儿童的心理特点编写,教学也要根据学生的心理特点来进行。对小学生,我们重点培养的是直觉思维;对初中生,我们重点培养的是逻辑思维;对高中生,我们着重培养的是发散思维。由于各种思维的方式不一样,由于"惯性",学生对新的思维方式往往不适应,因而总是按老办法办事,按老思路思考,按老的学习方法学习,结果成绩当然难以上去,从而出现学习的高原效应。

有时候,学生的不适应是由于教师更换频繁造成的。教学过程并不是简单的照本宣科,也不是简单的知识再现,它包含着教师的创造性。有的教师喜欢循序渐进,稳扎稳打,步步为营;有的教师喜欢把将要学习的材料,归纳为具有抽象化的、一般化高度的材料。通过抽象和提高,产生一种先导作用,把学习材料适当地归入与已有的认知结构相关联的一定概念之中,从而提高学习成绩;有的教师口若悬河,侃侃而谈;有的教师条理清楚,逻辑严密。正因为教师教学风格各异,才使教育成为艺术,使教育流派纷呈,百花齐放。由于教师的更换,使得学生不适应他们的教学方法,就会出现学习高原效应。

三、高原效应的教育启示

保持头脑冷静,适当放松,学习是一场持久战,学习中的"高原效应"是我们在学习中都要经历的,暂时的停顿其实正是取得更大突破的契机。注意劳逸结合,注意脑力与体力的平衡。在一天的紧张学习后,我们不妨听听轻音乐,看看电视,打打球,做点自己感兴趣的事情,使疲劳的状态松弛下来。

学习必然会经历各种坎坷,"高原效应"是漫长学习路上的一道坎,我们要以坚持到底的决心,顽强奋斗的品质,百折不挠的勇气和百炼成钢的攻关精神来迎战。

当我们在学习中遇到"高原效应"时,转变学习方法是重中之重。在学习的不同阶段,内容不一样,学习的方法也不完全相同。比如复习后期,我们要力求把知识融会贯通,这就需要加强我们的综合分析能力。如果仍然沿用过去习惯性的思维去对待这一阶段的复习内容,那么就会出现学习方法、思维方式与学习内容不适应的状态,从而造成"高原效应"。

把自己要复习的功课进行总结和对比,分析哪些科目是自己的"拳头产品",需要保持;哪些科目是自己的弱项,需要加强;哪些问题是学习的重点、难点,需要着重识记和掌握。然后,整理出一个大致的复习计划,勾画出一个比较完整的知识结构"联络图",同时列出实施改进计划并执行,从而掌握学习的主动权。

在学习中遇到"高原效应"时,成绩提高是非常慢的,越是这个时候越应该让自己的心态变得坚韧,不要让自己掉入情绪的陷阱,滑入愤怒和痛苦的深渊。要知道,付出一定会有回报,不在此刻在彼时,多给自己做一些心理暗示,调整自己的心态,告诉自己越是在艰难的时候越要挺住,不要让负面情绪发酵,要增强信心,让自己成功突破瓶颈期。

150%的过度学习最好——过度学习效应

在一定范围内,过度学习是必须的,超过了一定限度,就是很不经济的,因为过度学习需要更多的时间和精力。一般说来,学习程度以150%为佳,其效应也最大。超过150%,会因学习疲劳而发生"报酬递减"现象,学习的效果就会逐渐下降,出现注意分散、厌倦、疲劳等消极效应。

一、过度学习效应的相关研究

过度学习理论是由德国著名的心理学家艾宾浩斯提出的,主要含义是一个人要掌握所学的知识,一定要经常提醒自己通过反复练习,才能得到巩固。艾宾浩斯对这一效应做了最早的实验研究。他为测量超过记诵学习所需的过度学习的量,曾以不同的次数读过几组16个无意义的音节,结果发现,过度学习材料比刚能回忆的材料保持效果较好,而且其保持效果和原学习的分量大致成比例。过度学习效应一般发生在识记学习和辨别学习中。20世纪60年代后,关于辨别学习的研究,大多是进行人的辨别学习研究。除了上面的辨别反应说,还出现了位置习性说、消去说、负反应回避说、诱因说、二要素说、观察反应说、注意说等等。虽然上述各种学说还在争议,但无论如何,"过度学习"的效果也有目共睹的,关键是要保持一个度。放松的状态是不行的,但把学习的弦绷得过紧也不行。因为"过度学习"是指,如果把人学习某种知识掌握到当时再现不出错的程度作为100%,那么要保持住这种知识的掌握程度,还要用一定的时间,用相同的注意水平来不断巩固这一知识。但这种巩固一般保持在学习程度的150%以内为佳,在这一限度内,其学习心理效应最大。

在识记学习中,克留格做了一项著名的实验,在完全学会12个单间节后再进行50%至100%过度学习,1天、2天、4天、7天、14天及28天后所进行再学习中测不定期的保持量,显示出过度学习使保持量增加。过度学习不仅促进了记忆的保持,而且对后面的学习增大了正迁移。

二、过度学习效应产生的原因

"消极心理学"是美国心理学家赛利格曼(Seligman)提出的,消极心理学是一种以"疾病模式"为主导的心理模式。"消极心理学"主要突出人的信心缺失、多疑、抑郁、恐惧、焦虑等心理。"消极心理学"和"过度学习效应"的相同之处在于:两者都是一种心理负担,使人陷入一种困境,同时也使自己的心理更加敏感多疑,更加脆弱。

当学习程度是100%时,识记程度达到了"勉强学会"的水平,信息之间的连接较为薄弱,随着时间的推移遗忘必然产生;当学习程度达到200%时,由于频繁的识记会使学生感到厌烦、焦虑,实际上识记效率也较低。

三、过度学习效应的教育启示

在一般情况下,只有经过多次重复的东西才能牢固地记住。在巩固知识的同时又要注重记忆的经济性。

1. 鼓励孩子进行必要的重复练习。在孩子的学习过程中,我们经常看到这样的现象:课堂上,孩子能正确回答问题,但到考试时成绩总不理想。特别是英语学习,跟着教师的节奏,英语单词、课文都能背,可是考试时却总是错误百出。分析其原因,就是过度学习不够。很多孩子只把学习当作完成任务,只要有点会了就满足了,只要完成任务就行了。殊不知在懂与能运用之间还有好一段距离。更何况有的孩子对知识仅只是一知半解,似懂非懂。

2. 不适当的快节奏影响学习效果。现在许多教师喜欢新课上得很快,然后留下较多时间用作期末复习。往往是初三的知识在初二就学完了,一学期的课在第十五六周就上完了。我们不否认,有更多的复习时间会带来好的效果。但如果不求学生熟练掌握而一味求快,那肯定是得不偿失的。

3. 自主预习与复习是最重要的学习方法:预习的好处不仅在于可以提前知道学习内容,在预习的过程中产生一些问题,便于自己带着问题学习,听课的目的性更强了,效果当然也就更强了。预习还有一个好处就是可以让学习产生过度学习的效应。如果预习时已经懂了一些,那么上课的过程就相当于是一个复习过程,再加上课后的复习,那就一定是很充分了。没有预习,往往会让听课变得匆忙,复习变得紧张,从而降低学习效果。

4. 艾宾浩斯的"过度学习"实际上是"适度紧张学习"。要防止"报酬递减"就应该做到:当学习巩固到不再出现错误的水平时,就可以停止。如果此时再要求自己进行精力投入,那么学习效果将会下降,掌握能力将发生递减,在这种情况下,学习时间越长越学习不进去。

记忆的恢复——记忆回涨现象

记忆回涨现象又叫记忆的恢复,是指识记某种材料后,经过若干时间测得的保持量,大于识记后即时测得的保持量。它与保持量随时间推移而递减的遗忘曲线完全相反。

一、记忆回涨现象的相关研究

在一定条件下,刚刚记忆材料后立即回忆或再认的东西常常不多,而相隔若干天后就能回忆或再认的要好些。这种现象在学习有意义的材料时表现得更为明显。它最早是由美国心理学家巴拉德(P. B. Ballard)在1913年发现的,巴拉德让一组12岁的儿童学习诗歌,事先没有提醒,学习后立即让他们写下所记忆的内容,之后隔一天、两天、三天和七天后继续测量所记忆的内容。结果表明:第二、第三天的保持量都比第一天的保持量多(见图2-2)。在这类实验中这种条件是控制得了的。学习较难的材料比学习较易的材料更明显,学习程度较高的材料的记忆回涨现象要比学习程度较低的材料更为明显。此现象年幼儿童比年长儿童较普遍,随年龄的增长,该现象将逐渐消失。苏联的克拉西尔希科娃在实验中证明:学前儿童记忆恢复量占记忆总量的85.7%;小学生记忆恢复量占60%;5~7年级学生的记忆恢复量占50%。我国有关实验也证明记忆恢复现象在年幼儿童身上表现更为明显。

记忆恢复现象与儿童的年龄和识记材料的性质有关。年幼儿童表现较为明显,材料内容复杂和情调鲜明时,记忆恢复现象表现得尤为突出和经常。记忆回涨现象的一般结论是:识记材料难度的大小、材料内容意义联系的多少,对记忆恢复都有影响;儿童较成人更易出现记忆回涨现象,在智力落后儿童的身上则看不到意义回涨现象。

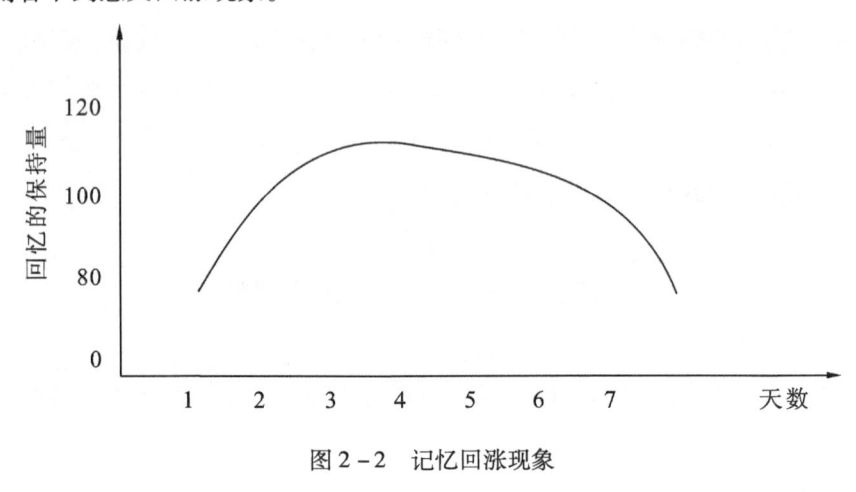

图2-2 记忆回涨现象

二、记忆回涨现象产生的原因

记忆回涨现象的理论解释有很多种：第一种解释认为记忆恢复的内容大部分是处于学习材料的中间部分，其原因可能是由于识记复杂材料的过程中产生了抑制的积累作用，影响立即回忆的成绩，经过充分休息后，抑制得到解除，因此，回忆成绩有所回涨。但也有人认为，记忆恢复现象可在识记后数日出现，抑制积累作用早已解除，不会持续那么长的时间。第二种解释认为儿童学习复杂而又有趣的材料时，对这些材料的保持是比较零散的，需要一段巩固和发展的过程，经过一段时间的思考、回味，因而加强了记忆，出现了记忆回涨。信息经过编码加工之后，在头脑中储存，这种储存虽然是有秩序、分层次的，但不能理解为像文件存放在保险柜里那样一成不变，保持不是一种消极状态，信息在记忆中的保持是一个潜在的动态过程，随时间的推移以及后来经验的影响，在质和量上均会发生变化。第三种解释认为识记后立即进行回忆学习者对学习材料还没有形成一个统一的整体，对材料的储存是零散的，因而回忆成绩低；之后学习者采用了某种较为有效的解决任务的方法，把学习材料作为一个整体来考虑，这样回忆的内容就较详尽。第四种解释认为由于识记时有累积抑制，影响了识记后的立即回忆成绩，过了一定的时间，抑制解除了，记忆的成绩也就可能提高。

三、记忆回涨现象的教育启示

教师或家长给孩子呈现学习材料时,要对材料尽量赋予意义,以降低材料的难度,这将有助于幼儿和小学生记忆回涨现象的出现。

教师或家长在给孩子提出记忆任务后,要给予学生充分的回忆、酝酿、整合知识的时间,期待学生知识体系的形成;成体系的知识更容易出现记忆回涨现象。

教师或家长在给孩子安排记忆任务时,记忆量要恰当,避免识记时的累计抑制。

遗忘是先快后慢的——艾宾浩斯遗忘曲线

一、艾宾浩斯遗忘曲线的相关研究

德国心理学家艾宾浩斯研究发现,遗忘在学习之后立即开始,而且遗忘的进程并不是均匀的。最初遗忘速度很快,以后逐渐缓慢。他认为"保持和遗忘是时间的函数"(见图2-3),他用无意义音节(由若干音节字母组成,能够读出,但无

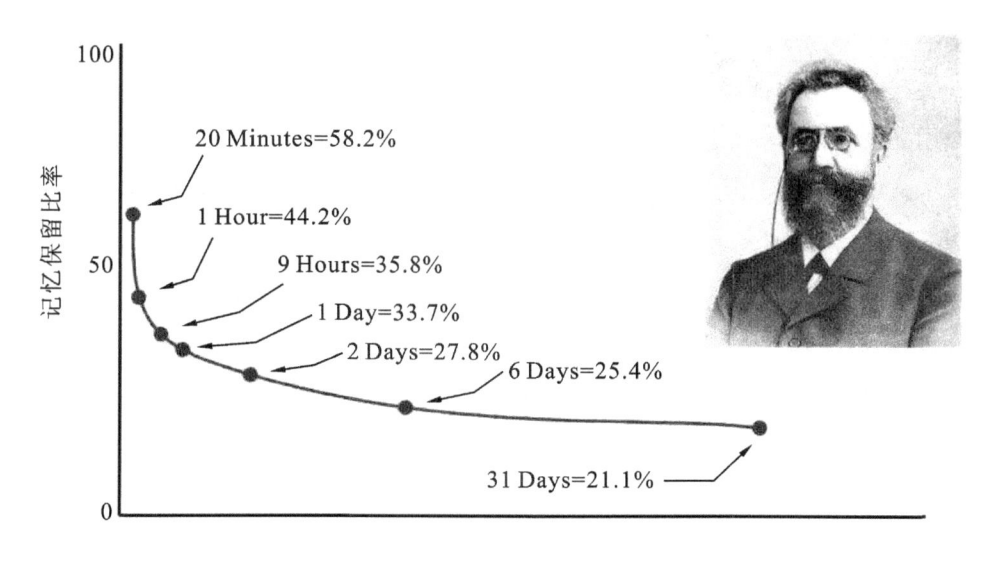

图2-3 艾宾浩斯遗忘曲线与艾宾浩斯

内容意义,即不是词的音节)作记忆材料,用节省法计算保持和遗忘的数量。并根据他的实验结果绘成描述遗忘进程的曲线,即著名的艾宾浩斯记忆遗忘曲线。

遗忘曲线表明:遗忘的速度是先快后慢的,在材料保持的过程中,第一天遗忘的速度最快,之后遗忘的速度较慢,两天后保持量和一周以后差别已经不是很大。艾宾浩斯理论告诉我们,别等记忆大厦倒了之后再去弥补,而是对记忆大厦要不断修修补补。艾宾浩斯的研究证明教育中提前预习和课后复习是必要做的一件事。

二、艾宾浩斯遗忘曲线产生的原因

影响遗忘的原因主要有以下几个方面:

记忆痕迹衰退理论认为:遗忘是记忆痕迹得不到强化而逐渐衰退,以致最后消退的结果。在学习过程中,学生进行学习相应的知识点的时候,不及时进行复习,就容易遗忘。

记忆的干扰抑制理论认为:遗忘是因为在学习和回忆之间受到其他刺激的干扰所致。这种学说可以用前摄抑制和倒摄抑制来说明。早上学习效果好,是因为早上学习没有前摄抑制的影响;晚上学习效果好,是因为晚上没有倒摄抑制的影响;中午学习效果不好,是因为中午既受前摄抑制影响,又受倒摄抑制的影响。

记忆的同化理论认为:遗忘实际上是知识的组织与认知结构简化的过程,即用高级的概念与规律代替低级的观念,使低级观念发生遗忘,从而提炼和简化了认识并减轻了记忆负担,这是一种积极的遗忘。用于解释有意义学习的保持与遗忘,在真正有意义的学习中,前后相继地学习不是相互干扰而是相互促进的,因为有意义学习总是以原有的学习为基础,后者的学习是前面学习的加深和扩充。比如,小学生进行学习算术的时间,之前用数手指的方式进行,后来一旦学习了算术的高级形式,把低级形式忘记了。

记忆的动机理论认为:遗忘是由于情绪或动机的压抑作用引起的,如果这种压抑被解除,记忆也就能恢复。比如,考试过程中,小明同学因为情绪紧张,在做题的过程中,会做的题都不会了。

记忆的提取失败理论认为:遗忘是因为我们在提取有关信息时没有找到适

当的提取线索,而一旦有了正确的线索,经过搜索所需要的信息就能被提取出来。提取失败是由于失去了线索或线索错误所致。

除上述列举理论外,根据生活经验,遗忘一般是由于多种原因造成的,是否遗忘还和个体经验、材料意义等多种因素有关。

三、艾宾浩斯遗忘曲线的教育启示

遗忘曲线对教学与学习有很大的启示。艾宾浩斯通过自己的实验,揭示了人类遗忘的规律。画出了一条至今都在使用的遗忘曲线。记忆遗忘曲线指出,人类的遗忘速度是不均衡的,由快到慢。记忆后间隔的时间越长,保持量越少,遗忘量就越多。所以我们应该及时复习当天所学到的知识,尽早安排复习,巩固学习内容,以避免大规模的遗忘,从而得到事半功倍的效果。

(一)及时复习

必须记住的材料在学习后,要在第一时间安排第一轮复习,并及时安排以后的复习。当信息进入到短期储存阶段,只有经过强化复述之后,才能够进入长时记忆。我们根据遗忘先快后慢的规律,进行及时复习是很有必要的。当记忆的信息刚要遗忘还没有遗忘的时候,及时强化巩固,要比信息完全忘掉以后再复习要节省许多时间。俄罗斯著名教育家乌申斯基说过这样的话:"一个不复习的人,就好像赶着一辆破牛车,上边装满许多捆绑很松的货物,而他只管赶路,等到达目的地的时候,车上的货物已经所剩无几,他还得意地夸耀自己走了多么远的路。"但我们应该明确,我们的目的不是在于走出多远的路,而在于"满载而归"。

(二)注重记忆方法

通过理解,积极寻找记忆材料之间的联系,对那些看似独立的记忆材料可以通过编排故事、联想等办法建立起联系。努力提高学习的动力,使记忆材料成为学生学习中需要的、感兴趣的材料,从而高效率地完成学习任务。应该注意一次记忆的材料太多会直接增加记忆的难度,如果采用死记硬背的办法,要保持较高的记忆量就必须花大量的时间反复记忆,这样的记忆效果无法令人满意。

(三)不同性质的信息穿插输入

把内容相类似的材料放到一起来学习会相互干扰。这就要求我们人为地避免干扰,将有意义与无意义的材料穿插输入。比如,将文科各类知识与理科各类知识、形象的材料与抽象的材料,相互穿插开来学习。学校里的课程表,如果让懂得这方面知识的人来安排,都会将相似科目穿插进来安排的,可以有效防止遗忘。

主题二　学生发展中的心理效应

中等强度的压力是最好的——压力效应

在组织行为学中,由于工作压力而导致心理上的异常反应,从而影响绩效的现象,人们称它为压力效应。这种效应主要由压力而引起,而压力对每一个人而言是不一样的。它与一个人的知觉、经历、人际关系等有关。人的知觉不同,所体验的压力就不同。

一、压力效应的相关研究

压力效应最典型的是耶克斯－多德森定律,一般情况下,动机水平增加,学习效果也会提高。但是,动机水平也并不是越高越好,动机水平超过一定限度,学习效果反而更差。美国心理学家耶克斯(Yerkes)和多德森(Dodson)认为,中等程度的动机激起水平最有利于学习效果的提高。同时,他们还发现,最佳的动机激起水平与作业难度密切相关:任务较容易,最佳激起水平较高;任务难度中等,最佳动机激起水平适中;任务越困难,最佳激起水平越低。这便是有名的耶克斯－多德森定律,如图2-4所示。

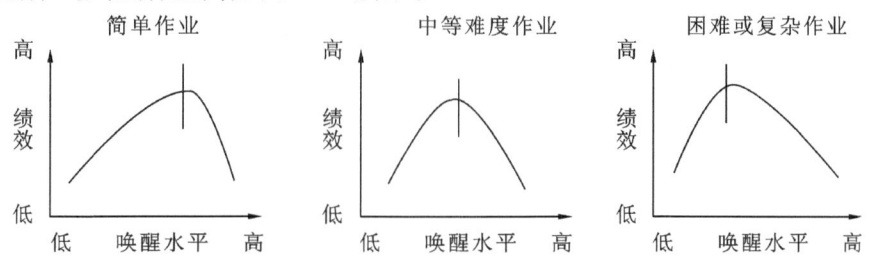

图2-4　耶克斯－多德森定律示意图

二、压力效应产生的原因

部分学生可能有这样的体会,一听到老师宣布"下周考试,抓紧复习",就觉得心跳加快,额头直冒汗。在家里,临近考试,妈妈悉心呵护,每天都给自己做最爱吃的菜,也食之无味,甚至有了厌食反应。以上考试焦虑症状即是压力过大的表现,当个体面临压力时,注意力会由做事的方法转向做事成功与否引发的结果,做事成功率和效率都将降低,效率的降低会加剧焦虑,故而在较大压力下做事效率会越来越低。

三、压力效应的教育启示

学生在平时学习中应该及时调整自己的心态,学会自我减压,临考前降低自己的目标。若把复习与考试看成一种挑战,会激发自己很快进入状态;若把它看成一种锻炼,会以平和的心态投入;若把它看成一次机会,会以积极的心态迎接。将自己的注意力放在复习和考试的过程中,专心做题才是最重要的,而不是过度担心考试结果。同学们可以和家长们一起,将自己的学习任务按照难度先进行分类,再依据难度设定合理的目标,这样自己才会在逐步达成学习目标时,建立自信,合理的期待和适当的动机才有助于我们提高学习效率。

教师在教学时,要根据学习任务的不同难度,恰当控制学生学习动机的激起程度。在学习较容易、较简单的课题时,应尽量使学生集中注意力,使学生尽量紧张一点;而在学习较复杂、较困难的课题时,则应尽量创造轻松自由的课堂气氛,在学生遇到困难或出现问题时,要尽量心平气和地慢慢引导,以免学生过度紧张和焦虑。因此,在学生中流传的"大考大耍,小考小耍,不考不耍"的调皮话,在一定程度上是有积极意义的。

目标引领——目标效应

个体为达到目标而产生出意志力量,就是目标效应。学生在学习或生活中一旦确立了明确目标后,就会向着这个目标一直努力奋斗,直到实现这个目标。

一、目标效应的相关研究

哈佛大学有一个非常著名的关于目标对人生的影响的跟踪调查。调查对象是一群智力、学历、环境等条件差不多的年轻人。通过调查发现,27%的人没有目标;60%的人目标模糊;10%的人有清晰但短期的目标;3%的人有清晰且长期的目标。此项调查进行了长达25年的跟踪,结果发现那些调查对象的生活状况以及分布现象都十分有意思:占3%的有清晰且长期目标的人,25年来几乎不曾更改过自己的人生目标,他们一直朝着一个方向努力,25年后,几乎都成了社会各界的顶尖成功人士,他们当中有白手起家的创业者、行业领袖、社会精英等;占10%的有清晰但短期目标的人,在25年后,大多生活在社会中上层,那些短期目标不断被达成,他们的生活状态稳步上升,成为各行各业不可缺少的专业人士,他们的职业大多是医生、律师、工程师等;占60%的目标模糊的人,25年后大多生活在社会的中下层,他们能够安稳地生活与学习,但没有什么特别的成绩;剩下的27%的没有目标的人,25年来,几乎都生活在社会的最底层,而且,生活得很不如意,常常失业,需要靠社会救济,喜欢怨天尤人。

目标效应是一种积极的效应,一旦我们确立了明确的目标,就会朝着这个目标不断地前进,直至实现这个目标。在现实生活中,许多人缺乏主动性,讨厌生活,其实这就是因为缺少目标。所有的成功者最初都是由制定一个小小的目标开始的,一旦拥有了目标,就会产生无穷的力量。

二、目标效应产生的原因

"目标设置理论"最早是由美国马里兰大学的管理学和心理学教授洛克在1968年提出来的,是一种在组织管理心理学中发展起来的目标理论,主要用于解释个体在工作情境中的动机、行为和绩效。该理论的前提假设是:人类的活动是有目的的,它受有意识的目标的引导。个体的工作表现之所以会不同,就是因为他们为自己设置了不同的目标。

影响目标设置的因素主要有:1.个人因素(自我效能感、目标的价值、归因方式、心境)2.社会环境因素(群体因素、榜样的作用、权威人物、奖励)。目标设置理论认为设置目标是一种强有力的激励,是完成工作的最直接的动机,也是提高激励水平的重要过程。该理论认为目标本身就具有激励作用,目标能够把人的需要转化为动机,使得人们的行为朝着一定的方向努力,并将自己的行为结果跟给定的目标进行比较并及时进行调整和修正,实现目标,最终满足自己的需要。

在人本主义心理学家罗杰斯看来,人是怀着学习的天赋和欲望的。这种特质应当引起教学者的重视,并且能够在一定的情景或时间下得以展示出来。让学生明晰需要其所学内容和他的关联的时候,可以很好地刺激这种特质的释放。学生在有了心理上的舒适感和安全感之后,学习效率会大大提高。

三、目标效应的教育启示

维果茨基认为,教学应该走在发展的前面,在学生成长过程中,老师和家长要注意引导学生设立合理的目标。

1. 教师本身要增强专业素质,研究学生,与学生有共同的时代感,做让学生喜爱和信任的教师。并提高自己的道德修养水平,严格遵守职业道德规范,杜绝体罚和言语伤害,应注意避免伤害学生心理的行为,无论是短期伤害还是长期伤害都应当避免。要多与学生做直接的、面对面的交流。给予学生引导和鼓励,制定适合学生的目标。

2. 教育目标要有针对性。每个学生都有不同的个性,教师针对学生的个性特点,选择合适的教育模式是有效完成教育目标的策略。教师要紧密结合教育对象的认知、情感和行为,有针对性地采取具体策略。

3. 教育目标宜小不宜大,目标要具体、可操作。目标模式的教育目标的实现是一个循序渐进的过程。目标模式制订的教育目标要紧密围绕学生的特长,有轻重缓急、有计划、有层次。根据学生的接受程度逐步开展。目标模式的教育目标可分为长期目标和短期目标两种。在教学过程中,教师制订的教育目标往往是指短期目标。长期目标又可以分成若干个小目标、小目标的完成可以促进大目标的实现。要想改造学生,教师必须围绕学生的思想状况、行为方式等进行短期教育活动,让他们自觉改正不良言行。

4. 老师在教育学生的过程中,应当学会适当奖励,例如口头的鼓励:你真棒、下次会更好等等,这样会使学生可以积极地设定目标且积极地完成目标,有动力。老师应当起到好榜样的作用,使学生有更加积极向上的心境,学生受到老师的影响是很大的,一个老师积极乐观那么学生的性格也会产生一定的变化。

5. 在利用"目标效应"进行教学的时候不妨以学生为本,更多地将教师对学生的期望和学生的自身需要联系起来,比如部分学生成绩较为落后,他们对人生没有明确目标,这个时候老师应该引导他们设定一些短期的目标或者聊聊他们未来想从事职业的大方向,引导他们给自己制定目标,有了目标教师就有了刺激他们努力的资本,学生也有了干劲儿。所以,结合学生自身的需求进行教学,会有意想不到的效果,这也可以为"目标效应"在教学中的应用提供更多的可能性。

养成习惯需要21天——21天效应

在行为心理学中,人们把一个人的新习惯或理念的形成并得以巩固至少需要21天的现象,称之为21天效应。

一、21天效应的相关研究

21天效应的概念最早出自一本名为《心理控制术》的书,作者麦克斯威尔·马尔茨是美国20世纪60年代的一名整形医生和临床心理学家。他发现对于截肢患者来说,手术后的头21天中,他们往往不适应已经失去的身体部分,经常仍然能感觉到它的存在。而21天后,他们就不再无意识地要去使用它了,已经习惯了他们截肢后的状态。

人的行为暗示,经21天以上的重复,会形成习惯,而90天以上的重复,会形成稳定的习惯。

根据我国成功学专家易发久研究,习惯的形成大致分三个阶段:

第一阶段:1~7天,这个阶段是顺从阶段。这时你必须不时提醒自己注意改变,并刻意要求自己。因为你一不留意,你的坏情绪、坏习惯就会浮出水面,让你又回到从前。你在提醒自己、要求自己的同时,也许会感到很不自然、很不舒服,然而,这种"不自然、不舒服"算是正常的。

第二阶段:7~21天,这一阶段是认同阶段。经过一周的刻意要求,你已经觉得比较自然、比较舒服了,但你不可大意,一不留神,你的坏情绪、坏习惯还会再来扰乱你,让你回到从前。所以,你还要刻意提醒自己,要求自己。

第三阶段:21~90天,这一阶段是内化阶段,是习惯的稳定期,它会使新习惯成为你生命的一部分。在这个阶段,你已经不必刻意要求自己,它已经像你抬手看表一样地自然了。

经过大量现实事例的验证,绝大多数人可以用21天的时间打破或养成一种习惯。虽然过程可能经过了充满信心的开始,让人精疲力竭的坚持期,难熬的过渡期,但最终可以有志者事竟成。

二、21天效应产生的原因

行为主义者认为,当我们决定养成一个新习惯时,开始的阶段可能会感觉很困难,因为我们需要战胜自己的惯性思维和旧习惯,这需要一定的耐心和毅力。但是,一旦我们坚持了21天以上,新的习惯就会变得越来越自然,甚至变成一种无须思考就能够自然执行的行为模式。总的来说,"21天效应"并不是一种奇迹,而是一种建立在不断重复和坚持之上的习惯形成机制。如果你想要改变自己的行为模式,只要坚持21天以上,就可以在大脑中建立一个新的神经回路,让新的行为模式变得更容易执行,从而成为一种自然反应。

弗洛伊德将潜意识分为前意识和无意识两个部分,有的又译为前意识和潜意识。在弗洛伊德的心理学理论中,无意识、前意识和意识虽是三个不同层次,但又是相互联系的系统结构。个体拥有的心理功能,是由意识和潜意识结合产生的杰出功能。个体的潜意识总是不断地顺从于建议并发挥其力量。个体的潜意识完全能够控制身体的功能、状态和感官。信念就像种植于土壤的种子,它会根据土壤而发芽。种植一个想法(种子)在脑海中,带着信念和期望给它浇水、施肥,它就会逐渐显现出来。21天效应,一件事情重复做21天就会成为习惯,把有意识的事情变为无意识的能力。

三、21天效应的教育启示

21天效应对学校教书育人来说,是非常重要的。学生的许多不良行为习惯、错误观念难以改变,新理念、新习惯难以形成,与我们没有按照21天效应的规律办事有很大关系。而且行为科学研究表明,一个人一天的行为中大约只有5%是非理念行为,属于非习惯的行为,而剩下的95%的行为都受理念支配,都属习惯性的行为。由此可见,理念、习惯在一个人行为中的作用是巨大的,这也是一个人成功的力量所在。因此,学校教师要积极应用这一规律。

首先,学校教师要知道培养学生形成良好习惯、理念具有巨大的作用,不能忽视。

其次,学校教师要相信理念、习惯是可以改变的,是可以形成的。学校教师中常有人如此感叹:"朽木不可雕也",也常有"恨铁不成钢"的想法。大量实验与实践证明,只要不断重复,习惯、理念是可以改变的。当然,改变理念、改变习惯会是一个极不舒服、极不情愿的事。但不管怎么说,人的行为是按理念、习惯行事的,不良的理念、习惯不改变,就可能产生不良的行为,其后果当然是不好的。因此,在改变理念、习惯时,不能因不情愿不舒服就放弃,必要时还要给予外在压力,特别是刚开始时更需如此。俗话说得好:"万事开头难",这一炮不打响,后续改变就不可能。因此,要记住改变任何一个理念、习惯时都要不断重复,直至21天,甚至21天以上。要相信,没有改变不了的理念和习惯。否则就意味着失败的来临。

最后,学校教师在改变学生的理念、习惯时,一定要遵循21天效应的规律,不能盲干。因此,下列三点尚需引起重视:一是要按照三阶段的形成特点进行理念、习惯的改变工作;二是要有耐心,新理念、新习惯的形成需要21天,甚至更多天;三是在这21天里需要不断地重复练习。

他人在场影响做事的效率——观众效应

观众效应是指在一些场合,有别人在场与否,工作效率发生明显变化的现象。社会心理学的研究证明,他人在场产生的"观众效应",既有促进个体行为效绩的一种,同时,在某种情况下,也有干扰个体活动效绩的一种。有他人在场而导致工作效率提高,被称为社会助长;有他人在场而导致工作效率降低,被称为社会懈怠或社会惰化。

一、观众效应的相关研究

1898年,心理学家特里普利特通过实验研究发现,人们的行为效率会因为别人在场或群体性的活动而明显促进。1904年,社会心理学家茅曼在做实验时,无意中发现了这个效应:当有人在房间里观看的时候,实验对象试举重物的速度快一些,掷的距离也远一些。此后,达希尔对哈佛大学的学生进行的追踪研究也证明:在有观众在场的情况下,学生做乘法要快一些,好一些。而阿尔波特则通过许多实验进一步阐明:个人单独完成任务与观众在场时完成任务相比，如果是完成同样的任务，单独完成赶不上在观众面前完成的效果。奥尔波特1924年在哈佛大学也通过实验进一步阐明：对于同样的任务，人们在观众面前完成的效果要好于个人单独完成的效果。

这种现象不仅在人类中存在，而且在动物中也同样存在。我国学者于1937年在清华大学所做的实验证明：蚂蚁在单独、成对或3只、一群时挖掘沙土的数量是很不一样的，3只蚂蚁一起挖掘沙土时，每1蚂蚁的工作量是1只蚂蚁单独工作时的3倍。

观众效应的研究对象除了人类自身以外，也涉及其他动物。有学者结合野外观察和实验，对生活在自然环境中的猫鼬种群进行了实物捕食和模型捕食反应的研究，研究表明该物种可以根据观众是否存在对捕食者做出灵活反应；Ricardo的研究发现，当有观众（其他斑马鱼）在场的情况下，两只雄性斑马鱼之间的攻击性会加强，这揭示了观众效应在激进竞赛的动力和结果方面的重要性。

但是有些情况下，有观众的观看不仅不会对被试者的表现产生积极作用，反而会在无形中增加他们的心理压力，导致无法达到预期成绩，这就是观众效应的消极影响。最早尝试对这一现象作出解释的是心理学家扎琼克，他在其著作《社会助长》一文中以内驱力理论对此现象作出了合理的解释。竞技比赛是观众效应研究最为深入的领域，该领域的学者认为，观众的数量有可能只是影响运动员的心理唤醒水平，而不直接影响运动员的个体表现，换言之，观众的数量与个体行为效率之间不存在正相关关系。更多的研究表明，个体表现与观众数量成正比的关系在一定范围内，观众数量越多，运动员表现越好，当观众数量超过某一数值之后，运动员的个体表现将不再随观众数量的增加而提高。

二、观众效应产生的原因

邱吉和采恩斯首先提出驱力理论，以解释为什么有观众在场能促进成绩的提高。他们认为：有别人在场，比如有观众或教练在场，就能增加优势反应，提高参与者的一般驱力或唤醒水平，从而对其行为产生影响。而后扎琼克以驱力理论为基础提出了"有他人在场就会引起心理上的唤醒"，从而引出了优势反应的扎琼克模式，认为唤醒能够增强任何优势反应的倾向。

科特雷尔的评价理论认为：仅有观众到场，但没有观众的评论是不会提高唤醒水平的。观众的绝对人数对胜率的影响并不像一般人认为的那么重要，比人数更重要的是观众的评价。

认知理论由博登(Borden,1980)提出一种更积极的理论模式,他用认知理论来分析观众效应,提出了一种认知—唤醒—注意的信息加工模式来代替驱力理论和评价理论。博登认为运动员能主动解释来自情境的信息,并预测观众的反应,相应地改变他的行为。因而,一个人对社会情境的理解或认知,又对于表现最佳的行为起着重要的作用。我们认为:观众的到场和观众的评价虽然能激发运动员的动机、提高唤醒水平,但主观上或心理上的社会情境比客观上的社会情境对于运动员的行为影响更大。观众效应属于社会心理学的范畴,更具体地说应属于团体动力的社会心理学现象。

三、观众效应的教育启示

观众效应具有两面性,既可以发挥积极的促进作用,也有可能产生消极影响,在应用过程中要依据实际情况发挥其积极作用,避免干扰作用的产生。要提高学生在群体中的工作、学习效率,可以从以下五个方面着手。

1. 对个人单独评价。研究发现,把活动任务具体化明确化,让个人的努力可以单独鉴别,个人的成绩可以单独测量,知道自己的作用是无可替代的,这样的单独评价,让人保持应有的被评价焦虑,从而激发强烈的行为动机,也就减少了社会惰化。教育实践中常有这样的现象:各班承担学校不同卫生区的值日,甲班的卫生做得既慢且差,乙班的卫生做得既快又好。原因可能就在于,甲班班主任对值日的学生没有分工,而乙班班主任对值日的学生有明确分工。

2. 增强群体凝聚力。研究发现,群体凝聚力与社会惰化效应密切相关。如果群体成员之间具有密切的关系,有较强的凝聚力,有较强的责任感,大家彼此认同,齐心协力,个人也就会付出更多努力,较少出现社会惰化。班级有些工作很难分工到人,总需要几个学生协作,这时候,是否会出现社会惰化,就看班级群体的凝聚力了。有时候,利用非正式小群体完成某些班级工作,效果往往比较好,就是因为小群体之间有较强的凝聚力。

3. 加深对活动任务的认识。研究发现,活动任务的性质也会影响个人的努力程度。如果认识到任务目标的挑战性和吸引力,较好地调动个人的卷入状态,也能有效减少社会惰化。因此,我们让几个学生同时完成有挑战性的任务,如果老师善于做好"战前动员",善于调动学生的"卷入状态",也可以避免社会惰化效应。

4.控制群体规模。杰克森和威廉姆斯总结了49项有关社会惰化的研究，发现共同完成任务时的群体规模越大，个人的努力程度越低。当群体规模达到8人时，个人的努力程度仅为单独工作时的80%。在一定范围内，群体规模增大，个人努力还在继续下降。因此，在需要学生共同完成任务时，班主任要注意活动小组的划分，控制小组规模，一般情况下，3~5人一组。在班级授课制的现状下，每个班级的学生在50人左右，学生和任课教师充当观众，能使学生的兴奋度提高；若是观众的数量再增加，学生的兴奋度提高不再明显，有些情况下还会因为紧张导致表现不佳，引发观众效应的消极作用。不同气质类型、不同学习水平的学生对观众数量的要求也不尽相同，可采用同桌合作、组内发言和课堂发言等形式控制观众数量，使学生的表现达到最佳。必须注意的是，观众效应的性质绝不是由观众数量的多少决定，观众数量只是在一定程度上加强或减弱这种效应。

5.采取适当的奖励措施。在一项研究中，甲组学生被告知，如果他们所在的群体针对某一问题能够想出的解决方案越多，就可以越早离开。对乙组学生也要求完成同样的任务，但是没有可以提早离开的奖励。结果，甲组没有出现社会惰化现象。这启示我们，如果学生的活动时限可以灵活掌握，就不要统一要求，可以哪个小组完成任务哪个小组就提前休息。比如，有位老师也采取了这种适当奖励的方法，让提早完成学习任务的小组可以在教室里看课外书，从而避免了社会惰化效应，激发了学生的积极性。

成败影响后续的努力——成败效应

一个人有了第一次的成功，那么，他会向着新的高度进发，继而取得越来越多的成功；相反，如果一个人不断地失败，那么，他就需要重新思考自己的目标和方法了。这一现象被称作成败效应。

一、成败效应的相关研究

20世纪80年代，著名的心理学家格维尔茨在研究中发现：一个人在解决一个问题后，就不愿意再解决同类的问题，而是对更高层次的问题感兴趣。格维尔茨在中学里随机选择了100名学生,让他们学习难度不等的问题,由学生自由选择题目的类型。其中有60多人能力比较强,他们解决完一类问题之后,就不愿意解决另一相似的问题了,而转向更为复杂的、具有挑战性的问题,继而探索新的解决方法,这就是努力后的成功效应。而另一方面,有30多人能力相对来说比较差,他们通过努力无法解决问题,特别是随着解题次数的增加,他们的挫败感越来越强烈,他们越来越感到灰心,甚至厌弃学习,这就是努力后的失败效应。

成败效应的研究与多方面有关系。首先,在具身领域,成败效应与甜苦味觉相联系,甜苦的味觉可能分别与成功和失败的概念存在具身的隐喻联结,即甜和苦不仅仅是单纯的语言隐喻表达方式,它们还是个体构建或者理解成功与失败的抽象概念的身体经验基础;其次,在体育领域,成败效应又与他人成败的信息有关,运动员看到前面选手比赛成功或失败常会对自己的后续比赛表现产生重要影响。在比赛等高压力情境中,关注他人的成功表现不利于控制自我损耗效应,关注他人的失败表现则有利于控制自我损耗效应。

二、成败效应产生的原因

成败归因,但是碰到实际的情况还应灵活地运用。比如,若一个学生虽然付出了努力,但仍然失败了,倘若教师仍然说该生如果再加把劲,肯定会成功,这样的归因反馈可能会让该学生感到很困惑,自己已经很努力了,但老师怎么还说自己再努力就可以成功呢?若教师意识到学生失败的原因是该生的学习方法欠佳,把如果想取得更大的进步,学习方法就还需进一步提升的信息反馈给该生,该生肯定会意识到自己的症结所在,会欣然接受老师的建议并努力去改进。这样如实的归因肯定也会引导学生进行积极的成败归因,并能更好地促进学生的学业成功。所以,教师应给予学生正确的归因反馈。

许多研究表明,教师的反馈是影响学生学习归因的主要因素,教师除教学生知识之外,必须注意到自己的行为以及对学生的态度,随时随地都可能影响学生的学习动机。要使学生取得成功,就应该不断地使他们感觉到他们自己的努力是有效的,并不断给予他们成功的反馈,才能使他们的努力坚持下去,不断取得成功。否则,如果学生感觉到自己的努力是无效的,无论怎样努力还是没有什么成功的话,久而久之,得不到成功的反馈,就会对前途丧失信心,这样对激发学生的学习动机是极其有害的。

三、成败效应的教育启示

从韦纳的成败归因理论可知,若个体的成败归因是积极的,也就是说每次归因都会产生积极的情感和行为,那么会促进他以后取得更多的成功。比如学生把数学没考好归因于不够努力,那他可能会感到羞愧,认为自己若再加把劲,下次肯定会取得成功,于是他会更加努力地学习。若个体的成败归因是消极的,那么会阻碍他以后取得更多的成功。从韦纳的成败归因理论中我们知道,归因并不是一次简短的、独立的过程,个体成败归因受多种因素影响,个体成败归因又影响着个体随后的心理和行为,可以说成败归因是个体上一次行为和下一次行为之间的重要环节。对学校里的学生而言,教师的言行是他们学业成败归因的主要影响因素,特别是对于那些自我概念尚未完全形成、分辨能力较低的小学生来说,教师的言行对他们的学业成败归因影响更大。因此,作为教师应更加注意自己的言行,使自己的言行对学生的学业成败归因能产生积极的影响,并能促进学生养成积极的成败归因习惯,使学生不断取得成功。

让学生们解决学习问题的时候,无论是学习成绩好的学生,还是学习成绩差的学生,他们在解决了一个问题之后,往往都不愿意再解决相似难度的问题,而是去解决更高难度的问题。他们只有在解决了自己经过艰苦努力才完成的问题后,才会表现出更加的愉悦和满足。很多学生在遇到自己解决不了的问题的时候,经过多次努力,依然不能成功,这时,他们会灰心失望,甚至厌学。所以在学习过程中,家长和老师要正确辅导孩子,让他们避免掉入失败效应的陷阱,尽可能地体会到成功效应。

要想避免失败效应,就要树立正确的目标,不要把目标设立得过高,设立得不切实际。这样容易产生无助感,甚至导致放弃目标。目标也不要设立得太过简单,这样的目标即使完成,也不会有太大的成就感,无法体会到成功效应。因此,设置合理的目标,就显得尤为重要。

异性相吸——异性效应

"异性效应"是一种普遍存在的心理现象,指的是当异性存在时个体会产生一些生理或心理上的变化,这种变化通常被认为是有益的,可以提高行动的效率,或是产生愉悦的心情。

一、异性效应的相关研究

早在17世纪,夸美纽斯已提出男女都应接受教育的普及教育思想。我国到了辛亥革命以后,才逐步出现男女一起学习的"现代班级授课制"。教育家发现,在班集体中,一个人的热情能引发另一个人的热情,一个人的决心能激发另一个人的决心,一个人的品德会促进另一个人的品德。男女学生之间从性别本身而言,还存在着"若明若暗"的行为上和观念上的相互作用。随着文明的进步,社会的开放,以及女孩上学人数的增多,特别是在当今时代,异性效应表现得越来越突出。现代研究揭示,在一个集体中,异性人数的构成,无论男女学生哪一方,不能少于所需要的最低比例——15%,而且,年龄要相差不大。因此,异性效应有自己发生的一定条件。班级授课制客观上就能满足这些要求。由于班级授课制是稳定的,在学校中,异性效应的发生又表现出普遍的规律性。从个人成长来说,上学处于人生的早期阶段,这决定了班级异性效应的性质,不同于一般社会上的异性效应,具有对早期成长的教育作用,对人生产生久远的影响。从异性效应来看,正因为有男性,女性变得更温存;正因为有女性,男性变得更刚强。在学校里,这种社会模式的重要意义,就在于能促使学生美的社会化。在这个过程中,异性效应对提高自我形象发挥着一种强大力量——道德塑造力量。这对学生的成长极为有利,其价值,还在于这是一种主动过程。

二、异性效应产生的原因

异性效应形成的原因与男女之间的生理和心理特点有关。在生理上,男性和女性的体力及耐力之间存在差异,可以互补;在心理上,女性一般比男性更加细心、更有耐心,也可以互补。另外,从感情方面来讲,人们都需要异性的欣赏;从人的自尊心来讲,每个人都好面子,特别是在异性面前,因此,男女搭配干活儿更能提高工作效率。

这种效应尤以青少年为甚。其表现是有两性共同参加的活动,较之只有同性参加的活动,参加者一般会感到更愉快,干得也更起劲,更出色。这是因为当有异性参加活动时,异性间心理接近的需要得到了满足,因而会使人获得程度不同的愉悦感,并激发起内在的积极性和创造力。男性和女性一起做事、处理问题都会显得比较顺利。

"异性效应"有两种起源。首先是异性效应的社会学起源,人类在原始社会就是社群动物,由于个体之间频繁和持续的相互联系和共同利益,都使人们对社会本身产生依恋。在群体生活里,异性不再只是繁衍的工具,而且还有助于群体持续性发展,这便是异性效应的社会学起源。另一个起源便是异性效应的哲学起源,性本能是异性效应存在的基础,而性本能代表着哲学层面事物两面性中发散的一面,是一种进步的力量。因此合理的异性效应,可以更好地促进事物的发展。

三、异性效应的教育启示

对于异性心理效应及其机制的了解是有很现实的教育意义的。青少年心智发展不完善,在处理异性关系时,难免会出现一些问题,它提醒我们,作为教育者,无论是教师、家长或其他人员,对于受教育者要进行细心引导。教育者要根据现实情况,对症下药,积极引导受教育者,树立良好的三观,正确处理异性关系:

1. 在课堂中,可将性教育带入课堂,让学生们了解并掌握相关的异性知识;

2. 在教师安排座位的时候,可以适当地将男女混搭,互帮互助,可以有效地改善教学环境,让孩子们得到良好的发展;

3. 受社会性别意识的影响,男孩子大多抗压能力强、风险承受能力好、勇敢刚强、不计较得失、行为主动,但是在课堂上容易坐不住,考试或者做题的时候也容易审错题或者写错答案。女孩子心思比较细腻,做事比较谨慎,但是就容易忧虑和自卑,常常处于被动的状态,女孩子容易受到完美主义的影响,考试一旦考砸就很难调整好自己的心理状态。所以让孩子搭配着学习,让他们互相学习,男孩子学习女孩子的小心谨慎,女孩子学习男孩子的抗压能力。长此以往,学习会更加有动力。

专题三 教师作用的心理效应

主题一　教育管理中的心理效应

距离产生美——刺猬效应

刺猬效应是指在天冷时彼此靠拢取暖,但保持一定距离,以免互相刺伤的现象;后来,叔本华以这个现象来比喻人际交往中的"心理距离效应"。该效应同样也存在于教育教学中,它告诉我们一个道理:教育者和受教育者只有保持恰当的距离,教育者才能顺利地实施教育,受教育者才会自愿地接受教育,双方才能和谐相处。

一、刺猬效应的相关研究

"刺猬效应"最初源于西方生物学家一个研究动物习性的实验。生物学家们为了研究刺猬的生活习性,在冬天里把十几只刺猬放到寒风凛冽的户外空地上。由于天气寒冷,空地上又没有避风防寒的遮挡物,使得这些刺猬冻得浑身发抖。生存的本能让它们不得不相互靠在一起,但又因对方身上的长刺而被迫分开。就这样经过一次又一次的靠近和一次又一次的分开后,刺猬们终于找到了一个既可以相互取暖,又不会被彼此刺伤的合适距离。

有人做过这样一个实验,在一个刚开门的大阅览室中,当里面仅有一位读者的时候,心理学家便进去坐在他(她)身旁,来测试他们的反应。因为被测试者不知道这是在做实验,所以大部分人都快速默默地远离到别的地方坐下,还有人非常干脆明确地说:"你想干什么?"这个实验一共进行了 80 个人,结果都相同:在一个仅有两位读者的空旷阅览室中,任何一个被测试者都无法忍受一个陌生人紧挨着自己坐下。

梁好在《刺猬法则对学校管理的启示》中指出与学生相处一定要把握一个"度",既不能距之过远,也不能过于亲近。距离过远,会让学生敬而远之,产生一定的距离感,导致双方缺少必要的沟通与对话,彼此的信息与情感不能得到有效交流;距离过于亲近,会让教师的师者身份荡然无存,导致双方发生角色越位或失范,造成误会以及难以预料的伤害。师生只有保持合适的心理距离,才能维系良好的师生关系。这就如同刺猬法则一般,不至于因为距离过远而无法温暖对方,或因为距离过近而伤害对方。

二、刺猬效应产生的原因

生活的法则告诉我们:适当的疏离,会使我们更加融洽和谐。越是亲密的关系,越应该有距离感。亲人之间,距离是尊重;爱人之间,距离是美丽;朋友之间,距离是保护;同事之间,距离是友好;陌生人之间,距离是礼貌。

霍尔博士对人际交往划分的四种区域或距离,人际交往的空间距离要与双方的关系相称。亲密距离是人际交往中的最小间隔,就是我们常说的"亲密无间",其近范围在15厘米之内,也就是我们常说的"触手可及";远范围也仅是15~44厘米之间,面对面时能够清楚地看见对方的表情和眼神,身体上的接触可表现为挽臂执手,或促膝谈心,仍体现为亲密友好的人际关系。个人距离是人际交往中稍有分寸感的距离,少有直接的身体接触。近范围距离为46~76厘米之间,相当于两臂的距离,仅能保证相互亲切握手,友好交谈。这是与熟人交往的空间。如果与素昧平生的人保持这种距离,就会构成对别人的侵犯。远范围是76~122厘米之间。任何人都可以自由地进入这个空间,不过,熟人之间保持的距离更靠近远范围的近距离一端,而陌生人之间谈话则更靠近远范围的远距离一端。社交距离已完全超出了亲密或熟人的人际关系,而是体现出一种社交性或礼节上的较正式的关系。其近范围为1.2~2.1米,相当于一个人竖躺在两人中间的距离,一般在工作环境和社交聚会上,人们就保持这种程度的距离。社交距离的远范围为2.1~3.7米,表现为一种更加正式的交往关系。公司的经理们常用一个大而宽阔的办公桌,并将来访者的座位放在离桌子一段距离的地方,这样与来访者谈话时就能保持一定的距离。如企业或国家领导人之间的谈判,工作招聘时的面谈,教授和大学生的论文答辩等,往往都要间隔一张桌子或保持一定距离,这样就能增添一种庄重的气氛。公众距离是公开演说或演讲时演说者与听众所保持的距离。近范围约 3.7~7.6 米,远范围在 10 米之外。这是一个几乎能容纳一切人的"门户开放"的空间,人们完全可以对处于空间的其他人"视而不见",多用扫视,少有注视,因为相互之间未必发生一定联系。因此,这个空间的交往,大多是当众演讲之类,当演讲者试图与一个特定的听众谈话时,他必须走下讲台,使两个人的距离缩短为个人距离或社交距离,才能够实现有效沟通。

显然,相互交往时空间距离的远近,是交往双方之间是否亲近、是否喜欢、是否友好的重要标志。因此,人们在交往时,选择正确的距离是至关重要的。

三、刺猬效应的教育启示

每一个个体都是独立的存在,都有隐私的需求,有属于自己的个性、思维方式和价值观念,希望拥有自己的专属空间。无论是朋友还是上下级,抑或亲子、师生之间,凡是人与人之间的相处,如果彼此距离太近、过于亲密,难免会侵犯对方的边界,同时个性之间的差异也会导致双方产生碰撞和摩擦,产生想要逃离的心理。而如果彼此间隔太远,又容易让人产生疏离的感觉,彼此不够亲厚,难以信任和合作。因此人际交往中,像互相取暖的刺猬那样,找到那个不远不近的合适距离非常重要。交往的双方都要根据实际情况不断调整自己的位置,以便能让彼此都感到舒适和放松。这样,双方的关系才能有良性发展的可能。

教育者与受教育者之间只有保持恰当的距离,教育者才能顺利地实施教育,受教育者也才会自愿接受教育,双方才能和谐相处。如果不分彼此,教育者与被教育者过分亲密,教育教学就会无序进行,最终导致教学质量与效果受到影响。相反,如果彼此间保持的距离较远,教育者与受教育者之间会因为缺少必要的沟通而产生冷漠、生疏感,最终又不利于教育教学的有效开展。教育过程中的"刺猬效应"有多种表现形式,作为教育者,要能敏锐地发现各种表现形式背后的深层本质,把握宽严得当的管理尺度,摒弃违背教育规律的教学方法,处理好教学中涉及的各类复杂人际关系,为提高教育教学质量扫平障碍。

批评的艺术——三明治效应

人们把批评的内容夹在两个表扬之中从而使受批评者愉快地接受批评的现象,称之为三明治效应。这种现象就如三明治,第一层总是认同、赏识、肯定、关爱对方的优点或积极面;中间这一层夹着建议、批评或不同观点;第三层总是鼓励、希望、信任、支持和帮助,使之回味无穷。这种批评法,不仅不会挫伤受批评者的自尊心和积极性,而且还会积极地接受批评,并改正自己的不足。

一、三明治效应的相关研究

"三明治效应"源自一种典型的西方快餐食品。众所周知,三明治是一种以两片面包夹几片肉和奶酪、各种调料制作而成的食品,味道鲜美,深受人们的喜爱。后来人们将其纳入到批评心理学中的一种有效方法。如果人们在批评他人的时候,把批评的内容夹在两个表扬中,那么受到批评的人,会在愉悦、诚恳的心态下接受批评。

美国第三十任总统卡尔文·柯立芝有一位女秘书,虽然人长得漂亮,却常常粗心大意,在工作中时常犯错。一天,女秘书又犯错了,卡尔文·柯立芝对女秘书说:"今天你穿的这身衣服真漂亮,就适合你这样年轻漂亮的小姐。"本以为要被批评的女秘书一听卡尔文·柯立芝的话,简直受宠若惊。卡尔文·柯立芝又接着说:"如果你对公文处理能更认真一点,我相信你的工作也会像你的人一样出色漂亮的。"果然,从那天起,女秘书在工作中就很少犯错了。在这个故事中,如果直接批评肯定会伤到女秘书的自尊心,但卡尔文·柯立芝采用"三明治"批评法,先表扬,再委婉地提出了批评建议,不仅没有挫伤女秘书的自尊心和积极性,而且还让其积极地接受批评,并改正自己的不足之处。

二、三明治效应产生的原因

为什么运用三明治式的批评就会产生如此大的效应呢?主要原因有如下几点:

一是三明治法的去防卫心理作用。在批评之前,先说些亲切关怀赞美之类的话,就可以营造友好的沟通氛围,并可以让对方平静下来安下心来进行交往对话。如果一开始就是直接地批评,语气又十分严厉,那么,对方就会产生一种自然的反射状的防御反应以保护自我。一旦产生了这种防卫心态,那就很难再听得进批评意见了,哪怕批评是对的,也都将徒劳。可见,三明治的第一层就起到了去防卫心态的作用,使受批评者乐于接近批评者。

二是三明治法的去后顾之忧作用。许多破坏性的批评总是一而再、再而三地进行批评,批评结束时还让人心有余悸,因此,总会有后顾之忧。而三明治法的最后一层就起到了去后顾之忧的作用。它常常给予挨批评者鼓励、希望、信任、支持、帮助,使受批评者振作精神,重新再来,不再陷于泥潭之中。

三是三明治法的去丢失脸面作用。批评不是目的,只是手段,批评在于改善行为。因此,如何批评就特别讲究。三明治式的批评,既指出了问题,同时也易于让人接受,而且不留下后遗症。这主要归功于这种批评不伤人的感情、不损坏人的自尊心,能激发人向善的良心,使人的积极性始终维持在良好的行为上。例如批评某人上学迟到,三明治式的批评会这样说:"你一向表现不错的,最近是否身体不佳?要不然你是不会迟到的。迟到按规定是要给你一点惩罚的,你说对不?身体不好的话要早点去看的,如果家里有事,你可以请假。好了,你进去吧!"

三、三明治效应的教育启示

在教学中,教师有责任及时发现学生的错误,并帮助学生改正。教师在批评学生时,应该先找到学生的优点或积极面,对学生的一些行为表示认同、赏识、肯定,对学生表示出关爱,这样可以创造友好的沟通氛围,消除学生的防卫心理,让学生平静、安心地与教师进行交流,更愿意接受批评。在中间这一层一针见血地指出学生的不足,并对一些不良行为作出批评,或对某一件事情表达自己的不同观点和建议。最后,教师对学生给予鼓励,提出希望,表示信任与支持,让学生感受到教师的批评是为了帮助自己。这种批评法,不仅不会挫伤受批评者的自尊心和积极性,而且还会使被批评者积极地接受批评,并改正不足。对学生个体的批评如此,对学生群体性的错误也应该采取三明治批评法。

强者愈强、弱者愈弱——马太效应

马太效应是指强者愈强,弱者愈弱的现象;马太效应广泛存在于社会心理学、教育、金融、科学等领域。在教育领域,马太效应表现为学习成绩好的学生更容易获得老师和同学的关注,进而获得更多的学习资源和机会,而学习成绩较差的学生则可能陷入恶性循环。

一、马太效应的相关研究

马太效应,来源于圣经《新约·马太福音》,故事是这样的:一个国王在离宫远巡前交给身边的三个仆人每人一锭银子,吩咐道:"你们去做生意,等我回宫的时候再回来见我。"几年后,国王回来,第一个仆人说:"主人,你给我的一锭银子我已经赚了十锭,于是国王就赏赐了他十座城池。"第二个仆人说:"主人,你给我的一锭银子我已经赚了五锭,于是国王就赏赐了他五座城池。"第三个仆人说:"主人,你给我的银子我一直包在手帕里,怕丢失,一直没拿出来。"于是,国王命令第三个仆人将银子拿出来奖励给第一个仆人,并且说:"凡是少的,就叫他连现有的也要夺回来,凡是多的,还要给他,叫他多多益善。"

1968年,美国科学史研究者罗伯特·莫顿(Robert K. Merton)提出这个术语用以概括一种社会心理现象:相对于那些不知名的研究者,声名显赫的科学家通常得到更多的声望;即使他们的成就是相似的,同样地,在一个项目上,声誉通常给予那些已经出名的研究者。

罗伯特·莫顿归纳"马太效应"为:任何个体、群体或地区,在某一个方面(如金钱、名誉、地位等)取得成功和进步,就会产生一种积累优势,就会有更多的机会取得更大的成功和进步。

社会心理学家认为,"马太效应"是个既有消极作用又有积极作用的社会心理现象。其消极作用是:名人与未出名者干出同样的成绩,前者往往上级表扬,记者采访,求教者和访问者接踵而至,各种桂冠也一顶接一顶地飘来,结果往往使其中一些人因没有清醒的自我认识和没有理智态度而居功自傲,在人生的道路上跌跟头;而后者则无人问津,甚至还会遭受非难和妒忌。其积极作用是:其一,可以防止社会过早地承认那些还不成熟的成果或过早地接受貌似正确的成果;其二,"马太效应"所产生的"荣誉追加"和"荣誉终身"等现象,对无名者有巨大的吸引力,促使无名者去奋斗,而这种奋斗又必须有明显超越名人过去的成果才能获得向往的荣誉。

马太效应对于领先者来说就是一种优势的累积,当你已经取得一定成功后,那就更容易取得更大的成功。强者总会更强,弱者反而更弱。物竞天择,适者生存,强者随着积累优势,将有更多的机会取得更大的成功和进步。

二、马太效应产生的原因

当一个人受到一种奖励或惩罚时,他会自动调整他的行为,以使他在未来能够受到更多的回报或更少的惩罚。在这种情况下,受惩罚者会尽量避免再次受到惩罚,而受奖励者则会尽力以获得更多的奖励。这种行为调整有助于人们建立一种认知模式,以期能够以最佳的方式满足他们的需求。马太效应理论可以被运用到许多实际场景中。例如,在教育中,它可以用来解释学生为什么会根据奖励和惩罚来调整他们的行为,以达到自己的学习目标;在工作环境中,它可以用来解释为什么员工会根据激励措施和对失败的处置来调整自己的行为,以期能最大限度地提高工作效率。

有学者通过研究教育收益率的最新变化,发现中国的教育收益率呈现出随教育程度升高而增加的现象,受过高中及以上教育者的教育收益率平均要比初中及以下教育程度者高5.9%;同时教育收益率随收入水平而变化,最低收入的5%人群教育收益率只有2.7%,而最高收入的95%人群教育收益率则高达6.53%,这从教育收益率的变化角度说明了"马太效应"的存在。

三、马太效应的教育启示

在家庭教育中,"马太效应"的消极作用是显而易见的。例如,当一个家庭有几个孩子时,那些被父母赏识、受青睐的孩子容易滋生自负自傲、孤芳自赏的不良情绪,从而脱离群体,有可能成为群体中的"孤独儿";而那些不被赏识的孩子容易产生怨艾自卑的情绪,甚至自暴自弃,从而丧失自我发展的最佳心理环境,并造成父母与子女之间的情绪对立。此外,有的父母有严重的重男轻女思想,也容易使男孩产生盲目的优越感,女孩产生自卑感,得不到良好的自我发展。为了避免"马太效应"对孩子的消极作用,父母应采取公正客观的态度,以避免这种不公正现象的产生。

在学校教育中也存在"马太效应"的消极作用。例如,某个学生一旦被认为是好学生,那么很多的荣誉就会接踵而来;而一旦被认为是调皮捣蛋学习又差的学生,老师则另眼看待,好事沾不上边,一有缺点就被严厉批评。结果就会出现这样一种不公平现象:对表现好的学生,老师更加重视,结果使学生表现得更好;而对表现不好的学生老师比较忽视,结果使学生表现得更差。如果自己的孩子是前一种情况,家长就会很是得意,并为此深感骄傲;如果是后一种情况,家长常常会感到很是懊恼,觉得既气愤又丢面子。其实,得意和懊恼都大可不必,父母对于学校里的这种"马太效应"现象,应该有一个客观、冷静的认识。

关注产生动力——霍桑效应

霍桑效应,指的是在行为现场实验中,由于研究对象意识到自己正在被研究而带来的方法上的人为效应。这种意识使他们对数据收集过程的社会条件做出反应,而不是研究人员试图研究的实验处理。

一、霍桑效应的相关研究

1924年11月,由哈佛心理学家梅奥领导的研究小组在西屋电气公司的霍桑工厂成立。他们最初的目的是想办法通过工作条件、环境等外在因素来提高劳动生产率。他们选择了六名在接力车间工作的女性作为观察对象。在七个阶段的实验中,参与者不断改变照明、工资、休息时间、午餐和环境等因素,希望找到这些因素与生产率之间的关系,这一点得到了传统管理理论的支持。遗憾的是,无论外界因素如何变化,实验组的生产效率并没有提高。为了提高工作效率,工厂聘请了包括心理学家在内的各种专家,在大约两年的时间里与工人交谈了两万多次,耐心听取他们对管理的意见和抱怨,让他们尽情地表达自己。因此,霍桑工厂的效率大大提高。这种奇妙的现象被称为"霍桑效应"。经过九年的实验和研究,学者们终于认识到,人不仅受到外部因素的刺激,还受到自身主观因素的刺激,从而产生了管理行为理论。以霍桑的实验本身为例,当六个女工被带到一个群体中时,她们才意识到自己是一个特殊的群体,是实验的对象,也是专家们不断关注的对象。这种关注感让他们加倍努力,证明自己很优秀,值得关注。

二、霍桑效应产生的原因

在霍桑效应实验中可以发现,让员工将自己心中的不满发泄出来,霍桑工厂的工作效率得到了大幅提升。以前的管理把人假设为"经济人",认为金钱是刺激积极性的唯一动力。霍桑实验证明人是"社会人",是复杂的社会关系的成员,因此,要调动人的积极性,还必须从社会、心理方面去努力。以前的管理把物质刺激作为唯一的激励手段,而"霍桑实验"发现工人所要满足的需要中,金钱只是其中的一部分,大部分的需要是感情上的慰藉、安全感、和谐、归属感。因此,新型的领导者应能提高职工的满足感,善于倾听职工的意见,帮助他们宣泄心中的烦闷。以前的管理对工人的思想感情漠不关心,管理人员单凭自己个人的复杂性和嗜好进行工作,而"霍桑实验"证明,管理人员,尤其是基层管理人员应像霍桑实验人员那样重视人际关系,设身处地地关心下属,通过积极的意见交流,达到感情的上下沟通。同样地,当鼓励作用到人们身上后,人们的满足感提前到来,既可以激励也可以使其满足于现状。教师、家长对学生的管理与教育也大抵如此。

三、霍桑效应的教育启示

在教育中,我们应当让霍桑效应的消极部分反作用于学生之中,相应的好坏机制可以设立,但是在关注层面上应当调换位置。无论在什么情况下,没有受到关注的人在看不到目标和原因的情况下,都会选择消极对待,这是人的特性。对待事物发生的情况,我们可以采用细微的变化来改变学生的认知,如课堂上在讲台下巡视停留,学生注意到老师的行为后,主观认为老师对他有了更多的关注,使得霍桑效应在潜意识下产生。还可以在评阅中给每个人都写自己的独特评语,而不是干枯的分数,让学生感受到老师在教育中大部分在一对多,平时会和自己一对一,正是因为这样的细微变化,学生会感知到自己受到了关注,会产生一种自己能力被肯定的感觉。所以在教育当中,要牢记霍桑效应产生的条件和带来的效果,要学会转变霍桑效应理论来更好地适应到当今教育中。

霍桑效应告诉我们,人在一生中会产生无数的欲望和情绪,但最终只有少数人得到满足。未满足的欲望和未满足的情绪不应该被压抑,而是要尽一切努力让它们自由,这对身心和生产力都非常有益。这种效应告诉我们,当同学或他们自己被观察或观察时,学习和互动的效率会大大提高。因此,我们必须在日常生活中学会善待他人,了解什么样的行为是被学生和老师所接受和欣赏的,只有不断增加自己在生活和学习中的良好行为,才能得到更多人的关注和欣赏,同时也要不断提高我们的学习能力,充满信心。

霍桑效应告诉我们:在孩子的教育中,老师和家长要善于利用"关注"作用,激活孩子沉淀在内心的积极因素。给予孩子更多的倾听和宣泄的机会,而不是一味地满足孩子的物质要求,才能使孩子爆发出学习的动力和生命的活力。

教育要有仪式感——仪式效应

仪式效应是指通过一些特定的仪式让参加的人从中受到影响。当孩子们穿着统一的班服,迈着坚定的步伐,走向台前时,他们内心一定很期待;当父母给他们系上红领巾的那一刻,他们一定觉得自己长大了。这就是仪式效应。

一、仪式效应的相关研究

所谓仪式就是在完成某一项工作时,从策划到组织,从过程到方法等方面尽量显得比较正式,比较庄重。仪式效应体现在我们学习生活中的方方面面。在教育教学中,有目的地让活动仪式化,对学生产生积极的影响,比如学校会举行开学典礼把学生们从一个自由、散漫的假期状态中拉回来,进入更为积极向上的状态。开学典礼仪式不仅仅有简单的祝贺功能,还承载着各个高等学府的思想文化理念。对于新生而言,这是一个崭新的人生仪式,在学生成长过程中,对其获得的新角色和新责任的一种严肃的赋予确认。因此,开学典礼仪式在潜移默化中增强了学生的归属感、校园文化认同感、激发了学生的追梦动力等方面的育人功能。

《学校常规活动仪式的文化解读》一文中提到了学校文化活动的文化仪式成分对学生有很大的教育作用,在学生全身心参与仪式的过程中,学生将自动融入仪式的情境中,把自我意识调整到符合仪式要求的状态,并在这个过程中拥有了仪式所要象征的文化意义。正是仪式对文化意义具有这种自然渗透的作用,所以学校文化建设需要借助学校文化仪式。只有充分发挥学校文化活动在仪式层面上的作用,学校文化建设才能真正触及文化的载体和传播途径,才能真正在学生中建立起一种健康向上的文化意识。

二、仪式效应产生的原因

仪式教育作为积极情绪体验的获得途径,以积极心理学的理念为指导,把仪式组织者和参与者形成积极情绪体验的一个整体,调动人固有的积极因素,突出对个体的人文关怀,以开放包容和欣赏的眼光去看待和理解人们的动机和能力,强调个人内部潜力的发现与发展,在于努力营造积极的环境。始终把积极的理念贯穿融入仪式活动前期宣传、组织实施和后期总结评价的各个环节,定会起到积极的效果。特别是高大主题的仪式活动更需要积极情绪的驱动,提高学生对仪式价值的认同,引发参与学生的积极的情绪和向上的情感,产生温暖、激动、羡慕、敬仰和感动的心理体验,在不知不觉中促成观念和行为的改变,收获成长。

从心理学角度来看,学校的仪式教育具有两种基本的功能。第一,可以提升精神境界,以典礼的形式开展教育活动,可以营造出特殊的教育氛围,激发学生积极向上。第二,表达内隐的教育内容和教育观念。借助美的教育形式,使内隐的教育要求外显化并产生持久的影响力。仪式教育的最大作用是表现它的庄重、规范,以特有的程序来感染每一位参与者,达到对心灵的触动,从而产生深远的教育作用。

三、仪式效应的教育启示

在重要的节日中,班级可以举办主题活动。比如在国庆节来临的时候,班级可以组织同学们观看爱国主义电影,加强爱国主义教育,增强同学们的民族自豪感,树立爱国意识。

在师生情感关系的建设上,仪式也是不可缺少的。比如上课时学生要起立问老师好,老师也要向同学们问好。课后学生见到老师也要有一定的礼仪。这样可以促进师生关系更加和睦。

老师应该合理利用仪式,不能过度注重仪式而忽略本质。比如很多学校提倡对分课堂,对分课堂中课堂互动是其优势之一,但是在实际教学中,学生的参与度并不像预期那样高。部分学生可能因为自身认知瓶颈、学科知识储备不足、教学习惯等因素导致课堂互动趋于冷场。

和风细雨强过暴风骤雨——南风效应

"南风效应"出自法国作家拉·封丹所写的一则寓言中,其大意讲的是:南风和北风比威力,看谁能够先让人们把身上的外衣除去。北风使劲地呼啸,但是人们为了抵御寒风,只有把外衣裹得更紧;南风则徐徐吹动,暖意渐生,人们在不知不觉中解开了纽扣,脱掉了外衣。最终南风获得了胜利。

一、南风效应的相关研究

苏霍姆林斯基是苏联著名的教育家,在他当校长的时候,有一天早晨,苏霍姆林斯基在校园里散步,看到幼儿园的一个4岁女孩在花园里摘了一朵玫瑰花,抓在手中,往外走。苏霍姆林斯基蹲下身子,亲切地问:"孩子,你摘这朵花是送给谁呀?能告诉我吗?"小女孩害羞地说:"我奶奶病得很重,我告诉她校园里有一朵大玫瑰花,奶奶有点不信,我现在摘下来送给她看,看过了我就把花送回来。"听了孩子天真的回答,苏霍姆林斯基的心颤动了。他牵着小女孩,从花园里又摘下两朵大玫瑰花,对孩子说:"这一朵是奖给你的,你是一个懂得爱的孩子;这一朵是送给奶奶的,感谢她养育了你这样好的孩子。"学生犯错误是难免的,关键是教师在处理时弄清事情的原因。学校是传递人间真、善、美的地方,是播撒爱的种子的地方,让学生生长在爱的荒漠中,就只能培养出缺乏同情心、缺乏爱心的下一代。而苏霍姆林斯基运用"南风效应",使得小女孩不仅认为自己的做法正确,而且在以后会成为一个富有善心和孝心的人。

二、南风效应产生的原因

斯金纳指出：教师也常常设想，自己的作用只是指出学生错在哪里，但是如果指出学生对在哪里，常常会使课堂的气氛和教学效果产生巨大的差异。教学过程中，课堂氛围，教学方法。师生关系都和教学效果成正比。由此可知"南风效应"运用于教学的时候，教师应当知道，感人心者莫乎情，说服往往胜于压服，和风细雨有时候要强于暴风骤雨。比如著名教育家陶行知的"四颗糖的故事"，陶行知的做法无疑是智慧而又充满爱心的。没有厉声的呵斥和粗暴的处罚，这种通过温和的关爱和真诚的赞扬的不断强化刺激，如温暖的阳光洒向学生的心田，如春风化雨，润物无声。

法国作家拉·封丹的寓言故事告诉我们南风获胜的原因，在于它了解了人的需求，并顺应了人的这种内在需求，使人的行为变为自觉行为，而无需外界的推力。故此，这种以启发自我、反省自我，并满足自我需要产生的心理反应就是"南风效应"。因此，在教育中，了解南风效应，将南风效应恰到好处地运用到课堂实践中，尤为重要。苏霍姆林斯基说过："教育是人和人心灵中最微妙的相互接触。"教育是一门心灵的艺术，这要求各科教师要坚持以人为本的原则，在情感上尊重且关心每一位学生，在行为上激励、赞美学生，采用人性化的教育方式，尊重学生的个体差异，鼓励每一位学生，让学生真正感受到来自老师的温暖与鼓励，并以此激励自己，挖掘出自己学习的内在需求，将被动的学习模式转变为主动的学习模式，从而实现由量变到质变的飞跃，使学生能够自觉地学习、并不断地提高自己的学习能力。

三、南风效应的教育启示

温暖胜于严寒。在学校管理实践中，管理者要尊重和关心老师和学生，时刻以师生为本，多点人文关怀，多注意解决师生日常学习工作生活中的实际困难，使师生真正感受到管理者给予的温暖。这样，师生出于感激就会更加努力学习和工作，进而促进学校的发展，形成良性循环。

教师教育学生要讲究方法。当教师对学生采用挖苦讽刺，甚至体罚和变相体罚等"北风"式的教育方法，学生就会扣上全部的纽扣，进行紧张的心理防范，把"大衣裹得更紧",结果教师很难透过学生本能的"护身符",走进学生的心灵。当教师采用和风细雨"南风"式的教育方法,就会轻而易举地冲开学生的心理防线,让学生自觉脱去紧护心灵的外衣,敞开心扉,与教师进行心灵对话,从而达到教育目的。

教师在转化后进生的过程中,要运用南风效应,对后进生采取"暖风长吹""细雨润物"的教育方法,要反复抓,抓反复,千万别指望自己的感情投入立竿见影,一定要有足够的耐心,长线投入,暖风长吹,细水长流,潜移默化,精诚所至,金石一定会为之打开。

"教之道、贵以专"——滴水石效应

我们经常在屋檐下的石阶上看到一行小坑,这些小坑并不是人为凿出来的,而是因为屋檐上的水滴下来,而且总是滴在同一个地方,长年累月地敲打形成的。只要目标专一而不三心二意,持之以恒而不半途而废就一定能够实现我们美好的理想,这就是滴水石效应。

一、滴水石效应的相关研究

水滴石穿是一个大家非常熟悉的成语,这个成语的意思是水滴不断地滴,可以滴穿石头。比喻坚持不懈,集细微的力量也能成就难能的功劳,最早出自"泰山之管穿石,单极之绠断干。水非石之钻,索非木之锯,渐靡使之然也。"这一句意思是泰山的滴水能穿透顽石,汲水的井绳可锯断木头。水不是钻石头的钻,井绳也并非锯木头的锯,只不过是不断摩擦的结果。印度诗人泰戈尔曾言:"不是槌的打击,乃是水的载歌载舞,使鹅卵石臻于完美。"对教育而言,"棍棒底下出孝子"的行为已经过时。"槌的打击"不会使教育的目标这枚"鹅卵石"更趋完美,它换来的只是相互撞击后愤怒的火花。教育更需要水一样的载歌载舞,水是坚韧的,才能够水滴石穿。而这份坚韧在教育的王国里,就成了宽容和等待。宽容,需要教师具备母亲一样的爱心;等待,需要教师对学生拥有"哪怕一千次的失败,也坚信还有一千零一次的成功"般的信任。所以,教师在给学生传授知识的时候也应当拥有坚持不懈的精神,对学生要有耐心和恒心,不能对学生动辄打骂,而是要在不断的教诲中让学生学到知识和道理。

二、滴水石效应产生的原因

对于滴水石现象及其机制的了解是有很现实的教育意义的。它提醒我们,学习是一个需要花费大量时间并且必须坚持不懈的事情,是不可能一蹴而就的,而这就更加要求不论是老师还是家长都要对受教育者耐心一点,给予他们坚持到底的信心和勇气。如果教育者在受教育者偶尔的失误时就动辄打骂的话,受教育者可能就会产生厌学的情绪并且在学习这件事情上做出不再坚持下去的决定。因此,培养受教育者坚持不懈的精神是十分重要的。

三、滴水石效应的教育启示

在学生学习的过程中,教师应当给学生传授持之以恒的精神,传递滴水穿石的耐力和恒心,这对学生的学习是十分有帮助的。当学生明白了持之以恒的道理和作用并在学习中一以贯之,那么学生获得成功的可能性就会大大增加。

在日常教学管理中,教师也应该培养学生坚韧不拔的意志品质,尽量避免学生在完成学习任务时半途而废或降低标准。譬如在体育课上,部分学生可能会因为怕累而请假,此时体育老师提高请假的门槛就相对有必要。

人以类聚——自己人效应

所谓"自己人",是指对方把你与他归于同一类型的人。自己人效应也称"同体效应",是指对"自己人"所说的话更信赖,更容易接受。在人际交往中,彼此会相互影响,这种相互影响有时是无意的,有时则是有意的,即一方对另一方有意识地施加影响,以便矫正对方某种行为。有意施加影响的技巧很多,其中"自己人效应"便是其中之一。

一、自己人效应的相关研究

早期主要是通过实验来探究自己人效应。例如,著名的"罗伯山洞实验"(Robber's Cave Experiment)就是一项探究自己人效应的实验。在这个实验中,研究者将两个由 11 岁男孩组成的团队分别安置在同一营地的不同区域,并为每个团队制定了各自的规则和活动。在随后的实验中,研究者刻意制造了两个团队之间的竞争和冲突,结果发现两个团队之间产生了严重的敌对情绪和排斥现象,表现出了明显的自己人效应。近年来,随着跨文化研究的兴起,自己人效应的研究也逐渐深入到不同国家和文化中。例如,在西方文化中,人们更倾向于将自己的身份与个人特质联系起来,而在东方文化中,人们更倾向于将自己的身份与群体联系起来,这也影响了自己人效应的表现形式。

著名的社会心理学家纽卡姆,在 1961 年用现场试验法,对态度相似程度和吸引力的关系进行了研究。纽卡姆以 17 个不相识的大学新生为研究对象,先测定这些大学生对有关社会问题的态度以及价值观以及个性特征,然后将相似的大学生混合安排在几个寝室里。在 16 周的交往中,定期测定他们对上述有关社会问题的态度以及相应的看法,并让这些学生评定室内人员,喜欢谁或者不喜欢谁。16 周之后,纽卡姆发现,刚开始的时候,学生们距离越近越容易互相吸引。但是到了后期,态度和价值观相似的学生吸引力变大,他们喜欢花更多的时间在一起相处,对一件事情容易表达出相似的看法,也更能理解彼此的想法和感受。甚至还有学生要求调换宿舍,要求和他们喜欢的室友住在一起。实验结果表明,在相处的初期,时空距离决定着人们之间的吸引力,最后这些价值观相同的学生要求住在同一寝室。

二、自己人效应产生的原因

在日常生活中,假如彼此间有相同的或类似的价值观、人生观,交流起来很快就会感觉亲近,因为这种心理上的"自己人"作用很大程度上拉近了彼此的心理距离。可见,在人际关系中"自己人"的吸引力是巨大的,那些在某方面与自己相似的人往往会更快被接受,这就是相似性使双方之间产生了一种亲近感和信赖感,交流起来也就多了一种彼此喜欢的感觉。因此,要想得到他人的喜欢和认可,或者需要自己的意见被采纳,那就把自己变成他们的自己人,展示出自己在某方面与对方的共同或相似之处,建立起对方对你的充分信任。

一旦对方将你看成与自己有相同志趣或经历的人,就会在心底慢慢接纳你,对你敞开心扉,并接受你的意见。因此,聪明的人会在与人打交道时将"自己人效应"发挥得淋漓尽致,这不仅是空间距离的拉近,更是心理上亲近感、信赖感的增加。

学生一旦视教师为"自己人",他就会信赖你,亲近你,自然就会"亲其师,信其道"。教师如果与学生有一致的兴趣爱好、相似的言行举止,说学生所说,做学生所做,就容易获得学生的支持与共鸣,他们就会把你视为知己,认同你,愿意与你建立融洽的人际关系,也就容易接受你所宣传的思想和你所倡导的做法。

三、自己人效应的教育启示

学校教育是师生之间、学生之间进行的一种形成心理关系的过程,其互动的效果被影响于这一互动中出现的一些心理教学因素。教师如果能够掌握"自己人效应"对学生教育的影响因素,有效地利用其积极效应,克服其消极的影响,就可以提升学生的学习效能感,从而提高学习质量。教育教学中的自己人效应颇多,在教育教学中有着不可低估的作用。教师若能够了解一些自己人效应的特点和作用,在教育教学实践中恰当运用心理效应,不仅能够提高教育教学工作的艺术性,而且也会在工作中不断提升自己的育人水平,增强教育教学的针对性和有效性。

在学校教育中,教师若能善于发挥"自己人效应",像朋友一样对待学生,分享他们成长中的快乐与烦恼,更易受到学生的爱戴与尊敬。在教学中运用"自己人效应",容易使学生对教师敞开心扉,增强沟通,有益于营造良好的教学氛围。教师得以提高教学质量,对学生进行思想行为方面的正确引导。

为了"配套"而焦虑——鸟笼效应

人们会在偶然获得一件原本不需要的物品的基础上,继续添加更多与之相关而自己不需要的东西。假如一个人买了一只空鸟笼放在家里,那么一段时间后,他一般会为了用这只笼子再买一只鸟回来养而不会把笼子丢掉。教师可以提高学生的主动性,通过心理暗示提高学生热爱学习的兴趣。

一、鸟笼效应的相关研究

在1907年的某一天,从哈佛大学退休的心理学家詹姆斯与他的好友物理学家卡尔森两人打赌。詹姆斯说:"我一定会让你不久就养上一只鸟。"卡尔森不以为然:"我不信!因为我从来就没有想过要养一只鸟。"没过几天,恰逢卡尔森生日,詹姆斯送上了礼物——一只精致的鸟笼。卡尔森笑了:"我只当它是一件漂亮的工艺品。你就别费劲了。"从此以后,只要客人来访,看见书桌旁那只空荡荡的鸟笼,他们几乎毫无例外地问:"教授,你养的鸟什么时候死了?"卡尔森只好一次次地向客人解释:"我从来就没有养过鸟。"然而,这种回答,每每换来的却是客人困惑和有些不信任的目光。为免去费力解释的烦恼,无奈之下,卡尔森教授只好买了一只鸟。

商纣王帝辛年轻时也是一名明君,但有一次,纣王让人给自己做了一双象牙筷子,他的大臣太师箕子就感到非常可怕和担心。他认为:用象牙筷子吃饭就一定不肯用陶土粗制碗具,必将用犀牛角或玉做成杯盘;餐具改变了,食品也会随之改变,进一步升级到山珍海味,珍禽异兽将成盘中之物;食物改变了,将不满足穿着,麻布为衣将不再流行,朝中之人进而会穿绫着缎;穿着改变了,下一步将打造豪华的车子,建高阔的殿宇楼台,追求享乐。如此下去将一发不可收拾,腐败之风会很快盛行起来。

二、鸟笼效应产生的原因

每个人看到鸟笼的第一反应是,鸟笼是用来养鸟的,所以这里之前必然是有一只鸟的。而对于卡尔森"只当它是一件漂亮的工艺品"的思维方式,人们会觉得它是特殊,甚至不予理解的。人总是习惯性地按照以前的思路思考问题,总是先在自己的心里挂上一只笼子,然后再不由自主地朝其中填满一些东西,忽视了创新和改变的可能性。

18世纪法国有个哲学家叫丹尼斯·狄德罗,他在《与旧睡袍别离之后的烦恼》一文中讲了一个故事:有一天,朋友送他一件质地精良、做工考究的睡袍,狄德罗非常喜欢。可当他穿着华贵的睡袍在书房走来走去时,总觉得家具不是破旧不堪,就是风格不对,地毯的针脚也粗得吓人。于是,为了与睡袍配套,他将旧的东西先后更新,书房终于跟上了睡袍的档次,可他却依然觉得很不舒服,因为他发现自己居然被一件睡袍胁迫了。

200年后,美国哈佛大学经济学家朱丽叶·施罗尔在《过度消费的美国人》一书中,提出了一个新概念——"狄德罗效应"或"配套效应",专指人们在拥有了一件新的物品后,不断配置与其相适应的物品,以达到心理上平衡的现象。

人类的心理机制,天生就容易被大环境影响,所以鸟笼效应也被认为是人类难以摆脱的十大心理之一。众人的不理解和不信任带来的心理压力,也会迫使个体沿着公众的思维路线和价值判断来行事。就好比卡尔森为了避免重复回答同一个问题,所以他选择直接养鸟。当我们开始为某个可能到来的偶然事件感到焦虑时,我们总会幻想自己能做些什么来缓解焦虑,但因此而引发的行为也可能让我们越来越焦虑。

三、鸟笼效应的教育启示

教师与家长应合理引导学生制定清晰的生活及学习目标清单并付诸行动,这样可以让学生掌握生活及学习的主动权,也便于学生复盘,反思自己做了多少和目标无关的事情,将更多的精力投入到学习中,提高学生的学习效率,让学生不再认为学习是一种消极任务,重拾对学习的信心。

教师与家长要适当鼓励学生,消除负面情绪,培养积极思想,可以提升学生的幸福感,而幸福感才是对抗一切负面情绪的"特效药"。学生用乐观的心态对待生活与学习可以让学生拥有稳定的情绪,也可以促进学生的全面发展。

学生可以适当做减法,当学生需要做一个决定的时候,会有很多因素影响,这就需要学生做减法,利用减法思维,剔除无关紧要的因素,选择影响力最大的因素,这样才能做出最正确的决定。

教师和家长可以引导学生慎重止损,凡事注重思考本质,不要盲目寻找方法,一旦发现方法错误便要及时止损,改变学习方法,重新寻找正确的学习方法并快速投入其中。

学生可以减轻对外界的重视程度。人们通常太在意他人的眼光而形成心理上的压力,生活中人们太在意他人对自己的评论和看法,并且更容易记住一些负面的东西,造成自己心灵受到打击。可是现实是自己的形象在不同人的眼里都是不同的,所以不要太在意,应该减轻外界对自己心理上造成的压力。

当我们意识到教育中的鸟笼效应时,才能更好地建立一个开放、多样化和自由的教育体系。教育应该鼓励创造性思维和跨学科学习,而不是要求学生遵循一种特定的思维模式或教学内容。教师和家长应该尊重学生的自由和创造性,以帮助他们发展独立思考能力。

牵一发而动全身——蝴蝶效应

蝴蝶效应,指在一个动力系统中,初始条件下微小的变化能带动整个系统的长期的巨大的连锁反应。蝴蝶效应是一种混沌现象,说明了任何事物发展均存在定数与变数,事物在发展过程中其发展轨迹有规律可循,同时也存在不可测的"变数",往往还会适得其反,一个微小的变化能影响事物的发展,证实了事物的发展具有复杂性。

一、蝴蝶效应的相关研究

美国气象学家爱德华·洛伦兹(Edward N. Lorenz)1963年在一篇提交纽约科学院的论文中分析了这个效应。一个气象学家提及,如果这个理论被证明正确,一只海鸥扇动翅膀足以永远改变天气变化。在以后的演讲和论文中他用了更加有诗意的蝴蝶。对于这个效应最常见的阐述是:一只南美洲亚马孙河流域热带雨林中的蝴蝶,偶尔扇动几下翅膀,可以在两周以后引起美国得克萨斯州的一场龙卷风。其原因就是蝴蝶扇动翅膀的运动,导致其身边的空气系统发生变化,并产生微弱的气流,而微弱的气流的产生又会引起四周空气或其他系统产生相应的变化,由此引起一个连锁反应,最终导致其他系统的极大变化。

二、蝴蝶效应产生的原因

蝴蝶效应显示,系统对初始值的依赖性是相当敏感的。初始条件的细微差别受到系统的非线性反馈过程的不断放大和缩小,最终导致完全不同的结果。人是高级的生命系统,有着心理的特有节律,既非完全周期亦非纯粹随机。人的智力、情绪有自己的生物钟现象,但也有非线性的一面,随着生命运动的各种参数的介入,随机区域可能扩大,以至并吞掉规则运动的区域,形成蝴蝶效应,引发生理、心理的伤病甚至更大的灾难。所以,在心境、激情、应激的心理活动中,要时刻注意蝴蝶的翅膀。意外的打击、偶然的失足、一时难以化解的矛盾与感情纠葛、外部环境骤变等都可能影响一个人的思想情绪,引起心理震荡。

三、蝴蝶效应的教育启示

"蝴蝶效应"告诉我们,教育无小事,教师无小节,课堂无戏言。教师的一言一行、一举一动,都可能会对学生产生至关重要的影响,甚至会影响学生一辈子。积极的,正确的,可能会让学生终身受益;消极的,错误的,也可能贻误学生一辈子。

中小学生正处于自我意识的形成期,自我评价能力还不健全。对于家长和教师的评价会尤为在意。老师对学生的评价,犹如一面镜子,让学生无意识地就误以为那就是自己。

蝴蝶效应显示了积累的力量。哪怕一件微不足道的小事,只要不断地累积和叠加,就可能引起一连串的连锁反应,最后酿成大祸,造成难以弥补的损失。我们常常看到,学校里的许多大事件(如学生斗殴、打群架等),往往是从小事酝酿成的,所以教师要有防患于未然的意识,不要等事件闹大了再来处理。平时对学生多留心观察,细心体察学生的思想情感,发现学生有不良行为的蛛丝马迹,要及时地疏导、转化和解决,做到把不确定的因素消灭在萌芽状态。

不管是孩子的缺点还是优点,该表扬的就表扬,该点拨的就点拨,该批评的必须严厉制止。冰冻三尺非一日之寒,不管是好孩子还是"熊孩子",都是一点一滴积累而成的,不要指望一两次浇水洗脑式的教育就能大功告成。点滴教育是一种以小见大的教育,发生在孩子身上的小事情所关涉的教育更具体、直观、真实,更具有针对性,更具有说服力和教育力。

"播种行为,收获习惯;播种习惯,收获性格;播种性格,收获命运。"为了帮助孩子收获美好的人生,为社会、国家的未来负责,作为一名教师,我们要不懈努力,多研究、多发现、多总结,为孩子良好行为习惯的养成贡献自己的心血,为孩子明天的可持续发展做出自己的贡献。

亡羊补牢，犹未为晚——破窗效应

若一扇窗户被打破后不及时进行修复，会给周围居民传递该地区无人看管的信号，潜在破坏者和犯罪人会认为即使进行违法犯罪也不会有人管，进而可能导致更严重的违法犯罪行为的发生。这种现象被称为"破窗效应"（Broken Windows Theory），是由美国学者詹姆士·威尔逊和乔治·凯林于1982年提出的犯罪学经典理论。

一、破窗效应的相关研究

美国斯坦福大学心理学家菲利普·津巴多于1969年进行了一项实验。他找来两辆一模一样的汽车，一辆停在比较杂乱的纽约布朗克斯区，一辆停在整洁干净的加州帕洛阿尔托的中产阶级社区。他把车牌摘掉，把顶棚打开，结果记录设备都还没陈设好，停在纽约布朗克斯的跑车就已经出现第一组破坏者，并且想私吞这辆跑车。来来往往的不论开车或行走的路人，都停下来在这个拆除大赛中抢走车子上值钱的东西，一天之内车就被人偷走了；而摆在干净整洁社区的那一辆车，人们路过、开车经过它，看着它，整整一个星期，竟然没有任何人对它"下手"，过了一个星期仍安然无恙，然后津巴多把这辆车的玻璃敲了个大洞，结果仅仅过了几个小时，它也不见了。以这项实验为基础，政治学家威尔逊和犯罪学家凯琳提出了"破窗效应"理论。该理论认为：如果有人打坏了一幢建筑物的窗户玻璃，而这扇窗户又得不到及时的维修，别人就可能受到某些示范性的纵容去打烂更多的窗。久而久之，这些破窗户就给人造成一种无序的感觉，结果在这种公众麻木不仁的氛围中，犯罪就会滋生、猖獗。

破窗效应是从众心理的一种清晰体现，是集体无意识行为的演变和推波助澜，教育管理中经常会遇到类似的状况。因此，在教育管理和教学过程中，教师面对可能出现的问题必须具备较强的预见性，以防造成"千里之堤，溃于蚁穴"的恶果。

二、破窗效应产生的原因

环境中出现的不良现象,如果被放任自由,会不停诱使人们仿效,甚至变本加厉。问题就会越来越大,甚至会引发一系列更为严重的后果。一扇打破的窗子,如果不及时修补好的话,那将会引导人们去破坏另外好的窗子。如果任其发展,那所有窗子都被打烂。破窗理论的可怕之处在于有强烈的暗示作用,并会引诱你去做类似的事情,有一定的滞后性,因为你站在"破窗"环境中,是觉察不出有任何不妥。环境对人的心理形成和行为表现具有强烈的暗示性和诱导性。人会被环境影响,同时人也会影响环境。在不好的环境中,人们受到暗示,做出使得环境变得更差的行为;在好的环境中,人们都会想着维护好环境,环境会越来越好。"破窗"的出现,会使得人放弃自我约束,降低对自己的要求,也会变得盲从从众(在人群中就体现为集体无意识),不愿承担责任,喜欢投机取巧。比如在学习时,你看到别人停下来了,你也想停下来,尤其是你快绝望的时候。刚开始,你抵挡了诱惑,但是学习效率会不由自主地慢下来,心思也飘到九霄云外,直至后来完全"摆烂"。所以,对于出现的不良现象,我们要保持警惕,因为它们传递着一种信息:你们也可以这么做,你们被鼓励这么做。这种信息被其他人接收到后,就会形成叠加效应,使得环境更加恶化。同时,也应该警惕那些看起来是偶然的、无伤大雅的小"过错",如果任由这种行为发展,就会促使更多的人"去打烂更多的窗户玻璃",后果就是玻璃碎了,窗户也没了。

我们的心理不是简单地由我们自主意识所支配的,还包含着很多的外界因素。因为人在成长的过程中,大脑所储存的东西,除了我们自发产生的一些感受、想法、情绪之外,绝大多数的道德、礼仪、教养、文化、知识都是通过外界信息进行输入的。在这种情况下要对你进行洗脑,其实只要在你输入系统里面去做出相应的逻辑链接点就能够形成,在这种情况下当人看到一些景象:比如破窗,在他大脑里面就会产生一个直观的输入影像,在他的原有的认知体系里就会去进行一些匹配。并不是每个人都会去打破窗户,但是在人群里面一定有一部分人是具有攻击性、具有破坏性的,他就会去破坏这些已经被破坏过的窗户,这是我们生物性里面所必然带来的。面对"第一扇破窗",我们常常自我暗示:窗是可以被打破的,没有惩罚。这样想着,不知不觉,我们就成了第二双手、第三双手……"环境早就脏了,我扔的这点儿垃圾根本起不到关键性作用""反正也不是我先这么做的",不少人会这样为自己辩解,最终个体从众行为就产生了。

三、破窗效应的教育启示

及时修复"第一个被打破的窗户",营造积极向上的教育环境,做到"防微杜渐"。学生中出现不良现象,如果视而不见,任其发展,很快就会发展到无法收拾的局面。

重细节、勤观察。学校管理中普遍存在重规划、重结果、轻过程的现象。因此我们要转变观念,牢固树立"过程决定结果,细节决定成败"的理念,我们要在理清思路、理清制度、理顺头绪的基础上,深入教育、教学第一线,充分开展调查研究,及时把握第一手资料,不放过蛛丝马迹,不留一处"死角",在细微之处下功夫。

"亡羊补牢,犹未为晚"。有"破洞"不要紧,重要的是"堵洞"要及时,对待问题不能心慈手软,更不能听之任之,要把它消灭在萌芽状态。有时候,对小弊病进行大维修,"杀鸡用牛刀"能起到防微杜渐,震慑歪风邪气的效果。不过要注意的是在"修补"的过程中,要本着"以人为本"的原则,努力做到刚柔并济。以教育为根本出发点,讲清、讲透问题的性质、危害,让学生本人和其他人从中充分得到教育。

针对问题,及时研究、分析问题存在的原因,从制度、检查、教育等多角度分析,找出原因。对事,对人的处理既要慎重,又要果断,寻找和出台一切以有利于教师、学生、学校发展为原则的处理方案,把握处理问题的尺度。比如说,学校常规检查中,可采取"一日常规反馈单"这一举措,通过对少数学生和少数班级中存在乱象的限期整改,及时纠正填补"窗子"上的"玻璃",防止"坏玻璃""坏窗子"蔓延,以保证整幢"楼房"的安全。

一石激起千层浪——瀑布心理效应

瀑布心理效应是一种生动的心理学现象。它指的是某人一句随便说出的话,却弄得别人十分"不得意",有点"一石激起千层浪"的意味,即信息发出者的心理比较平静,但传出的信息被对方接受后却引起了不平静的心理,从而导致态度行为以及心理状态的变化,这种心理效应现象,正像大自然中的瀑布一样,上面平平静静,下面却溅花腾雾,顾名思义被称为"瀑布心理效应"。

一、瀑布效应的相关研究

在师生的交往过程中我们常常看到这种现象:教师心理比较平静稳定但他的语气、姿态、眼神、表情、处理问题的方式等作为一种信息被学生接受后会引起学生不平静的心理从而导致学生态度和行为的变异,这就是教育中的瀑布心理效应。由于教师这种非言语的态势语言所传递信息的不确定性和模糊性,因此,瀑布心理效应既有积极的一面同时也有其消极的一面。例如教师举止如果过于随便就会使学生失去学习科学真理的庄重感;严肃过分又会导致学生望而生畏,造成他们心理上的负担;动作太多,容易给人凌乱琐碎之感,分散学生的注意力;表情呆板则会使学生感到单调乏味,使人打不起精神,提不起兴致,甚至会使人疲倦无力,昏昏欲睡。要避免和消除瀑布心理效应的消极影响,关键是师生双方要相互理解、尊重、关心和信赖。同时,教师在课堂教学中必须遵循准确性原则来运用态势语言,即表露感情要准确,象征性动作要准确,说明事物要准确。从以上教师态势语言所产生的心理效应来看,无声的态势语言与有声言语相比也有着其特殊的教育意义。在某种意义上"无声"胜"有声","身教"胜"言教"。

二、瀑布效应产生的原因

瀑布心理效应会无形中放大一个人的消极情绪,信息发出者的心理比较平静,但传出的信息被接收者接收后,使接收者内心产生巨大的波澜,甚至导致行为态度产生变化。

瀑布心理效应也有积极的一方面,当老师在无意间提到一件事、一个知识点,或许会让这个学生毫无波动的心理产生震撼,得到启发,就如同道家修行中的顿悟一样,从此对这门学科产生浓厚的兴趣,由此衍生出对其他学科的兴趣,但从过往的历史中来评判,它所产生的作用弊大于利,消极色彩掩盖住了积极的意义,但也不能否认它能产生的积极影响。

"亲其师，信其道"，由于中小学生的价值观念、行为模式可塑性非常强，学生对教师往往有非常朴素的崇拜心理，这就决定了教师言行对学生有非常明显的影响。

三、瀑布心理效应的教育启示

"瀑布心理效应"是教师在交往中存在的现象，也接近我们的日常生活，但就其性质来说，其消极意义往往大于积极意义。要想减少和避免在师生交往中产生消极的"瀑布心理效应"，应从几个方面着手。

第一，教师要格外注意自己的一言一行。教师的言行对学生有重要影响，这是引起学生心里产生"瀑布心理效应"的主要因素之一。因此，教师必须加强语言修养，慎言慎行，注意自身形象。

第二，教师要努力增强自己的个性透明度。学生对教师给予的种种信息是否会产生消极的"瀑布心理效应"，在很大程度上取决于学生是否真正理解教师发出的信息。要使学生能全面准确地理解教师发出的信息，就必须使学生了解教师的个性。

第三，教师要培养学生的自信心和分析问题的能力。师生交往中的"瀑布心理效应"容易发生在缺乏自信心，过于自卑或敏感，分析能力较差的学生身上。

第四，教师要及时关注学生的心理发展动态，讲话交谈时尽可能，最大化地去关注大多数学生的心理活动。

教师在平时的教育教学活动中，要格外重视培养学生自信、自尊、自强、自爱的个性品质，教育他们应有宽阔的胸怀，不轻易地被环境左右，有较强的心理承受力。

承认错误，很有价值——特里法则

"特里法则"主要讲了两层含义，一是承认错误是一个人的最大力量源泉；二是正视错误的人将得到错误以外的东西。核心意义就是敢于认错本身是具有很大价值的。

一、特里法则的相关研究

特里法则是由美国田纳西银行前总经理特里首次提出的。当时,特里在研究铁路公司和邮政局的管理问题时,发现了这个规律,他认为管理者最基本的任务就是确保雇员的效率和忠诚度,并且通过给予适宜的报酬来保持员工的积极性。特里把这个规律总结为"生产力等于报酬"。

20世纪30年代,特里再次回顾了自己的理论,并把其发展成为一个更系统的理论框架。他发现,管理者不仅要考虑到员工的报酬问题,还要注意激励他们的自我实现和自我发展。他提出了"自我实现等于报酬"的概念,这意味着员工不仅会受到组织内的经济激励,还会受到工作本身所带来的自我实现和成就感的激励。

随着时代的变迁,特里法则也不断被修正和转型。在20世纪60年代的组织行为学研究中,特里法则被认为过于简单,忽视了员工的复杂需求和组织文化。研究者开始探讨员工与组织、情感与动机等方面的关系,并提出了人力资源管理和组织发展等新的理论和方法。不过,特里法则的基本思想仍然影响着管理学的发展,尤其是在员工激励和报酬体系的设计方面,仍有重要的意义。

也有人认为"特里法则"是由美国篮球教练特里·阿米斯(Terry Amis)发明的,其核心思想是:当球队中的一个人犯错时,他需要在3秒钟内向所有队友道歉并接受责任。

二、特里法则产生的原因

自我效能感是指人们对自己实现特定领域行为目标所需能力的信心或信念。自我效能感影响或决定人们对行为的选择,以及对该行为的坚持性和努力程度;影响人们的思维模式和情感反应模式,进而影响新行为的获得和习得行为的表现。"自我效能感"和"特里法则"的相同之处在于:都是以鼓励引导为主的心理学理论,同样注重保护学生的自尊,都是给予学生以努力的原动力和能量,应用在教学里,都有很好的应用价值。不同的是,"自我效能"感偏向指导学生正确看待成功与失败,使得学生减少挫败感,对于学生常常进行肯定和赞扬,使得学生得到满足感和信心,而"特里法则"说的是坦诚承认错误会成为一个人最大的力量源泉,正视错误会得到错误以外的东西,强调通过勇敢面对错误而获得自我收获和满足。一般来讲,承认错误才能发现问题所在,进而调整思路和行为,争取成功。

三、特里法则的教育启示

对于特里法则及其机制的了解是有很现实的教育意义的。它提醒我们,人无完人,每个人都会有自己的缺点,也都会犯错,当我们犯了错误,为了不丢面子,所以我们就想忽略错误,其实这样是不对的,我们应该明白承认错误并不是一件很丢脸的事情,相反,我们会因为勇于担当而得到成长和诸多收获。

作为教育者,无论是教师、家长或其他人员,对于受教育者应当加以适当的引导,通过合适的教育方法和手段让受教育者从内心深处认识到偶尔的犯错并不会毁掉我们以后的发展,能够及时承认错误的人,就能够及时改正和补救错误,并且自己主动承认错误往往比被人发现后再承认更容易得到他人的原谅,可是如果我们一直不愿意承担自己的责任,不愿意改正自己的错误,那么才是真正地对自己产生了负面影响。

特里法则在对孩子的教育上更加明显,因为孩子很惧怕父母或者是老师,所以他们一旦犯了错,往往不敢坦诚地说出来,这个时候就需要家长和老师加以引导,让孩子正确认识到承认错误是一个人的力量源泉,一个有勇气有担当的孩子可以受到表扬,可以有更被信任的资本。在日常生活中,家长更应该去改变自己的一些不经意间流露出的错误观念,避免伤害孩子的自尊心,打击孩子承认错误的勇气,要适当鼓励孩子去承认错误,当孩子明白自己犯错时不会只是单纯得到责骂,他就会理性对待错误,更加有勇气去承认错误,也会更加勇于担当。

奖励可以塑造行为——扇贝效应

所谓扇贝效应,指的是人会根据奖励的强弱规律,调整自己工作或学习的高峰和低谷。间隔奖励会引导工作或学习的规则,从而使得工作或学习更有效率。其中,有规律的奖励种类和奖励时间,就像是海中扇贝的张合一样,会让工作或学习张弛有度,实现收益的最大化。

一、扇贝效应的相关研究

"扇贝效应"是美国心理学家斯金纳发现提出的,他做过一次白鼠实验。他每隔20秒就对白鼠强化一次,经过强化的白鼠的反应会产生停顿,不断强化后,白鼠的反应会不断增加,而在下次强化来临时,白鼠的反应会达到高峰。实验结果表明,白鼠经过不断强化后,已经学会了根据强化的时间进行反应。因为白鼠的行为效率趋势图就如扇贝壳的弧形一样,因此被称为扇贝效应。

二、扇贝效应产生的原因

斯金纳强化理论认为一种行为得到肯定或否定后会在一定程度上决定这种行为以后重复发生的频率。诸多学者认为奖励措施可以加强被奖励的行为,是非常有效的行为塑造方法。但斯金纳认为过度奖励会适得其反,只会让人产生依赖感,而奖励的积极效果是短暂的,一旦停止奖励就会造成行为的消退或停止,所以奖励要适当。斯金纳指出,阻止消退的关键也在于强化,人的某一良好行为未能及时受到关注和肯定,便会最终放弃做出这一良好行为的努力,也就是消退。所以要及时强化良好行为,并且及时反馈强化的结果。强化有正强化和负强化之分。正强化是积极强化,采用积极刺激提高某种行为再次发生的概率;负强化是消极强化,采用一种刺激阻止某种行为的再次发生。教学采用正强化的方法满足学生的正当需求,巩固和发展学生的积极行为能力;教学采用负强化的方法减弱、消除和矫正那些阻碍学生学习的消极行为,改善学生的不良发展趋势。斯金纳强化理论能够指导教师去塑造学生的积极行为习惯,对学校教育具有重要的启示和意义。

三、扇贝效应的教育启示

从扇贝效应中我们可以看得出,连续的固定时间的固定强化不一定能维持新的行为。比如说,学生在考试时临时抱佛脚,这不利于学生对知识的掌握。但是当在学习新知识、新行为、新习惯的时候,最初连续固定的强化是非常必要的。学生为了尽快得到奖励,会努力完成被要求的任务。当学生的行为达到一定程度的时候,我们就可以适当延长强化的间隔时间啦,直到最后撤销掉强化,学生也可以保持该种行为。

学生习惯的养成,需要父母和老师的鼓励和监督。但是父母和老师也要注意扇贝效应带来的负面影响,无限制的奖励会让学生变得物质;过度的表扬会导致学生飘飘然;而太高的要求会让学生心理上受到挫折,变得怯弱,失去前进的动力。于是父母和老师应当拿捏好度量,掌握好分寸才好。学生好习惯的养成不可一日而成,合理运用扇贝效应让学生养成良好的生活习惯和学习习惯。

在日常的教学过程中,教师对学生的强化应该是循序渐进的,并且还应该是符合学生年龄的,这样才能起到鼓励学生的作用。当学生开始习惯新事物,教师就可以把强化的时间区间增加,直到最后取消强化,让学生从内在动力中找到努力的理由,而不是永远依赖着外在动力。如果学生在学某一科目时有动力,那么他的适应能力也会迅速提升。此时教师可以在持续、固定的时间内给予强化。

教师不能对学生进行毫无节制的奖励,这样会使学生变得骄傲,会造成适得其反的作用;教师也不能对学生有太高的要求,会让学生心理上受到挫折,变得怯弱,失去前进的动力。

角色决定思维——角色效应

人们以不同的社会角色参加活动,这种因角色不同而引起的心理或行为变化被称为角色效应。

一、角色效应的相关研究

角色一词是指演员在舞台上所扮演的某一人物形象,一般大多出现在戏剧、舞台场景中,后来才被心理学家引入到社会学和心理学中。美国学者帝博特和凯蒂利认为,角色是一定地位的个体对自身的期待系统,是个体与其他个体相互作用的一种特殊行为方式。中国学者赵立伯认为,角色是一种对每一个处在一定地位的人所期待的那种符合社会规范的行为模式,是一个人的身份、地位、职务及其相应的行为模式。综合两位学者的观点,角色是人在社会交往体系中根据社会地位,按照一定的社会规范所表现出的特定行为模式。角色效应是指人在参加社会活动时扮演着不同角色,并由这种角色所引起的一系列心理反应与行为变化。

日本心理学家长岛真夫等人研究了班级指导对"角色"加工的意义。他们在小学五年级的一个班上进行了实验。这个班有47名学生,他们挑选了在班级中威望较低的8名学生,任命他们为班级委员,在他们完成工作任务的过程中给予适当的指导。一个学期过后进行测定,发现他们在班级中的威望有显著的变化,第二学期选举班干部时,这8名学生中有6名又被选为班级委员。另外,也观察到这6名新委员在性格方面,诸如自尊心、安定感、明朗性、活动能力、协调性、责任心等特征都有所变化。从全班的统计来看,原来不积极参加班级活动的孤独、孤僻儿童的比例也大大下降了,整个班级的风气也有所改变。

二、角色效应产生的原因

人进入某种社会关系中并进行社会活动时,在对事物拥有情感认知和理性认知的基础上,就会扮演着某种角色,对角色产生自己的认知,依靠不同的角色形象和社会风格,使自己的行为来符合这一角色所要求的社会期望和社会规范。人是社会关系的总和,在社会活动体系中人是一个复杂的角色集合体,不同的角色会反映出不同的社会关系,根据在不同阶段发展过程中的变化,需要在角色选择中进行适合的角色转化,完成角色身份所赋予的权利和义务,使自己的角色更符合自身在不同阶段的成长与发展期望,承担不同阶段的使命要求。比如,有的班主任尝试将班干部、团干部等角色让每一个同学都有机会充当,让学生当小班主任,在实践中体验管理班级事务,学习管理班级的方法,学会与同学友善相处,学会帮助同学等,让学生在工作中学习负责任,学习为他人服务,在这样的道德实践中,体悟、理解别人,要比许多空洞的说教更有效。

在现实生活中,教师往往忽视了孩子对角色概念的认识的偏差,一些孩子常以"我爸是经理""我爷爷是书记"而自负,把自己与长辈的角色等同起来,颠倒了角色概念的关系,致使这类孩子养成了狂妄自大、目中无人的畸变心态。尤其是孩子在家庭里娇生惯养,受到百分之百的宠爱,而到了一个班级后,往往无法享受到那种至尊的荣耀,于是心理上发生偏差,认为老师不重视。其实,这是学生在认识上走入了误区,你在家庭里是唯一的,是百分之百的,多少人围着你转,但是,你到了新的环境中必须清楚地意识到,你只是班级里几十分之一,并非老师的忽略,而是你要转变自己的角色,自觉地融入集体中,老师面对的是几十个学生,手心手背都是肉,不可能也不应该厚此薄彼的。

三、角色效应的教育启示

在家庭关系中,身处什么样的角色,就要遵从什么样的行为规范。比如,传统文化中的严父慈母即是对父母的角色要求,而作为孩子,也需要听父母的话,尊敬长辈、孝敬父母。一个成年人在没有成家之前,对家庭责任感没有体会,也不能意识到做父母亲的不易。只有当他们为人父,为人母的时候,才能感受到家庭责任感的重要性。

对于一些刚大学毕业的学生来说,初入职场是一段难忘的经历。好的角色分配会让组织运行得更好更久,而差的角色分配也可能让组织变得分崩离析。角色效应会让人在某个领域中深耕,比如,一名作家会在自己的创作领域深耕,创作出更加优秀的文学作品。而一名画家也会在绘画领域深耕,创作出更加优美的画作。正是赋予了他们所擅长的角色,他们才有动力继续向前。所以,恰如其分地选择自己的角色,往往会改变自己一生的命运。总的来说,角色效应在我们生活中无处不在,一个合适的角色,会激发人们的工作热情,而一个不适合的角色,也会打消人们工作的积极性。

教师的教育教学行为要充满着爱,教师用心灵了解学生,对学生施以诚挚的爱。让学生了解到教师期望自己有怎样的行为,促使学生形成与之相应的行为,从而使学生一步一个台阶地全面发展。学生的性格形成在很大程度上是受"角色"影响的。发挥角色的良好效应有助于孩子的健康成长。在教育实践中,教师要不断创设情境,让学生能经常设身处地地站在他人的角度来思考问题。

自己选的路,跪着也要走完——自然惩罚效应

自然惩罚法,是法国教育家卢梭提出的一种教育方法。就是当孩子出现过失或犯了错时,父母不给孩子过多的批评,而是让孩子自己承受行为过失或者

犯错带来的后果,使孩子在承受后果的同时感受到不愉快的心理体验,这样孩子就能自觉地弥补过失,纠正错误。

一、自然惩罚效应的相关研究

自然惩罚效应最早由法国著名教育家卢梭提出。他认为:儿童所受到的惩罚,只应是他的过失所招致的自然后果。卢梭反对体罚儿童,他主张利用儿童过失的自然结果,使儿童自食其果,从而促使其反省并改正。根据卢梭的观点,儿童在12岁之前对任何道德概念都缺乏认知,如果对儿童采取强制手段只会违反自然秩序,因此他不主张用外在纪律去限制儿童。但他认为儿童有必要为自己的过失自食其果。卢梭主张儿童12岁之后,自然处罚就要被人为处罚所替代,因为儿童１２岁起就开始了他的道德生活,纪律成为必须,儿童要有系统地学习社会规则和道德准则。社会规范是不容随意违背的,一旦违背,任何个体都要为此承担责任并付出代价。而后这一思想为英国教育家斯宾塞所继承,并予以完善。

斯宾塞的"自然惩罚"论,基本上就是卢梭"自然后果"法的应用。斯宾塞对卢梭自然惩罚理论的继承并非一成不变地搬用,而是对卢梭的理论进行了发展。这种发展体现在他把只适用于12岁以前的身体教育的自然惩罚进而推广到人的整个教育过程之中,亦即在道德教育阶段同样可以运用自然惩罚。斯宾塞曾指出:一切道德的理论都公认,一种行为,如果它当时和日后的整个结果是有益的,就是良好的行为;而一种当时和日后的整个结果是有害的行为就是坏行为。归根结底,人们是以结果的愉快或痛苦来判断行为的好坏。有了这一点作为立论基础,道德教育就完全没有必要诉诸一种外在的干预与制裁,这只需让事物按其本性自然地发展。当儿童行为不端时,就必然会有一种不愉快的结果来否定该行为的道德性。这样,自然惩罚同样能在道德教育中发挥作用,而无须以人为惩罚来彰明儿童行为的非道德性。斯宾塞把他的这一进化原理运用于个人的发展与教育时,提出了国家与社会不干预教育的原则。他认为教育必须遵循人类自身的进化过程,必须尊重儿童的自然权利。儿童的自然发展不应受任何权威的束缚与干预。在他看来,道德管教中的人为惩罚是外在权威对儿童进行干预的体现。而人为惩罚没有能够改造人。在许多情况下,反增加了犯罪，另外经常惩罚所引起的孤独和对立，必然使同情心麻木，也就必然给同情心能够制止的那些过失开辟道路。因而他认为道德管教所具有的价值，并非体验权威的斥责，而是体验儿童自己行动的必然结果。这就是斯宾塞提倡自然惩罚的本质所在。

二、自然惩罚效应产生的原因

自然惩罚理论是斯宾塞德育思想的核心内容。他在《教育论》一书中对自然惩罚的论述，不仅具有新颖性，而且也为颇具争议的惩罚教育开辟了新的天地。他的自然惩罚理论形成的思想渊源之一就是卢梭的"自然后果"法则。自然惩罚理论产生的另一思想渊源是斯宾塞的个人主义与自由主义哲学思想。他继承了法国哲学家、社会学家孔德的实证主义哲学思想，并在此基础上系统地阐述了进化规律。自然惩罚是教育惩罚理念在教育实践领域的方法论，是教育者的道德律在教育具体实践中的应用，并不是要坚持或取消惩罚行为，而是要提升教育惩罚行为。教育惩罚行为既然无法证明也无法证伪，那么，就只好选择自然惩罚为其辩护。它目前已经可以解决关于教育惩罚的一系列问题，至于能否解决后来问题则是无从得知的。无论未来如何发展，作为教育者，你要在孩子的教育过程中遵循自然的秩序。如果他有冒失的行为，你只需要让他碰到一些有形的障碍，让他的惩罚产生于行为本身。你无须禁止他做错事，只需加以预防。

在教育实践中，教育者常用的德育方法有说服教育法、榜样示范法、情感陶冶法、自我教育法、实际锻炼法、品德评价法等。与惩戒相比，这些德育方法虽然更加正面且温和，但与惩戒并不冲突，而是互为补充。我们也常常将赏识教育与惩戒教育进行对比，似乎它们是教育中不可弥合的两面。事实上，奖励与惩罚从来都是共生并存的，并且两者在教育中的作用也不是绝对的，奖励可以是没有教育价值的，惩罚也可以是有教育价值的。

从整个历史发展看，教育家从未怀疑过惩戒在德育中的独特价值。夸美纽斯曾明确指出，惩罚能使犯错之人日后不再犯错。赫尔巴特也认为，儿童最初具有的是一种不服从的烈性，这种烈性使儿童不守秩序，因此必须克服，而克服这种烈性只有强有力的强制才能达到。涂尔干（Emile Durkheim）也说过："纪律在学校道德的运作中起着重要的作用。为纪律赋予权威的,并不是惩罚;而防止纪律丧失权威的,却是惩罚。"所以,惩戒作为德育的一种手段,能够促成儿童从他律到自律,也就是达到斯宾塞所说的自治、自省、自我教育,这也是惩戒存在的独特价值。

在幼儿行为失范中,自然后果惩罚对于矫正幼儿错误行为具有重要意义。自然后果惩罚是幼儿良好习惯养成的重要手段,符合幼儿的道德认知发展规律和学习特点,且弥补了人为惩罚公平性缺失和随意性强等不足。它在幼儿教育中有存在的合理性和必要性,成人在具体运用自然后果惩罚法时需要遵循以下原则:成人需适时介入,并对幼儿进行引导;因"材"施罚,针对幼儿的性格与认错态度施罚,罚需有度,不得伤害幼儿的身体与心灵。

自然惩罚效应对于儿童及青少年的德育等方面的发展有着不可忽视的重要作用。随着社会的进一步发展,教育越来越重要。在很多情况下,家长对孩子管教得甚为严苛,导致儿童的逆反心理越来越强烈,造成父母与孩子的矛盾越来越多,越来越激烈。根据斯宾塞的自然惩罚效应,可以了解到,在儿童及青少年的成长中,父母应该适当管理,让孩子对自己的人生负责,让其明白做错事情的后果,从而达到让孩子积极成长,认真负责等良好品行。

三、自然惩罚效应的教育启示

在德育过程中,首先应当提升教育者的素质,并着重从家长的角度提出教育者应当具备的素质。从家庭德育的视角出发,着重分析了两种有代表性的情形。第一种情形是在儿童把事情弄得一团糟的情况下,如把食物或玩具等东西丢得满地都是,这时,家长正确的做法既不是替孩子将杂物收拾干净,也不是去责骂他们,而是让他们去整理和收拾自己所造成的混乱局面。第二种情形则是在儿童做出可能会伤害自身的行为时,如果一个男孩子在蜡烛上点着纸片看它烧着玩,斯宾塞认为,除开极端情况外,所采取的办法应该不是保护儿童不受日常危险,而是劝告他、警告他不要去冒险。当然,斯宾塞还考虑了一般的"自然后果"惩罚不起作用的情况,这时就必须使孩子受到他的反抗所引起的外来反应。

父母及教师对于孩子的成长及发展有着不可忽视的作用,但作为父母和教师来说,对孩子的管理应该是适当的,而非全方面把握。过度地管理与溺爱孩子,对孩子的成长发展是极为不利的。因此父母及老师应该适当地给予惩罚,促进孩子的成长与发展。

发现闪光点——瓦拉赫效应

瓦拉赫效应是指每个人的智能发展都是不均衡的,都有智能的强点和弱点,他们一旦找到自己最佳点,使潜力得到充分的发挥,便可取得惊人的成绩。

一、瓦拉赫效应的相关研究

奥托·瓦拉赫是诺贝尔化学奖获得者,他的成功过程极富传奇色彩。瓦拉赫在开始读中学时,父母为他选择了一条文学之路,不料一学期下来,教师为他写下了这样的评语:"瓦拉赫很用功,但过分拘泥,难以造就文学之材。"此后,父母又让他改学油画,可瓦拉赫既不善于构图,又不会润色,成绩全班倒数第一。面对如此"笨拙"的学生,绝大部分老师认为他成才无望,只有化学老师认为他做事一丝不苟,具备做化学实验的素质,建议他学化学,这下瓦拉赫智慧的火花一下子被点燃了,在化学方面取得巨大成就。瓦拉赫的成功说明了这样一个道理:学生的智能发展是不均衡的,都有智慧的强点和弱点,他们一旦找到了发挥自己智慧的最佳点,使智能得到充分发挥,便可取得惊人的成绩,这种现象被称为"瓦拉赫效应"。

心理学家加德纳认为,人的智力是多元的,人除了言语/语言智力和逻辑/数理智力两种基本的智力外,还有其他七种智力,它们是:视觉/空间关系智力、音乐/节奏智力、身体运动智力、人际交往智力、自我反省智力、自然观察者智力和存在智力。这九种多元智力在每个人身上都或多或少地存在着,它代表了每个人不同的潜能。这些潜能只有在适当的情境中才能充分地发掘出来。上述的瓦拉赫就有着与众不同的多元智力,在用传统的智力理论来判断,他就是一个智商低弱的人,而用加德纳的多元智力理论来分析,他并不是一个低能者,只不过是他的九种智力组合的方式与众不同罢了。化学教师看到了这一差异,为他创造了有利于他在化学方面发展的潜能环境,从而使他的九种智力组合而成的潜能得到了充分的发展。一个人存在着不同的潜能,而且这种潜能还会不时地表现出来。这时就看它有没有人及时地捕捉到,并不断地加以开掘。否则,这种闪光点就会如同天上的流星一闪而过。因此,及时发现闪光点是十分重要的。发现后能否创造条件让其发展最大潜能也是十分关键的。在这两点上,瓦拉赫都得到了满足,因此,他如鱼得水,其特殊潜能得到了极速的发展。

二、瓦拉赫效应产生的原因

成功学专家安东尼·罗宾曾经在《唤醒心中的巨人》一书中非常诚恳地说过:"每个人身上都蕴藏着一份特殊的才能。那份才能犹如一位熟睡的巨人,等待着我们去唤醒他。"所以,老师应当用发展的眼光看待学生,应该清醒地认识到,每一个学生都是多种智力因素不同程度的组合,评价学生不是聪明不聪明的问题,而是哪些方面聪明和怎样发挥其聪明的问题。学生个个都是瓦拉赫,只不过有的已经找到了自己智能的最佳点,有的还没有找到罢了。优等生只是学习上的优等生,并不意味着他在哪方面都是优秀的;而后进生也只是在学习上有困难,只是还没有开发出他的潜能而已。因此,我们不能歧视任何一个后进生,要把后进生当成后劲生,帮助他们找到自己智能的最佳点,并指导他们充分发挥自身的智能潜力,才是教师的职责。

陶行知先生曾经说过:"真教育是心心相印的活动。唯独从心里发出来的,才能达到心的深处。"等到我们拥有了心灵对心灵的尊重,我们才会具备明察秋毫的教育敏感、情不自禁的教育本能和化险为夷的教育智慧。作为一名教师,我们应该牢记陶先生的话,并让它在我们的教学工作中生根发芽,生发出无穷的魅力。后进生的特点是自卑,教师要多给予他们鼓励,比如给学生一个信任的眼神,或在活动中挖掘他们的闪光点。

三、瓦拉赫效应的教育启示

教师要树立科学的学生观,即发展的学生观,并以此为教育的有力保障。要有"朽木可雕"的反传统意识,要坚信,任何一个学生都有自己的智能优势,只要其优势得到发挥,"差生"也有可能成为某一方面的"高才生"。切不可把一些暂时落后的学生贴上"笨蛋""没希望"的标签而打入另册,瓦拉赫也许就蕴藏在"朽木不可雕"之列。有了发展的学生观,我们才能更好地理解陶行知老先生的名言:"你的教鞭下有瓦特,你的冷眼里有牛顿,你的讥笑中有爱迪生,你别忙着把他们赶跑。你可不要等到坐火车、点电灯、学微积分,才认识他们是你当年的学生。"

教师要帮助学生寻找他们智能的最佳发展点。由于受年龄等方面条件的限制,学生对自己未来的"设计"往往不切合实际。这就要求教师要多接触学生,多研究学生,多与学生家长联系并与家长一道帮助学生确定好他们的发展方向。在教育过程中,我们应该关心每个学生,设计多种形式的活动,善于发现捕捉学生的闪光点,并及时鼓励,帮助学生认识自我,让学生充满自信,为学生发现自己的智慧潜能和特长搭建舞台。

在班集体的建设中,班主任更需用好"瓦拉赫效应"。班干部的确定要"量材选用",开展任何一项活动,都应注意让不同类型的学生扮演不同的角色,为学生的特长发展创造良好的外部条件,争取达到人人发展,人人成才。让学生利用自身的"亮点"为班级服务:有鼓动性、号召力的做班长;能写会说的搞宣传;能跑会跳的做体委……谁说只有学习好才有资格为集体服务,成立社团,建立互助组,每一个学生都是集体的"资源",利用好每一个"资源",让他们形成优势互补的良性发展态势,发掘并使之发挥更大的作用,让每个人在保持自己个性的前提下,努力配合其他人的工作。

要尊重、信任、理解后进生,把他们当作与自己平等的有独立性的个体,积极主动地与学生沟通,关注学生成长与发展的每一点进步,帮助学生发现自己、肯定自己在学生需要帮助时拉一把,在学生停滞不前时推一把,让后进生在老师同学的一言一行、一举一动中感受到真诚的爱,从而鼓足勇气奋发努力使更多的学生陶醉在成功的喜悦中,让更多的学生拥有健康的心态健全的人格和自信的人生。

教师应该"蹲下来",用儿童的视野看儿童、用学生的视野看学生,而不要用成人的眼光。对于每一个学生来说,他们都是处于发展中的个体,是逐步走向成熟的个体,都具有发展的可能性,蕴藏着发展的巨大潜能。要相信自己的学生即使不能成为参天的栋梁,也会做一株坚韧的小草,奉献一星浅绿。其实,世界上本没有绝对无用的东西或失败的事物,只是利用的方式不同罢了。同一种事物,在不同的人眼里,或者在不同的际遇里,往往会有不同的价值。

和谐平等的氛围也是动力——圆桌效应

圆桌效应指的是由圆桌呈现出来的柔和感和圆周曲线美使得人们在日常和人的交流中产生的亲切、和谐的感受,这就是人们对圆桌所产生的心理效应,称为圆桌效应。

一、圆桌效应的相关研究

圆桌会议的概念源自英国传说里的亚瑟王与其圆桌骑士在卡默洛特时代的习俗,是指围绕圆桌举行的会议,没有主席位置,也没有随从位置,人人平等,是一种非常平等的对话或协商模式。

如今很多会议是在圆桌上召开的,特别是一些重要的有多个国家参加的国际会议,参会的各方往往都是围着一个大圆圈而坐。这种坐法充分展现了会议的圆桌效应,参会各方绝对平等,没有席首席尾的席次分别,又由于圆桌所呈现的柔和感和曲线美使参会各方很容易地产生亲和感和和谐感,这能够有效地从会议的气氛上促使会议的成功。

20世纪60年代日本日立公司在世界百家大公司中仅名列第46位,70年代列第16位,现在是日本最大重工机电公司。有人在总结日立高速发展的原因时说,圆形会议桌是成功的一条重要原因。日本公司的会议桌是圆形的,与会人员坐在那儿都可以,没有职位高低之分,大家畅所欲言。

在教育中也是一样的,在班级师生之间建立平等的人际关系,尊严上不分贵贱,人格上彼此尊重,思想上互相交流,教师应把自己置于集体成员的位置上,让学生愿意与老师更多地交流,激发学生参与教学活动的热情,师生关系就会像圆桌效应那样平等、融洽、和谐,从而达到更好的教学效果。

二、圆桌效应产生的原因

"圆桌效应"是这样发挥作用的。一方面,圆桌能迎合每个人的角度,让大家有平等的感觉;另一方面,圆形所体现出来的柔和感和曲线美,可以使会议的过程充满融洽的气氛,让每个坐在椅子上的人都有一种亲切感,从而产生更好的交流效果。其实将这个理论运用到教育中会产生巨大的收获,在传统教育模式中,老师和学生往往有对立的势头存在,这会使得老师和学生成为两个对立的阶级,其实不然,师生关系应该是平等的、和谐的,只有师生关系和谐才会使得教育教学活动更加成功。

班主任与学生之间本来应是以教育教学任务为中心的人与人之间平等的关系,但在传统班级管理中学生仅仅是作为配角而存在的,呈现出学生缺少人的尊严和权利的怪圈,要恢复师生之间正常的关系,作为班主任要充分运用圆桌效应,这样师生之间才具有亲和力,但是这里的圆桌效应不一定是将桌子拼成圆的或者是一定就得有个圆桌子,这里的意思就是老师应该从"高高的讲台上"走下来,和学生平等、和谐地交流互动。一直以来,教师和学生之间的关系在教学过程中发挥着至关重要的作用,有的学生会因为喜欢或者不喜欢某个老师而去喜欢或者不喜欢某一门课程。其实,教学也是一门感情课,在教学过程中,如果老师和学生能够建立起深厚的友谊,那这对于学生来说就是一种很大的鼓励和感化作用。传统教学模式以教师为中心,按照着所谓的规律来进行教学。而将学生对于老师的尊敬转化成了一种权威,长此以往,老师和学生就形成了一种情感上的隔阂,而圆桌教学的意义就在于,其取代了传统的贵贱主次之分,以一种和谐融洽的氛围学习、讨论、研究。圆桌教学的意义在于将学生的眼睛、嘴巴、头脑彻底进行解放,以一种平等、自由、民主的方式进行知识的传递。这种形式的教学有利于学生在一定的松弛轻松的氛围中学习,释放自己的聪明才智,活跃创新思维,提高认知程度,这样既改进了以往的教学模式,又极大提高了教学效率,一举两得。

三、圆桌效应的教育启示

学生虽然是我们的教育对象,但是师生之间在人格上是平等的。教师只有树立平等的观念与学生交往,学生才能够愿意与教师交往,也才能够激发参与各项教育教学活动的热情,师生之间的关系也才能像"圆桌效应"那样产生平等、亲切、和谐、融洽的心理氛围。

所以教师应该做到以下几点:

老师应该放下传统教育模式中作为权威统治地位的架子,主动走下讲台,不管在教学还是在日常的学习生活中要积极和学生进行交流,不能只是一味地对学生进行灌输式教学,要多听学生的想法。做让学生喜爱和信任的教师,并提高自己的道德修养水平,严格遵守职业道德规范,严厉杜绝体罚和言语伤害,应切实注意杜绝伤害学生心理的行为,无论是短期伤害还是长期伤害都应当避免。要多与学生做直接的、面对面的交流。

老师要切实尊重人与人之间的差异性,不能在教学过程中产生偏袒某类学生的心理,使得学生心理产生不舒服的情感,以至于上升到对于某类学科的不喜欢。在师生情感关系的建设上,教师是主导,教师的一举一动都会影响学生对教师的态度。要建立良好的师生情感联系,教师应该公平地对待每一个学生,多鼓励,多关怀,相信他们的潜力,切实帮助他们。

在教学活动中,老师要有意识地培养学生的各种创新思维,不能只站在讲台上进行演说式教学,忽视和学生的互动,禁锢学生的创新思想,尊重不同学生不同的想法。教师只有真正做到关心关爱学生才能够随时都在言行中流露出真诚,从而打动学生。

平台很重要——安泰效应

安泰效应是指一旦脱离相应条件就失去某种能力的现象。它让我们认识到了集体的重要性,集体是帮助和支持我们个人成功的重要条件,能帮助我们战胜个人无法战胜的困难。在学校里,通过开展运动会、文化艺术节等活动,让学生学会与他人合作交往,提高学生间的集体凝聚力和向心力,实现学生的自我价值。

一、安泰效应的相关研究

"安泰效应"源自古希腊神话中的一个故事"安泰之死"。安泰俄斯是大地女神盖亚和海神波塞冬的儿子,居住在利比亚,他的妻子叫延吉斯。安泰俄斯力大无穷,百战百胜,原因是只要他保持与大地的接触,就是不可战胜的。因为这样做他就可以从他母亲那里持续获取无限的力量。当时,安泰俄斯强迫所有经过他土地的人与他摔跤,并把他们杀死。他这么做的目的是收集死者的头骨,想为他父亲波塞冬建立一座神庙。当另一位希腊神话中最伟大的英雄赫拉克勒斯经过利比亚时,无意间发现了安泰俄斯的秘密:原来安泰俄斯无穷的力量来自大地的接触。于是在两人的搏斗中,当安泰忘乎所以时,赫拉克勒斯将他高高举起来,使他无法从盖亚那里获取力量,最后把他杀死了。现在人们常用安泰俄斯的故事来比喻精神力量不能脱离物质基础,或者是一个人不能脱离他的团队、祖国和人民。后来,人们把一旦脱离相应条件就失去某种能力的现象称为"安泰效应"。

温特斯农场实验是社会心理学领域中的一项经典实验,由穆罕默德·谢里夫于1954年设计。该实验旨在研究人类的群体行为和互相之间的冲突,以及如何通过合作和共同目标来缓解这种冲突。在实验中,谢里夫将22名11~12岁的男孩分成两组,分别住在温特斯农场的两个营地里,这两个营地互相之间并不知道彼此的存在。随后,实验者通过一系列活动,使得两个营地之间出现敌对情绪。这些活动包括足球比赛、绘画比赛等等。在第一阶段,两个营地之间的互动是竞争性的,两个营地之间相互竞争,产生了群体间的敌对情绪。这个过程中,研究人员记录了男孩们的行为、态度和情绪。在第二阶段,研究人员为两个营地设置了共同的目标,让两个营地之间开始合作,共同解决一些任务。这些任务包括推车和提水等等。随着任务的完成,两个营地之间的敌对情绪逐渐消失。实验结果表明,通过合作和共同目标,可以缓解群体之间的冲突和敌对情绪。在第一阶段,两个营地之间的竞争性互动导致了敌对情绪的产生,男孩们开始形成团体认同,对对方产生敌意和排斥。但是,在第二阶段,两个营地之间的共同目标和合作导致了相互协作,共同解决问题,男孩们之间的敌对情绪逐渐消失,甚至出现了友好合作的情况。

二、安泰效应产生的原因

集体教育理论是关于学生集体的性质、结构、功能、形成、发展规律及其与教育相互关系的知识体系。教育理论的组成部分,社会主义德育的理论根据之一。1917~1936年间,苏联教育家克鲁普斯卡娅依据马列主义学说提出,集体是形成新人的基本条件,而培养集体主义者则是社会主义教育的主要目的。

1920～1939年间,苏联教育家马卡连柯建立了在集体中形成个性的完整理论体系、认为一切良好的教育必须建立合理的集体以对个人产生合理的影响;并探讨了教育集体的特征、形成过程及集体运动、平行影响、集体继承性等原则和方法。

在集体中,成员的集体意识强烈,人际关系民主、平等。集体的共同活动具有全社会的进步意义。集体的凝聚力建立在崇高的价值取向一致性的基础上。因此,研究集体的社会心理规律具有重要意义。从20世纪60年代末开始,苏联社会心理学家彼得罗夫斯基等人深入实际,通过大量的科学研究,建立了一整套有关群体人际关系的活动中介理论,先后发表了《集体的社会心理学》《集体的心理学理论》等专著及大量论文与研究报告,在国内外有重要影响。集体心理学强调的是一个集体对一个人的重要性,在一个集体当中,每个人都能积极地融入集体当中的时候,就会挖掘出自己最强的能力以不脱离这个集体,一个人处在集体的当中,运用集体的凝聚力,学会依靠大家,依靠集体,得到集体的支持。就好比在一个班集体里面,老师需要学生的支持与回应才能更好的发挥出自己的能力,从而提高班级的学习能力与水平。每个学生都处在班集体里,不能脱离这个集体,积极地融入班集体里,通过集体的影响提高个体的能力,推动个体的全面发展。

马克思主义的基本原理告诉人们,只有在集体中,个人才能有获得全面发展其才能的手段。从这一命题出发马卡连柯提出了自己的教育原则:在集体中,通过集体和为了集体进行教育的原则,反对把注意力集中在个别儿童身上,主张把集体视作教育的基础、目的、对象,也是教育的手段和方法,通过集体去教育个人,同时又促进集体不断前进,这是马卡连柯的平等教育影响的思想。这一思想的主旨是让集体和个人都承担责任,以更好地培养集体主义思想,并提出近景——中景——远景的教育路线,这是一种大教育观和新型的人才观,充分体现了马卡连柯的宏观教育思想。就像在一个班集体当中,学生能够感受到集体的魅力,从而激发学习兴趣和学习动机,促进学生的全面发展,增强学生间的交往与合作,提高自我教育能力。

三、安泰效应的教育启示

一个学生在学校学习的过程就会处在一个集体当中,学生与学生之间、与老师之间都是互相依赖互相帮助的,学生在所属的班集体中都拥有一定的权利和义务,都能找到适合自己的角色与活动。通过大家一起学习一起成长,能够体会到一个集体的重要性,一旦学生失去了这个班集体,生活与学习因为孤立无援而失去学习的动力从而导致效率低下。同时,老师失去了学生的拥护和支持,能力再强也会马上变得软弱无力;校长失去了老师、集体的爱戴和拥护,只能孤掌难鸣。一个班级乃至于一个学校,如果能够做到有组织、有凝聚力,那么教育的发展将会大有前途。因此,在教育中,要学会依靠集体,依靠大家,"我为人人",才有可能"人人为我"。

教师要增强自身的职业素养,对于脱离集体的学生及时给予帮助,使他们能够慢慢地融入集体里面,尊重学生,爱护学生,获得学生的拥护与支持,从而很好地发挥出自己的专业水平,让一个班级发挥出一个大集体的力量。教师在教学中要关注学生的心理问题,学生在成长中离不开群体社交,老师一旦发现了学生有孤僻不合群的现象,要及时地给予学生帮助和引导,让学生融入班集体,从而提高其学习水平。

引导学生表达自我,学会尊重他人,在处于一个集体中的时候,敢于说出自己的想法,积极地融入一个集体,从中获得自信。同时要懂得尊重自己和他人,懂得为人着想和顾全大局,结交更多朋友,取得内心的力量,发挥集体的力量,始终以促进学生成长为目的。

合理地利用家庭这个集体对学生的影响,促进学生的发展。集体的力量是无穷大的,失去了力量的源泉,能力再强,也终会有失败的时候。一个好的班集体最重要的特点就是要有良好的舆论和班风,所以教师应当注重班风的培养。

说你行,你就行——皮格马利翁效应

皮格马利翁效应又被称为罗森塔尔效应、期望效应或比马龙效应,该效应是指如果教师喜欢某些学生,对他们抱有较高期望,经过一段时间,学生感受到教师的关怀、爱护和信任,会更加自尊、自信、自爱、自强,诱发出一种积极向上的激情,这些学生也就容易取得教师期望的效果。

一、皮格马利翁效应的相关研究

皮格马利翁(Pygmalion)是古希腊神话中一个主人公的名字,相传他是塞浦路斯国王,善雕刻,是一位有名的雕塑家。他精心地用象牙雕塑了一位美丽可爱的少女。他深深爱上了这个"少女",并给他取名叫盖拉蒂。在皮格马利翁深切的期待下,盖拉蒂复活了,他们结为夫妻;人们从皮格马利翁的故事中总结出了"皮格马利翁效应",以此来形容期望和赞美能产生奇迹。

美国心理学家罗森塔尔和雅克布森最早开始对教育中期望的作用进行了实验研究,他们于1968年发表了研究成果《课堂中的皮格马利翁》一书。他们在奥克学校(Oak School)所做的一个实验中,先对小学1~6年级的学生进行一次名为"预测未来发展的测验"实为智力测验。然后,在这些班级中随机抽取约20%的学生,并让教师认识到"这些儿童的能力今后会得到发展的",使教师产生对这一发展可能性的期望。8个月后又进行了第二次智力测验。结果发现,被期望的学生,特别是一二年级被期望的学生,比其他学生在智商上有了明显的提高。这一倾向,在智商为中等的学生身上表现得较为显著。而且,从教师所做的行为和性格的鉴定中可知,被期望的学生表现出更有适应能力、更有魅力、求知欲更强、智力更活跃等倾向。在此之前,1963年时罗森塔尔曾经将一组"聪明老鼠"和一组"笨老鼠"交予实验员,嘱咐其对两组老鼠认真加以训练,结果后来发现,经由实验员训练过的"聪明老鼠"确实比"笨老鼠"实验效果要好许多,但实际上罗森塔尔是随机将一群老鼠分为了两组后交给了实验员。

这一结果表明,教师的期望会传递给被期望的学生并产生鼓励效应,使其朝着教师期望的方向变化。罗森塔尔把这一现象称作皮格马利翁效应。

尽管对于罗森塔尔的研究的过程学术界存在很大的争议,但不容否认,对别人良好的期待确实能够获得对方的相向而行;甚至在医疗领域中,医生对病人的良好期待与暗示也会导致病人的康复加速。

二、皮格马利翁效应产生的原因

"积极心理学"最初于20世纪50年代被美国心理学家马斯洛在其著作《动机与人格》中提出,90年代正式成为明确的心理学科,21世纪初,"积极心理学"在塞利格曼推动下,在世界迅速流传开来,并获得了巨大成果。"积极心理学"主要突出人的"美""善"和"优",重点强调人的积极性,鼓励人们在逆境中找到正确的出路,在顺境中谋求更好发展,告诉人们无论在哪种环境都要勇于发现自己的"真、善、美",从而建立起自己的信心。而实际上确实如此,人生有绝大部分事情都在于自己的主观感受,只有极少数事情是改变的,如果以积极的主观感受去面对那些容易令人不开心的事情,遇事总说一句"真是非常好",人生会完全不同。"积极心理学"和"皮格马利翁效应"的相同之处在于:都是积极向上,以鼓励为主的心理学理论,都对学生信心的建立有很好的促进作用,在教学中,都有很好的应用价值。不同的是,积极心理学更多强调的是一种心理暗示,强调"很好、很棒",有时候容易迷失在"自我感觉良好"的误区之中,而"皮格马利翁效应"更多强调来自别人的鼓励,特别是期望,由于这个鼓励、期望是来自别人的,所以更加客观,对自己的积极作用更加具有说服力,能够在信心建立时更加有"着力点"。另外,"皮格马利翁效应"的更优越之处在于会提出"期望",比如:"某某同学前面某处做得非常好,这相比于之前进步太多了,老师非常开心,先点个赞,不过,老师希望你以后某某方面做得更好,下次某方面一定能做到怎样的,老师相信你,加油"。在上述语言中,老师不仅仅对学生当前的进步做了肯定(鼓励),还表明了自己的态度(认同感),更对以后做出了期望(给学生目标),并表示了对学生完成该期望的信心(信任和认同感),应当是完美运用了"皮格马利翁效应"进行了一个模范教学,学生听到这句话之后,信心得到了巨大提升,目标更加明确,还有老师的信任及认同,完成老师的期望自然是指日可待了。

三、皮格马利翁效应的教育启示

作为教育者,无论是教师、家长或其他人员,对受教育者充满信心,相信他们能发展得更好是很重要的。心理学研究证明,受教育者,特别是孩子对自己的了解往往首先是从教育者那里得到的。在他们生活中居重要地位的人物对于他们的看法和态度,就像镜子一样折射着他们的形象。如果教育者认为他们有能力,信任他们,那他们也认为自己是有能力的,是值得信任的,他们就能建立起应有的自尊,使自己有热情为做得更好而努力;如果教育者认为他们能力低下,不学好,不可救药,他们也会从这面镜子中看到自己令人沮丧的形象,从而也认为自己能力就是不如别人,自己很难改好,自己没有出路,那么他们就不能确立应有的自信与自尊,就不能有充分的自我价值感。他们会感到绝望,放弃任何积极的努力,走破罐破摔的道路。

在师生情感关系的建设上,教师是主导,教师的一举一动都会影响学生对教师的态度,要建立良好的师生情感联系。教师应该公平地对待每一个学生,多鼓励,多关怀,相信他们的潜力,切实帮助他们。教师应当衡量与学生的关系,对学生进行激励,注重激励的方式和手段,提倡"因材施教",注重两性差异。根据调查结果,建议用一种直观的,学生能够直接接受的方式进行激励,比如口头表扬、在作业评语上进行表扬等等。

教师应使用客观合理的评价机制来评估学生的能力水平,不戴有色眼镜对待学生,不以分数论英雄,始终以促进学生成长为目的。"说你行,你就行,不行也行;说你不行,你就不行,行也不行"这句话是期望效应最通俗的解释。"我看好你""你下次考试一定能比这次考得好""你太厉害了"等等语言都能让被教育者产生巨大的动力。但现实中许多教育者的语言往往极大地杀伤孩子的自信心,例如许多父母、老师喜欢对孩子进行横向比较,他们经常说"你看看邻居家的小明……再看看你,你连人家的脚指头都不如……""你们是我带过的最差的一个班级……"更有甚者他们会对学生(孩子)说"你这辈子也就那样了""就你?""烂泥扶不上墙""你就是那提不起来的断草绳"等等,这些都极大地打击了学生的自信心。

强调隐性课堂的作用。教师在隐性课堂里更能体现出以学生为本的思想。教师只有真正做到关心关爱学生才能够随时在言行中流露出真诚的激励,从而打动学生。家长对孩子的影响也不可忽视,教师要合理利用家长对孩子的影响,通过家长学校、开班会等形式增强家长的意识,共同促进学生的成长。

在利用"皮格马利翁效应"进行教学的时候,不妨以学生为本,更多地将教师对学生的期望和学生的自身需要联系起来,结合学生自身的需求进行教学,会有意想不到的效果,这也可以为"皮格马利翁效应"在教学中的应用提供更多的可能性。

负面情绪是可以传染的——踢猫效应

踢猫效应是一种隐喻,描述在组织或家庭中位阶较高的人,可能会通过责罚位阶较低的人来转移其挫折,而位阶较低的人也会以类似的方式将挫折发泄给位阶更低的人,因此产生了连锁反应。人的不满情绪和糟糕心情,一般会沿着等级和强弱组成的社会关系链条依次传递,由金字塔尖一直扩散到最底层,无处发泄的最弱小的那一个元素,则成为最终的受害者。其实,这是一种负面情绪的传染。

一、踢猫效应的相关研究

踢猫效应源于一则有趣的寓言:大意是有位骑士在晚宴上被领主训斥,他怒气冲冲地回家把管家骂了一顿。管家心里窝火极了,回家后找鸡毛蒜皮的小事把自己的妻子骂了一顿。妻子莫名其妙受了委屈,没地方撒火,正好看见儿子在床上蹦跳,直接上去给了儿子一个响亮的耳光。儿子莫名其妙地被打,心情极度糟糕,一脚把身边的猫踢了个跟头。

生活中,每个人都是踢猫效应链条上的一个环节,遇到地位低于自己的人,都有将愤怒转移出去的倾向。当一个人沉溺于负面或不快乐的事情时,就会同时接收到负面和不快乐的事。当他把怒气转移给别人时,就是把焦点放在不如意的事情上,久而久之,就会形成恶性循环。好心情也一样,所以,为什么不将自己的好心情随金字塔延续下去呢?

二、踢猫效应产生的原因

弗洛伊德认为,人类心理的本质是由潜意识和意识组成的。潜意识是不易察觉的心理活动,包括个体的愿望、欲望、情感和情绪等。这些潜意识的内容可以被压抑和遗忘,但它们仍然对个体的行为和心理状态产生影响。弗洛伊德认为,人们可以将自己在一些关键时刻的经历和情感转移到其他对象身上,从而减轻自身的焦虑和紧张。在踢猫效应的情境下,当一个人受到挫折或不满时,他可能会将自己的负面情绪转移给那只"猫",从而减轻自己的情感负担。这种转移可以是无意识的,因为个体可能并没有意识到自己正在这样做。

一般而言,人的情绪会受到环境以及一些偶然因素的影响,当一个人的情绪变坏时,潜意识会驱使他选择无法还击的弱者发泄。这样就会形成一条清晰的愤怒传递链条,生活中,每个人都是"踢猫效应"长长链条上的一个环节,最终的承受者,即"猫",是最弱小的群体,也是受气最多的群体。当我们把怒气转移给别人时,就还是把焦点放在不如意的事情上,久而久之,不只是踢猫效应的继续,自身对于情绪的反应也会形成恶性循环的模式,长此以往会影响心理健康。

三、踢猫效应的教育启示

踢猫效应的损失一定是连续的,而且每一个损失都是良好师生关系的损失,每一个结局都是更加不可收拾的残局。所以,在教育学生的过程中,教师要控制情绪,运用有效沟通交流的方式去帮助学生少犯错误,只有这样才能促进师生关系的和谐,避免"踢猫效应"的发生。

教师需要自觉管理情绪,谨防"踢猫",维护自己的身心健康,建立与周围环境的和谐关系。教师在解读来自学生、家长、同事、领导的言语举止,以及学校的工作安排时,要选择有助于自己情绪调整的方向,做"情绪自由"的主人,跳出"我是受害者"的情绪陷阱,降低负面情绪的影响。教师无论看什么都要放下完美主义,允许有"不够好"的部分,允许存在"需要改进"的空间,让工作和生活富有情趣,富有弹性。教师要创造自我价值感,走出情绪死角,找到情绪管理的秘诀。教师要合理饮食,有充分的睡眠和休息,经常体育锻炼,野外旅游,以此来增强"情绪免疫力"。

踢猫效应就是由教师的不良情绪所引起,然后一层层逐渐影响学生、同事,甚至更多的人。教学踢猫效应也是教师对待不良情绪所产生的基本反应,只要合理地调整和缓解不良情绪,减少情绪问题的产生,就会有利于自身的身心健康,有利于提高工作效率,而且有利于促进学生心理健康发展,也有着重要的社会意义。

主题二 课堂教学中的心理效应

反馈可以提高学习效果——反馈效应

教师对学生的学习成果进行检验,并及时正确地将检验结果反馈给学生,这将使学生提高对自己的认知,修正学习中出现的问题,改进学习方法,敦促学生取得更好的学习效果,取得更好的学习成绩。

一、反馈效应的相关研究

反馈能够增强学习积极性,提高学习效果,而且即时反馈比延缓反馈效果更佳。心理学家罗斯和亨利做过一个实验。他们把某班学生分为三组,每天学习后接受测试。主试对第一组每天告诉其学习结果,对第二组每周告知其学习结果,对第三组则不告诉学习结果。如此进行八周后,改换条件,除第二组依旧每周一次反馈其学习结果外,第一组与第三组的情况对调,即对第一组不再告诉他们学习结果,对第三组则每天测验后就告知其成绩结果。这样再进行八周,结果发现,前八周第一组的测验分数很高,第三组很低,第二组居中。第八周后除第二组显示出稳步的前进以外,第一组与第三组的情况则有很大的变化,即第一组的成绩逐步下降,而第三组的成绩则突然上升。实验结果表明,及时反馈在学习上的效果是极其显著的(见图 3-1)。当学生不知道自己的学习结果时,就会缺乏学习的热情,学习自然不会得到进步。而每周反馈与每天反馈相比,每天反馈的效果更好。由此可见,及时的反馈可以起到更大的作用。教师应注意,在对学生进行考查之后,要及时发放考卷和讲评,给学生的反馈不要拖延太长时间,否则其效果便会减弱。

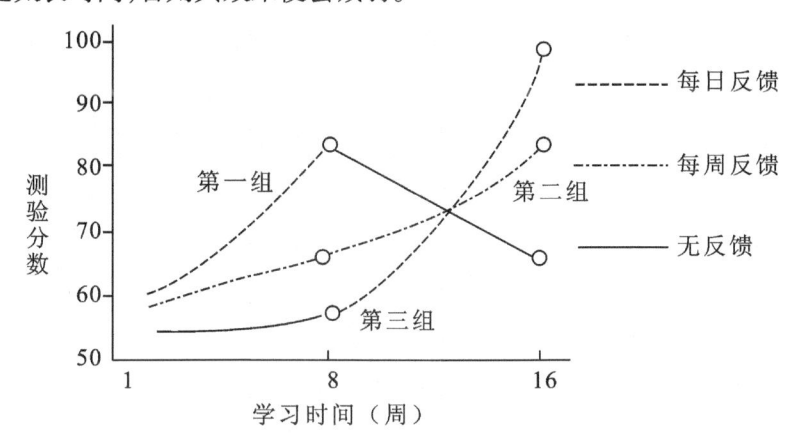

图 3-1 反馈对学习效果的影响

在教学中,教师运用反馈时,不仅要尽早地让学生知道学习结果,而且要使学生了解自己是否达到了目标,离目标还有多远,在多大程度上偏离了目标;使学生知道什么是正确反应,让其看到自己的进步以增强自信心。

二、反馈效应产生的原因

学习结果的反馈,就是将学习的结果信息提供给学生。在教学中,教师及时让学生了解自己的学习结果,能明显地激发他们的学习动机。研究表明,学生了解学习结果,比不了解学习结果的学习积极性要高,进步较快。因为知道结果后,能看到自己的进步,体验到成功的喜悦,求知欲得到满足,从而使学生的学习态度得到转变、学习能力得到加强,激起进一步学习的愿望;同时,通过反馈又能看到自己的缺点,激发上进心,树立克服缺点的决心,继续前进。学习结果的反馈在激发学生的学习动机中具有诱因作用,教师要善于运用反馈信息的作用,促进学生的学习。

三、反馈效应的教育启示

在教育过程中,教育工作者要及时对学生的学习成果进行反馈,不要拖得太久。当天的作业尽量在第二天就反馈给学生。当学生完成学习任务时,要及时对之进行评价。例如当学生完成学习任务时,教师不能看到任务完成了就敷衍了事,如果学生完成得比较出色,教师要及时地表扬学生,提高他们的积极性,而学生的学习任务出了问题时,教师也要及时点评,指出问题所在,这样才会填补学生的缺口,亡羊补牢,为时不晚。

在赫洛克的实验中,我们知道正反馈比负反馈的效果要好,因此我们要利用这一要点来进行教育,当学生出色完成学习任务时,一定要对学生进行表扬,增加他们的学习积极性;而当学生出现问题时,考虑到有的同学自尊心比较强,因此不要过分地责备他们,应该指出他们的可取之处,再委婉地指出他们的错误,告诉他们继续努力,这样既没有伤害学生的自尊心,又改正了他们的错误。

在向学生进行反馈的时候,要具体指出他们哪一方面做得更好,例如做翻译题的时候,强调他们具体哪个单元翻译得比较好,进行表扬,学生下次就会努力把别的单元也翻译成这个程度,以求老师的表扬,对于学生做得不好的地方也应该委婉地指出来,督促他们修正问题。

大多数教师在反馈的时候只会通过试卷分数、口头评价进行反馈。其实反馈的形式有很多,在课堂上要和学生们多互动,多讨论,采取"小组积分制"进行讨论,培养他们的协作能力和集体荣誉感,甚至还可以给他们准备小奖品,采取个人反馈和小组反馈相结合的形式来进行反馈。

适当奖惩可以提升学习动机——赏罚效应

奖励和惩罚是对学生行为的外部强化或弱化的手段,它通过影响学生的自身评价,能对学生的心理产生重大影响,由奖惩所带来的行为的强化或弱化就叫做奖惩效应,也称赏罚效应。详细而言,表扬、鼓励和信任,往往能激发一个人的自尊心和上进心;得体、适度、就事论事的惩罚措施可促使一个人对错误行为的改过。

一、赏罚效应的相关研究

奖惩有度一直都是教育孩子的好方法,不论是中国式教育还是比较看重自由的外国教育方式,都是这样。但其实偶尔地把传统式教育的方式创新一下,也有让人意想不到的结果。

陶行知是我国著名的人民教育家,为我国当时的教育做出不少贡献。在陶行知当校长的时候,看到一个孩子拿砖头砸同学,便把这个同学叫到了自己的办公室。这个同学来得比陶行知还要早,陶行知便给了这个同学一块糖果,并告诉这个同学,因为他来得要比自己这个校长早,所以奖励他一块糖。接着陶行知又给了这位同学一块糖果说:因为在自己阻拦这位同学的时候,这位同学及时地停止了伤害同学,所以说明这位同学懂得尊重人,所以再奖励一颗糖果。

事情到这还没有结束,陶行知接着又给了这位同学一块糖果,并告诉他,根据自己的了解,这位同学是为了帮助女同学才做这件事的,说明这位同学是一位非常有正义感的人,这个糖果是奖励他的正义感。听到这里,这位同学再也忍不住心里的愧疚感,哭着向陶行知承认了错误。接着陶行知又给了这位同学一块糖果:"你已经认错了,这是奖励你主动承认错误的,我们的谈话也结束了,你可以回去了"。这就是陶行知独特的教育方式。

仔细研究陶行知的教育方式,更像是奖惩分明的另一种形式。只是陶行知暂时避免了惩罚,先鼓励同学做得正确的地方,并施以奖励。让同学自己承认错误,再奖励同学主动承认错误。陶行知巧妙地把惩罚用奖励的方式化解,第一块糖鼓励了同学的守时;第二块糖奖励同学的尊重;第三块糖奖励同学的正义感。利用这三块糖激起了同学的愧疚感,从而使他主动承认了自己的错误,接着又奖励了最后一块糖。这位同学可能在学生时代最深刻的事情就是这件了,而守时,尊重他人,正义感,勇于承认错误的特点肯定会伴随他的一生。其实这种教育方式的基础就是奖惩分明的进阶,奖励要比惩罚对孩子的影响更大,而陶行知这个教育方式还一反校长的常态,加深了这位同学对此次谈话的印象。陶行知只是把基础的教育方式进阶了一下。

能奖励的不惩罚,奖励孩子好的一面。坏的一面孩子能自己承认最好,如果不能主动承认,家长也要点出孩子的错误。奖励要比惩罚印象更深刻,而一反常态的目的也是要加深孩子的印象。但一定要注意:错误一定要告诉孩子,让孩子明白错误的地方,不要适得其反地运用教育方法。

惩罚的最终目的是教育。当孩子犯错误时,我们首要的是冷静下来,分析孩子错误行为的心理及动机。是不是"好心办坏事"抑或是强烈的好奇心驱使,如果是这样,我们就可以顺应孩子的行为及心理,让事件发展下去。不过这样的发展是在老师引导下向好的方面、有利于孩子发展的方面发展。

表扬与批评的效果是相对的,效果的好坏取决于许多中介因素。如学生过去受表扬或批评的多少,学生本人对批评或表扬的重视态度,师生关系是否融洽、是否互相尊重,教师的评价是否公正、客观,学生处于哪一个年龄阶段等。

二、赏罚效应产生的原因

行为主义心理学家把强化分为正强化和负强化,正强化是指通过呈现一个愉快刺激来提高反应发生的概率;负强化是指通过撤销一个厌恶刺激来提高反应发生的概率。无论是正强化还是负强化都是一种奖励,都可以增加正确行为发生的概率,使该行为得到巩固和保持。其次,奖励能够增强学生的学习动机,帮助学生建立自信、自强、进取的信念。自信、自强、进取的心理品质,是一个人前进的动力和最敏锐的情感,奖励可以使学生更多地看到自己的长处,使学生感受到成功的喜悦,感受到教师对自己的爱护和器重,进一步做到自尊、自爱、积极向上。而且一个经常得到肯定的学生,会对自己的行为更有信心,也就可能有更多的勇气去尝试探索和创新。最后,奖励可以塑造优秀行为,为群体树立榜样。

按照班杜拉的社会学习理论,观察他人的行为得到奖励,能够增加观察者该行为出现的概率。因此,奖励为群体树立了榜样,为个体和群体的行为指明了方向。同时奖励也可以对不良行为起到一定抑制作用。对积极行为的奖励,其实也就是对消极行为的批评,而且一旦群体形成了积极行为的舆论氛围,无形中对不良行为造成压力,迫使消极行为者改变不良的行为方式。

三、赏罚效应的教育启示

正确评价、适当奖惩是激发学生学习动机的重要手段。表扬与批评作为教师常规教学中的一部分,是对学生学习成绩、学习态度的一种肯定或否定的强化方式,它可以激发学生上进心、自尊心和集体荣誉感。表扬与奖励比批评与指责能更有效地激发学生的学习动机,因为前者能使学生获得成就感,增强自信心,而后者恰恰起到相反的作用。表扬、奖励对学习的推动作用是肯定的,但过多使用或使用不当,也会产生消极作用。

对学生进行表扬与批评时应注意以下几点:(1)要多表扬、少批评。注意从积极的方面把鼓励和批评两者结合起来运用,在表扬时指出进一步努力的方向,在批评时又肯定其进步的一面,即表扬应该与严格要求相结合,批评中又应带有鼓励。(2)要有针对性地对学生实施奖惩。对于学习较差而且自卑心又很重的学生,可以通过表扬帮助他树立学习的自信心。可以用表扬他某一方面(如体育、音乐)特长来带动他学习其他学科的积极性,在他即将取得成功时要及时给予鼓励;对于优秀生适度地指责可以更好地激起他们积极的学习动机,过分夸奖会使他们产生骄傲和忽视自己缺点的倾向,从而引起消极的效果。(3)要考虑学生受表扬与批评的历史状况。例如,对经常受表扬的学生,要适当地指出其缺点,让其知道自己的不足;而对于缺点较多的学生,当他们有了一些进步,虽然还微不足道,也要及时肯定。

赞扬能够激发学生的学习动机,但"努力赞扬"(夸奖学生努力)可能比"智力赞扬"(夸奖学生聪明)更能激发学生的学习积极性。由于学生存在个性特征、性别、学习成绩和年龄等个体差异,这些差异将影响学生对教师评语的感受。教师应根据学生的个体差异给予学生合适的评语,合适的评语不仅能激发学生的学习动机,而且还能提高学生的自我实现目标,使学生在成败时合理归因以及使师生心理健康处于良性循环状态。

人们对利益相关信息很敏感——鸡尾酒会效应

当人们处在鸡尾酒会上时,情形总是这样的:觥筹交错,人声嘈杂。但是如果你正专注于和一个富有魅力的人交谈,即使周围噪声很大,你仍然能听得到对方的轻言细语。这种情况下,你对周围人谈些什么是听不清的,但假如哪个角落突然传来你的名字,你马上就会警觉起来。有时候,你还能听到某个熟人的声音,会不由自主地朝那个方向看一下——你的耳朵似乎能过滤声音啊!在这个鸡尾酒会上,你听到了你要听的:交谈双方的声音、自己的名字与熟人的声音。这种现象被称为鸡尾酒会效应。

一、鸡尾酒会效应的相关研究

在嘈杂的室内环境中，比如在鸡尾酒会中，同时存在着许多不同的声源：多个人同时说话的声音、餐具的碰撞声、音乐声以及这些声音经墙壁和室内的物体反射所产生的反射声等。在声波的传递过程中，不同声源所发出的声波之间（不同人说话的声音以及其他物体振动发出的声音）以及直达声和反射声之间会在传播介质（通常是空气）中相叠加而形成复杂的混合声波。因此，在到达听者外耳道的混合声波中已经不存在独立的与各个声源相对应的声波了。然而，在这种声学环境下，听者却能够在相当的程度上听懂所注意的目标语句。这就是1953年由英国的认知科学家Colin Cherry提出的"鸡尾酒会问题"。在当时他做了一个双重听觉实验，实验内容是参与者会戴上一个特殊耳机，这个耳机可以分别从左声道和右声道，同时播放两种不一样的内容。在实验中，这两个声道会被随机分为主声道和干扰声道，参与者会被要求着重听主声道的内容，然后在听到之后立刻重复说出他所听到的内容。在做完这个实验之后，Colin Cherry就发现绝大部分参与者都可以准确地重复出他所听到的主声道的内容，而当他让参与者形容干扰声道的内容时，他却发现大多数的参与者都不知道干扰声道播放了什么。

随后在1959年基于Colin Cherry的研究成果，英国的大学教授Neville Moray进行了更加深入的研究。Neville Moray通过三个更加科学严谨的实验，得出四个结论。第一，在两个声道同时播放不同内容情况下，当参与者在全神贯注地听主声道的内容时，那么来自干扰声道的内容几乎都会被参与者屏蔽掉。第二，在第一条结论的基础上，即使当干扰声道是在不断重复强调着同一个内容，参与者也还是会屏蔽掉这些信息。第三，当干扰声道播放出一些对于参与者自己而言非常重要的信息时，这些信息被称为主观重要信息。比如自己的名字，那么他在听主声道信息的同时，也会听到干扰声道所播放的重要信息。第四，当实验者告诉参与者，留意干扰声道中一些对于参与者自己来说不重要的信息时，这些信息被称为中立信息，比如一些随机的数字等，他们发现即使明确要求参与者留意干扰声道的信息，参与者在听主声道的内容同时也还是会屏蔽掉这些信息。

二、鸡尾酒会效应产生的原因

特瑞斯曼于1964年提出的注意衰减理论认为,当人的听觉注意集中于某一事物时,意识将一些无关的声音刺激排除在外,而无意识却在监察外界的刺激,一旦一些特殊的刺激与自己有关,就能立即引起注意,而被注意到的声源所发出的音量,在感觉上会变成其他声源的数倍,从而第一时间引起我们的注意。也就是说我们站在一个挤满了人的屋子里,周围可能有十个、二十个人在说话,可我们却能挑选出我们想听的对话。换句话说,我们的大脑对其他对话都进行了某种程度的判断,然后决定堵住不听。鸡尾酒会效应在人的注意分配中也应用的非常广泛。当人在众多的外界刺激中,将注意力集中于某处时,注意的选择会将与之无关的信息排除在外,并且会将注意到的信息放大。"注意衰减理论"和"鸡尾酒会效应"的相同之处在于:都是在无意识中听到与自己有关或感兴趣的内容,教育者可以利用这一效应激发学生学习兴趣,比如:老师在设计教育活动时,首先要让孩子对活动内容感兴趣,吸引他们。如孩子们听说小鱼的眼睛闭不上,看不出什么时候在睡觉后,对小猫、小狗、大象、蜘蛛等多种动物的睡眠习惯产生了极大的兴趣,教师观察、了解后,设计了"动物是怎么睡觉的"主题活动。在活动开展的过程中,孩子们主动去观察、去查找资料、去发现,积极学习和分享,自始至终都兴致盎然。这不仅能增强学生学习兴趣而且提高了学生的专注力,促进学校教育的良性发展。

鸡尾酒会效应与注意的活动机制有着密切的关联,通过分析注意的活动机制来阐明鸡尾酒会效应的作用机制是非常有意义的。注意是心理活动对一定对象的指向和集中,具有指向性和集中性。注意的指向性是指人的心理活动或意识在某一瞬间选择了某一个对象从而忽略了其他的对象。指向性不同,选择的对象也不相同。注意的集中性是指人的心理活动或意识在一定方向上的强度或紧张度。强度或紧张度越强,注意力越集中。鸡尾酒会效应是注意指向性和集中性的有机结合,通过注意的指向性和集中性作用,我们能够有效地筛选有用信息,过滤无关信息,从而准确地获取感兴趣或重要的信息。

三、鸡尾酒会效应的教育启示

鸡尾酒会效应无论在学校教育还是家庭教育中都有很大的现实教育意义。首先它提醒我们,作为教育者,无论是教师、家长或其他人员,都要尽最大可能地成为受教育者的关注对象,从而激发学习兴趣,提高学生注意力,增强学习效率。如果教育者没有激发学生的兴趣,课程枯燥乏味、教学水平低、师生关系差会使学生上课思想走神,注意力不集中,长此以往学生感觉课程越来越难,成绩越来越差,甚至丧失学习信心,这将不利于学生的身心发展。并且在家庭教育中家长要做到适时关心孩子,合理安排学习内容,如果家长操心过多,会使孩子失去自主性,并且过多地干扰学习,会让孩子变得烦乱且易分心,最后往往竹篮打水,什么也学不好。

鸡尾酒会效应提醒我们,人的无意识在时刻监察着外界的刺激,一旦出现与自己有关的特殊刺激,就立刻会引起人们的注意。这也就是说,人们对关系到自己切身利益的刺激物的信息会非常敏感,更容易产生情绪反应。这一结论对于教育教学工作有很大启发。

教育教学中存在着极强的"鸡尾酒会效应",学生对教育的接受限度在很大程度上取决于教师对学生的态度以及他的教育教学内容、方法是不是能够打动学生,是不是能够触动学生的心理、引起学生的兴趣。"亲其师信其道"说的就是这个道理。

老师应该在教学中激发学生的学习兴趣,结合学生的自身经验与生活实际设计教学内容,抓住学生感兴趣的点,将教学目标具体化、生活化。在教学过程中,即课堂教学上,教师应充分运用肢体语言,声音的抑扬顿挫来吸引学生,让自己成为学生的注意对象,而不是学生交头接耳时的注意背景。这就需要教师首先要了解每个学生的个性,熟悉与他们有关的事物,从而与学生成为朋友,而不是凌驾于他们之上的权威符号,如此才能让自己变成学生过滤不掉的声源。

色彩也是教育要素——色彩效应

色彩效应是指色彩具有一种物理特性,当它作用于人时,不同的色彩就会产生不同的心理效应,并影响人的情感态度、思维方式、性格情趣等。不同的色彩能对人产生不同的心理和生理作用。色彩不仅在艺术上是不可缺少的,而且还有一些奇异的效应。教学中色彩也会影响教师和学生在上课过程中的心理感受。

一、色彩效应的相关研究

人类对于色彩的应用已有几千年的历史,在新石器时代的陶器上已可以见到原始人对简单色彩的自觉运用,但独立意义上的色彩学研究却始于近代,并且以光学的产生和发展为基础。

17世纪60年代,牛顿通过三棱镜折射实验得出白光是由不同颜色光线混合而成的结论,色彩的本质才逐渐得到科学的解释。此后,人们对色彩进行了更为细致的研究,提出了红黄蓝三原色。19世纪初,歌德发表《色彩论》,以精神层面和艺术观点提出六等分均衡色环的方案和色彩的调和主张,他认为黄色和紫色、蓝色和橙色、红色和绿色可以调和。直到20世纪初,色彩研究得到了更加充实的发展,德国化学家威廉·奥斯瓦尔德依据德国生理学家黑林的色拮抗学说,采用色相、明度、纯度为三属性,架构的以配色为目的的色彩系统。同一时期,德国包豪斯学院的师生们,以伊顿、康定斯基为代表的包豪斯教师对色彩作了一系列的科学研究,并出版了很多系统描述色彩的著作,使得色彩学真正成为一门系统的学科。20世纪20~30年代,对于色彩的研究开始从对色彩本身的关注转型到色彩与心理关系的研究上,如色彩的象征意义、色彩的情感效能等。21世纪初,基于歌德《色彩论》研究,心理学家伊娃盖勒撰写了"彩色心理学"一书,扩大了歌德的结论,并深入研究了色彩与人类思维之间的关系。

人类关于色彩及其对人体影响的研究已有漫长的历史。古希腊哲学家和科学家亚里士多德就对色彩进行了广泛的研究;著名医生阿尔韦托·马格诺在中世纪发表了关于颜色的论著;牛顿也研究过颜色现象。而心理学专家马克斯·吕舍尔(Max. Lusher)在20世纪40年代发明了"色彩心理学",并提出了"色彩心理效应",以此来分析孩子的性格和颜色之间存在的种种关系。红色,代表人的征服欲与男子汉气概的颜色,喜欢红色的人大都有野心,会积极地争取想要得到的东西,是行动型的人。蓝色,天空和大海的象征,是代表镇静的颜色,喜欢蓝色的人性格上都很文静,而且诚实。黄色,代表活泼、愉快与温暖的颜色,喜欢黄色的人性格开朗外向,而且有着远大的理想……吕舍尔通过红、蓝、黄、绿、茶、紫、灰、黑共八种颜色分析了色彩与性格的关系。个人喜好确实可以透露出孩子的内心世界和性格,在成长的过程中,孩子会接触到不同的颜色,但总会表现出对某种颜色的偏爱。色彩效应除了可以分析性格还对人的认知影响巨大。心理学家曾经做过一个有趣的实验。他让志愿者待在一间天花板、墙壁都刷成蓝色的房间里,过了一段时间,志愿者抱怨说房间里太冷,让自己感到很不舒服。稍后,志愿者被带进另外一间刷成橘红色的房间,过了一会儿,他说这里暖和多了,自己觉得舒服了一些。事实上,两间房间的温度是一样的,但不同的色彩刺激了志愿者的视觉,引发了他的心理联想,从而产生"冷"和"暖"的感觉。如医院中出现的色彩以绿色和白色居多,绿色除了从生理上能够消除眼睛的疲劳感之外,更能够使人感到宁静平和,从而利于病人的康复,使病人能够感受到生命的活力,得出色彩对患者的身体和心理健康能够产生有益的影响,这正是基于色彩对人的认知影响这一理论。

二、色彩效应产生的原因

联想主义心理学亦称"联想心理学",是近代哲学心理学流派。用观念或心理要素的联想来说明人的心理的学说。流行于17~19世纪的英国。联想观点的提出可追溯到古希腊的柏拉图、亚里士多德。不同颜色所引起的人的心理反应是不一样的。比如说,随着对色彩认知程度的不断加深,人们便开始对某些色彩产生了喜爱和厌恶之情,这就形成了"色彩观"。人们对于色彩的喜爱或厌恶之情,会引起心理上的某些反应,并产生联想。例如,色彩的冷、暖感。色彩本身并没有冷暖的温度差别,是视觉引起人们对冷暖感觉的心理联想。在日常生活中,人们已经把特定的颜色同一定的对象以及情绪感受联系起来,红色同节日喜庆连在一起,另外还同火、血、危险建立起联想;橙黄引起阳光明媚、充满希望的感受;绿色使人想起春天、万象更新的景象;蓝色与天空、海洋发生天然的联系;洁白更容易与纯洁对应;灰黑则令人伤感,一说到黑色人们总是联想到死亡。联想主义心理学强调用观念、心理以及精神要素的联想来说明人的心理现象,而色彩效应主要是通过颜色让人产生不同的心理感受以及联想到具有特定颜色的事物。在教学中,我们可以将联想主义心理学与色彩效应相结合去教育学生,例如可以通过不同颜色的演示文稿让学生注意力集中,在快下课时,使用红色等暖色调的演示文稿吸引已经疲惫的学生,让学生产生兴奋的、热闹的联想,就不会思想走神等着下课。

三、色彩效应的教育启示

色彩也具有一定的教育性,孩子从婴儿期就对色彩产生了知觉,而且深受色彩环境的影响,不同的色彩可以刺激孩子的视觉神经,从而影响孩子性格的养成。如果孩子性格软弱过于内向,家长可以用色彩对比强烈的颜色;而如果孩子的个性比较暴躁,可以选择稍微素净一点的颜色,通过色彩来引导孩子的性格养成。人从环境中获得的大部分信息(约80%)是通过视觉传递给大脑的,而色彩感知觉(即色觉)在视觉活动中发挥着重要的作用,有意识地对儿童的色彩感知觉进行培养是教育中重要的一部分。颜色对儿童精神状态的影响特别显著,甚至适当的颜色刺激,可以提高儿童的智商。所以有意识地培养他们的色彩感知能力,可以引起孩子愉快的体验、获得美的享受,在此同时也有利于良好性格的形成和智力的发展。中学生进入青春期,人际观念和人际关系发生了一些变化,他们渴望同龄人的关注和认可,交友的范围也从广泛性交友转为小团体内,希望自己在集体中处于适当的位置。橙色给人以愉悦和温暖的心理感受,学生会联想到暖暖的太阳,体会到成熟和幸福的感觉,橙色是光明、健康的象征。所以教育中,教师可以在橙色的环境中对学生加以引导,会产生事半功倍的效果。

教师本身要增强专业素质,重视教学中多媒体及其他传统教具的色彩选择,并适时呈现,达到吸引学生注意力的目的,以提高教学效果。注重教室文化氛围布置的色彩,体现科学性与艺术性的统一。教师在布置教室时,要发挥主观能动性,遵循科学性与艺术性相结合的原则,根据学生的年龄等特征,将教室布置成既美观大方又有利于提高学生学习兴趣的学习场所。教师要注重仪表打扮,不给学生不良的色彩刺激。教师是知识和教养的化身,教师的衣着打扮要自然得体、美观大方,不摆阔气,这既是社会对教师职业的要求,也是促使学生以积极心理参与课堂教学活动的要求。只要不奇装异服,也不需要统一服装,每天一样的着装会让学生对学校产生呆板印象,不利于学生学习兴趣的培养。建议合理布置学生的家庭环境,家校双方共同促进学生的成长。青春期是学生生理和心理的发展成熟阶段,其生理特点在于内分泌不平衡,神经系统兴奋,心理特点表现为情绪波动大、敏感、傲慢、偏执、自负、反叛、爱争辩、好斗等。为此,我们在实施心理健康教育的同时,可以利用不同色彩的心理感应特性对其进行心理调节。教师可以通过色彩效应分析了解学生性格,通过性格对学生的教育方法进行适度调整。

尝试就有可能成功——威克效应

威克效应是指与其放弃,不如横冲直撞地试试,只要尝试的次数足够多,总有可能成功。

一、威克效应的相关研究

美国康奈尔大学的威克教授把一只玻璃瓶平放在桌子上,瓶的底部朝着窗户有光亮的一方,瓶口敞开,然后放进几只蜜蜂。只见它们在瓶子内朝着有光亮的地方飞去,不停地在瓶底上寻找出口,结果都只能撞在瓶壁上。经过几次飞行后,蜜蜂终于发现自己永远也无法从瓶底飞出去,它们只好认命,奄奄一息地停在有光亮的瓶底。接着威克教授把蜜蜂放出,仍然将瓶子按原来的样子摆好,再放进几只苍蝇。没过多久,它们就一只不剩地全部从瓶口飞了出来。在这个实验中,苍蝇和蜜蜂的命运截然不同。苍蝇为什么能找到出路?原来,它们坚持多方尝试,飞行时或向上,或向下,或背光,或向光,一旦碰壁发现此路不通,便立即改变方向,最后终于找到瓶口飞了出来。苍蝇靠不懈的努力在碰壁后总结教训,最终找到出路;而蜜蜂却一条道走到黑,即使面对无法逾越的瓶底也不回头,自然只能陷于困境。

在蜜蜂的思维里,玻璃瓶的出口必然会在光线最明亮的地方。可怜的蜜蜂没有意识到环境发生的变化,还一味地坚持业已形成的经验,不停地重复着这种合乎逻辑的行动,最终以失败告终。而苍蝇则对事物的逻辑毫不在意,也全然不顾光亮的吸引,在瓶中四下乱飞,结果误冲误撞地碰上了好运气。苍蝇的头脑肯定是简单的,可是那些头脑简单的往往总会在智者消亡的地方顺利获得成功。因此,苍蝇在非常规思维中和无目标的飞行下得以撞上那个正中下怀的出口,并幸运地获得自由和新生。蜜蜂之误固然可笑,然而现实生活中人们往往也重复着蜜蜂的"经验"而浑然不觉。把"经验"当作"知识"往往是使成功变成"失败之父"的枢纽。人们往往太相信自己过去的成功和经验,并把它当作放之四海而皆准的"知识"进行放大,结果只能陷入误区而导致失败。

二、威克效应产生的原因

思维定势是比较稳定的、习惯化了的思维方式方法,人们面对问题情境时思维定势往往会影响问题的有效解决。在环境不变的条件下,思维定势能够帮助人们迅速解决问题,但在变化莫测的情境中,则会妨碍问题的解决。消极的思维定势更是束缚创造性思维的枷锁。

很多事情或问题,愈是往前走、往上走,愈是没有标准答案或权威说法。不少中小学教师,却因为多少年来养成的习惯,遇事总希望给学生一个确切的回答,以消除他们对这个世界的疑问。对于确切的回答或标准答案,部分教师往往更迷恋教科书上的说法,更推崇专业权威人士的见解,唯独不敢相信自己的思考和判断。如果这样的思维定势与中小学教师的教育教学生活如影随形,无疑不利于学生创新精神和实践能力的培养。由此,中小学教师应设法摆脱思维定势的束缚,在用新视角、新策略处置教育教学问题方面有所作为。

三、威克效应的教育启示

在充满不确定性因素的环境中,有时我们需要的不是朝着既定方向的执着努力,而是在随机试错的过程中寻求生路;不是对规则的遵循,而是对规则的突破。在一个经常变化的世界里,混乱的行动比有序的衰亡好得多。我们应当向"苍蝇"学习,在行动中尝试、改变、再改变、再尝试……直到成功。

在教育受到困境的时候,我们更应该发散思维,不要拘泥于方法,要大胆尝试,一直以来坚持的习惯不一定是对的,环境变了,就要与时俱进,适应新环境。多学习、多观察多与其他人交流,我们身边有很多的常识和自己不曾留意的新闻,都是取之于生活的处事智慧。"三人行,必有我师焉",要多学习,应对可能出现的危机,从而学会冒险,要勇于尝试,突破困境。不能循规蹈矩,保持一种处变不惊的状态,应对随时可能出现的挑战,对可能出现的意料之外加以充分考虑。

威克效应提醒我们,作为教师,在教学过程中一定要会随机应变,应用信息反馈原理随时调整自己的教学模式、教学方法以及教学状态。为学生尽快提供反馈信息创造条件,引导学生注意提供正确的反馈信息,并迅速而有效地调整教学,以确保课堂教学过程的信息流处于最佳传输状态,从而获得最优的教学效果。作为家长,有成熟的家庭教育经验可以借鉴,但不能完全照搬使用。教育方法不能一成不变,孩子的心理变化会随着年龄的增长而变化,不同的年纪有不同的心理特点。家长只有了解了孩子的心理变化,教育孩子的时候才会得心应手。作为学生或者受教育者,同样不能不加选择地接受别人灌输给自己的教育理念,人们在一定的环境中工作和生活,久而久之会形成一种思维定势,这会使我们习惯于从固定角度观察、思考事物,它是创新思维的天敌。我们必须学会冒险,学会应变。所谓"以不变应万变,以万变应不变"。一切以变化了的时间、地点和环境而定。

在深化基础教育课程改革,大力推进素质教育的今天,迫切需要中小学教师突破思维定势,在教育教学问题的解决方面敢闯敢拼、推陈出新。打破常规,用"另一只眼睛"从不同的角度或层次审视我国基础教育的每一"点",中小学教师都可以"看"出一些名堂,并在"指点江山,激扬文字"的历练中,升华自己的思想认识,提升自己的教育教学水平。

望梅止渴——暗示效应

暗示效应是指在无对抗的条件下,用含蓄、抽象诱导的间接方法对人们的心理和行为产生影响,从而诱导人们按照一定的方式去行动或接受一定的意见,使其思想、行为与暗示者期望的目标相符合。

一、暗示效应的相关研究

曹操有次率兵远途跋涉,天气炎热,官兵们又累又渴,偏偏又找不到水井和溪流。于是曹操大喊:"前面山上有一片梅林……"因为梅子是酸的,所以一提到梅子,"酸"的心理暗示便发挥了作用,于是,人们的口腔便大量分泌唾液,起到了暂时解渴的效果。

关于暗示的理论研究,最早可追溯至19世纪中后期,威廉·詹姆斯提出"suggest"和"suggestion"两个暗示心理概念,认为当想到一种想法时产生另一种想法,可理解为对语义的潜在解读,这是暗示效应的典型特征,也被认为是暗示效应的心理研究开端。西迪斯总结前人研究,综合整理了暗示心理,使之成为心理学研究的重要领域。20世纪初,暗示效应从传统心理研究拓展到了生理研究领域。1903年,巴甫洛夫通过狗的唾液实验,提出条件反射理论,即一种暂时性的神经反应,通过外界多次重复刺激,形成的神经反射效应。巴甫洛夫认为:暗示是人类最简化、最典型的条件反射。随着研究的深入,暗示效应与诸多学科领域产生了关联。如符号学中的皮尔斯符号理论提出,作为人对外界物质或者环境识别的视觉提示物,符号是传递信息的媒介。而在传递过程中产生了许多信息效应,其中暗示效应就属于符号传递信息过程中的一种特殊现象。再如可供性研究,可供性是人、动物与环境、设施之间发生某种活动时形成的一种行为上的对应互补关系,这种关系中包含着暗示效应的映射联系。

暗示教学法由保加利亚心理学博士洛扎诺夫所创,因而亦称"洛扎诺夫教学法"。其原理是:人类的学习过程包括了大脑两个半球的协调活动,是有意识活动和无意识活动的统一,也是理智活动和情感活动的统一,它们是一个不可分割的统一体,就像一个完整的乐队,有铜管乐、打击乐、弦乐等,只有当它们协调演奏时,才能奏出优美的乐曲。暗示教学法就是通过对大脑左右施加的暗示,建立无意识的心理倾向,激发个人心理潜力,创造强烈的学习动机,从而提高记忆力、想象力和创造性解决问题的能力。以充分发展自我的教学理论和方法。实验证明,此教学法在发掘人的学习潜力方面有着异常功效。

二、暗示效应产生的原因

俄国心理学家巴甫洛夫认为:暗示是人类最为简单和典型的条件反射。从心理机制上讲,它是一种被主观意愿认可的假设,但这个假设却不一定有根据。由于主观上已肯定了暗示内容的存在,所以人的心理上就会竭尽全力地趋向于这一暗示内容。

　　此外,在现实生活中,我们所接收到的,来自外界的暗示也无处不在。作为环境中的人,很容易受到周围环境的暗示和影响。比如,当一个人所处的环境是积极健康的,那么人会不由自主地受其影响,慢慢变得积极进取;反之,如果一个人所处的环境是备受打击,毫无生气和希望的,那么这个人久而久之也会变得沉沦。

　　从达尔文的进化论来说,正是因为人具有接受暗示的能力和属性,人类才拥有了接受环境暗示,并适应环境的能力,这是人在进化过程中的自我保护,几乎算是一种本能。当远古人类处于陌生、危险境地时,他们会根据以往形成的经验,竭力捕捉环境中的蛛丝马迹,以此来迅速做出判断,逃离危险。再比如一些宗教中的冥想、瑜伽、气功、打坐等,其实都是形式上的心理暗示。

　　自我暗示通常是指个体的显意识不断重复,从而迫使潜意识去接受显意识的思考内容,从而改变个体。也就是说,当一个人自己的心理活动对自己的人格(潜意识)施加某种影响后,这个人的个性和人格,也会随之发生改变。

三、暗示效应的教育启示

　　在实际教育工作中,教师应努力树立自己的威信,根据不同学生受暗示的差异,可以灵活地运用各种暗示的方式,如言语暗示、表情暗示、体态暗示、动作暗示、空间距离暗示等来施加影响。言语暗示指运用说话技巧达到暗示目的。老师在提问学生时,不说他的姓,直接称呼他的名字,听起来很亲切,拉近了师生间的距离。表情暗示指运用面部表情来暗示,如教师神情严肃地走进教室,这无形中向学生发出一个信号,老师有一件重要的事要宣布,或要找同学进行个别教育,即使原来热闹的教室会很快趋于安静。体态暗示指老师用一定的身体姿势来给学生以暗示。教师上课时,蹲下身子,靠近学生,倾听学生的回答(体态暗示);或走上前去,俯身拍拍学生的肩膀、挥挥手请学生站起来(动作暗示),鼓励他大胆说出答案,整堂课的气氛会非常活跃。这些做法体现了一种新的教育理念,学生是教育的主体,师生间是平等的关系。空间距离暗示指空间距离的近远暗示两人间关系的亲疏,教师在进行个别教育时不妨靠近些,像朋友间那样友好地交流,学生会感到亲切,亲其师才能信其道,对老师的教育乐意接受。反之,远远地和学生说话,给学生一种高高在上的感受,师生间无形之中形成隔阂,教育效果会大打折扣。

在教育实践中恰当地运用暗示,能够取得理想的效果,这种影响对充分调动学生的主动性,体现学生在教育中的主体地位,师生间融洽关系的建立,均能产生积极的作用。含蓄蕴藉、意味隽永的暗示是最好的教育,魅力无穷。教学实践证明,在班级管理中,运用暗示效应是一种行之有效的教育策略,如果运用得当,往往能收获不错的管理效果。

年龄越小越容易接受暗示,那么家长在平时的家庭教育中,是可以用一些暗示的方法来向孩子表达自己的意见,这样孩子也更加容易接受,能够从中受到启发,但一定是好的方式去传递暗示,而不是一种坏的方式,这样并不能够达到好的效果。

温故而知新——反刍效应

在认知对象时,人们由于定势的影响,常会发生定势效应,但是只要人们介入反刍因素,这种定势效应即会减少甚至没有,这种现象犹如偶蹄类动物把粗粗咀嚼后咽下去的食物再返回到嘴里细细咀嚼,然后再咽下去的反刍现象,人们形象地称它为反刍效应。

一、反刍效应的相关研究

孔子说:"温故而知新,可以为师矣。"经常温习过去学过的知识,可以得到新知。"温故"的过程,是一种知识的反刍,可以帮助消化吸收学过的知识。"知新"就是这种反刍带来的积极效应。

宋代理学家朱熹说过的涵泳,其实就是一种知识的反刍。它主要是指通过诵读的手段,对诗文和儒家经典进行唱喊体悟的过程。在此过程中,探究其深层磁涌,形成语感。

林海音的《冬阳·童年·骆驼队》这篇课文中,"老师教给我们,要学骆驼,做沉得住气的动物。看它从不着急,慢慢地走,总会到的;慢慢地嚼,总会吃饱的"。这告诉我们无论做什么事都要有持之以恒的精神。

人类不需要进行食物的反刍,但知识的反刍是十分必要的。因为心理学研究证明,人的记忆有识记、保持、再认和回忆等几个环节。记忆不是一劳永逸的,如果不注重保持,记忆会变得模糊,甚至丢失。知识的反刍可以保持记忆,巩固记忆成果。同时,知识的反刍是一种重新学习,能够对知识进行条理化的重构,进行去粗取精、去伪存真、由此及彼、由表及里的分析,在学习的过程中会有新感悟、新发现,实现由感性认识到理性认识,由粗浅认识到深层认识的飞跃。

二、反刍效应产生的原因

反刍重组了已有知识与经验。已有的知识与经验在认知结构里已牢牢扎根,而且在行动反应与认知活动中,常常起到定势的影响。通过反刍,使原有的知识与经验受到了行动与认知目标的审视、过滤和筛选,有必然联系的进行顺应,否则,一概拒之门外。这样往常易于出现的定势效应被反刍加以排除。

反刍现象实际上是认知过程中对象特征的不断匹配过程。它总希望对象的特征匹配协调平衡一些,因此,原有匹配不协调、不平衡的现象就会得到改变,原来无意识的匹配现象得到控制。人们在清醒的意识活动中,原有的那种无意识的、不协调的定势影响就会减少到最低程度,从而产生反刍效应。

反刍现象实际上也是一个不断要求完美的批判性反思过程。它不满足于原有的认知反应,对原有的认知总是不断地挑起事端,它用批判性的视角对原有的认知进行审察,以至尽善尽美。

三、反刍效应的教育启示

在教学中可以使用反刍法,所谓教学中的反刍法,是指教师通过引导并给予一定时间让学生内化和反思前面所学内容,以促进学生及时记忆知识、构建知识体系以及深入思考,从而提高学生思维能力和自学能力的教学方法。反刍法充分体现了"以生为本"的教育思想,也是有效教学的重要体现。

知识技能需要"反刍"。因为老师在课堂教学中,既需要按照课程纲要有序地授课,又要照顾大部分学生,所以所讲授的知识不一定适合全部学生的口味,同时由于课时有限,在教学中老师会依据学习目标抓住教科书中的主要内容和要点进行讲述,有的学生可能当时不能理解,不知所措。那么,知识学习之后,学生可以把老师讲过的知识再次进行细细的"反刍",达到汲取营养,消化吸收的目的。之后如果再去做作业,学习效果就会有质的提升。相对于阅读、技能掌握,"反刍"更是一种较好的方法。

习惯规则需要"反刍"。小学生良好行为习惯的培养有利于孩子终身的发展,由于孩子年纪小,遗忘性强,养成的习惯规则经过一段时间就会忘记。在孩子教育中经过一段时间就要让孩子回顾原来的习惯规则,这样反复的训练就会达到预期的目标。同时,我们家长、老师更应该联起手共同帮助孩子养成良好的习惯规则,才不至于出现 5+2=0 的现象。例如,如果你不懂得篮球的规则,你就不知道什么是走步,什么时候该发球等,你就不明白为什么场内的球迷情绪如此高涨。在你看来,场内的一切都是乱哄哄的,没什么意思。如果你不懂游戏的规则去做游戏,那你是在瞎做;反之,只靠背诵游戏规则,而没有亲自加入到游戏之中一起去玩,则你永远不会理解游戏的真谛,也不能体验到游戏的乐趣。

整体大于部分之和——共生效应

共生效应,是指一定的参照群体中的人们,在从事日常的劳动、工作和学习时,受到群体中成员的智慧、能力及以往的劳动成果的影响,在思维上获得启发,能力水平得到有效提高的现象。这种影响是群体成员之间相互的、潜移默化的,是发展与发挥个人潜能的社会激发因素之一。共生原为生物学概念,指不同种类的生物共同生活在一起的现象。在当代,透过生物共生现象,人们认识到共生是人类之间,自然之间以及人与自然之间形成的一种相互依存、和谐、统一的命运关系。

一、共生效应的相关研究

对共生现象和理论研究最早是从生物学家开始,1879年德国真菌学家德贝里首先提出了共生的概念,指不同种类的生物共同生活在一起的现象,如某一株植物单独生长时,显得矮小、单调,而当它与众多植物一起生长时,则根深叶茂,生机盎然。一百多年来,科学研究和社会经济都取得了巨大的进步和发展,对"共生"现象和理论研究已逐渐由生物学领域渗入和延伸到社会学、管理学的许多领域。

厦门市某中学运用共生效应,把一个班级看作一个整体然后再按照一个班级的水平划分为几个"原始部落"。在课堂中这个部落就尤其重要,通过预习、复习、考察,使各部落成员积极努力储备可能需要用的知识,还通过奖惩制度激励各部落成员,让他们更有动力也能让部落内部形成一个整体,一荣俱荣,一损俱损,各成员分工合作、积极互动,让优生帮助后进生一起进步。老师不仅只关注学习结果,而且注重学习过程中的合作态度、合作意识与方法、参与程度与创新实践能力,从而更好地贯彻共生效应。老师在"部落共同体"中解放出来更好地准备教学工作,学生更在这种模式下自我管理,自主学习,各方面能力得以提升。

不少老师会按成绩划分三六九等,认为优生还会有很大的上升的空间,而差生已经没什么希望了,平时上课讲授知识的时候也是重点给优生讲解,差生听不听得懂都无所谓,不能正确地理解和践行共生效应。认为差生会影响到优生,分座位的时候也是将优秀的分到一起,差一点的分到后面之类的,还有一旦差学生找优生就认为是在影响优生,优生和差生在一起玩耍就觉得优生堕落了,但是共生效应有参照和潜移默化的提升作用,一个集体会有相互影响作用,应该正确地看待共生效应。

二、共生效应产生的原因

"整体大于各孤立部分的总和"。系统论的这一定律向人们揭示:一个整体往往超过其中各个孤立部分机械相加的水平。所以在日常班级管理中,如果教师的教育努力只针对出现问题的个体学生,一叶障目,忽视对班级整体的改造和环境的优化,即使能一时改变某个学生的态度和行为,这种教育效果也难以为继。共生效应在班级里的运用首先体现为把学生捆绑在一个部落内,让优生裹挟后进生一同优化和成长。

"结伴效应"也称"共事效应",是指两个人或者更多人结伴从事相同的一项活动时,相互之间会产生刺激作用,从而提高活动效率。例如有些教师在教学中非常重视小组合作学习,通过这种有效的学习形式来提高教育效率。也有的教师更是通过课余学习小组的开展,提高学生的学习效率。班级中班主任会安排互补的学生做同桌,这也是结伴效应的体现,每个学生都是一个个信息获得者和信息源,在相互刺激、相互交流中就会产生巨大的作用与效果,通过同桌之间的相互学习相互帮助,那么他们的成绩就会比一个人自主学习时提高得快。两个人的不同方面都会得到提升。

三、共生效应的教育启示

自然界存在着一种共生现象,科学家称之为共生效应,在社会科学中反映出事物是普遍联系的这个基本的哲学规律。在我们的班级管理中同样存在着共生效应,以共生效应理论为指导的理论实践对班级管理有一定的现实意义和思考价值。班集体有共生共荣的特点,其个体涵盖学生、教师及其之间的相互联系。它倡导以共存、共享、共赢、共惠、共荣为主导的精神追求和价值取向,体现了集体成员之间的共生共息,师生成长中的共生共赢,团队精神世界的共生共荣。

教师应该有灵活的思维和共生观点,课堂是师生交流的主阵地,只有把学生和老师的思想观念融合在一起,这堂课才会有真正的收获意义。在课后也要与其他老师交流学习,学习其他老师的优点并能在自己身上发扬运用。在师生情感关系的建设上,老师和学生都是主体,是平等的、教学相长,在互相交流的过程中都能有所成长,师生共生。学生应该重视班集体的作用,重视集体,不能只关系自己的荣辱成败,要与班级成员和睦相处,在相处中发现并学习其他人的优点,不知不觉自己的能力及各方面就会有所变化。成员之间不仅彼此竞争,更多的是在彼此成就。

评语的秘诀——巴纳姆效应

巴纳姆效应是指人们会对于他们认为是为自己量身定做的一些人格描述给予高度准确的评价,而这些描述往往十分模糊及普遍,以致能够放诸四海皆准适用于很多人身上。巴纳姆效应能够对不少伪科学如占星学、占卜以及抽签掷筊等被普遍接受的现象提供一个十分完全的解释。

一、巴纳姆效应的相关研究

巴纳姆效应又称福勒效应，星相效应，是1948年由心理学家伯特伦·福勒通过实验证明的一种心理学现象，是指人们常常认为一种笼统的、一般性的人格描述十分准确地揭示了自己的特点，人们往往很容易就接受这些描述，却认为描述中所说的就是自己。

正如一位名叫肖曼·巴纳姆的著名杂技师在评价自己的表演时说，他之所以很受欢迎是因为节目中包含了每个人都喜欢的成分，所以他使得"每一分钟都有人上当受骗"。20世纪50年代，心理学家保罗·米尔以著名的美国马戏团艺人菲尼亚斯·泰勒·巴纳姆的名字将福勒的实验结果命名为"巴纳姆效应"。

心理学家福勒(Bertram Forer)于1948年对学生进行一项"人格测验"，并根据测验结果分析。试后学生对测验结果与本身特质的契合度评分，0分最低，5分最高。事实上，所有学生得到的"个人分析"都是相同的，学生收到的个人分析报告都包含这样一些句子："你祈求受到他人喜爱却对自己吹毛求疵""虽然人格有些缺陷，大体而言你都有办法弥补""许多时候，你严重地质疑自己是否做了对的事情或正确的决定""你喜欢一定程度的变动并在受限时感到不满"……实际上这些句子是福勒从星座与人格关系的描述中搜集出的内容。学生对结果准确度的平均评分为4.26，从分析报告的描述可见，很多语句是适用于任何人，这些语句后来以巴纳姆命名为"巴纳姆语句"。

二、巴纳姆效应产生的原因

在心理学上，"巴纳姆效应"产生的原因被认为是"主观验证"的作用。主观验证能对我们产生影响，主要是因为我们心中想要相信。如果想要相信一件事，我们总可以搜集到各种各样支持自己的证据。就算是毫不相干的事情，我们还是可以找到一个逻辑让它符合自己的设想。在我们的头脑中，"自我"占据了大部分的空间，所有关于"我"的东西都是很重要的。我们的车牌号码、手机铃声、电脑桌面、卧室的墙纸自己都会精心设计，为的就是体现自己独特的个性。

毋庸置疑,在每个人的心中,都有个希望被承认的渴望。即使这个人可恶至极,让人无比厌恶,但是他还是希望自己可以被所有人所接受,甚至希望以自己为中心,建立了一个自己的世界。而巴纳姆效应则是最体现出人内心之中渴望被承认的那种心态。

我们再来看看巴纳姆对于所有人写的那封评语:"您这个人非常需要得到别人好评,希望被人喜欢和赞赏,不过并非每个人都如此对您;您的想象力非常丰富,有很多美好的理想,其中包括一些脱离现实的幻想;您想做成许多事情,身上蕴藏的潜力无穷。相比之下,已经发挥出来的却不多;在某种情况下,您会产生烦恼,甚至犹豫动摇,但到关键时刻,您的意志还是坚定不移的。"

我们可以看出,巴纳姆在给出的建议与猜测的同时,也在探测你内心深处的那一丝丝可能只是剩下一丁点的积极。

三、巴纳姆效应的教育启示

教师采用"巴纳姆效应"来教育学生认知自己的时候,如果方法选不对的话,很可能会使问题变得笼统化,学生不能够区分自己是否有此方面的行为。以至于教师说什么学生都可能会觉得是在说自己,从而让自己的自信心受到很大的伤害,"巴纳姆效应"的局限性在于容易笼统化。让人分不清自己的行为是否存在偏差,从而使得学生不仅不会有一个很好的认知,同时还会在别人说某些问题的时候变得十分敏感。

语言的威力很大,如果运用不好,那么往往会带来不好的效果,采用"巴纳姆效应"来教育学生的时候,很可能会在描述某件事情的时候,使得逻辑出现颠倒的现象。以至于学生在某些问题的认知上会出现偏差,会严重地影响到学生的身心发展,因此教师要格外地注意巴纳姆效应的局限性。

想让学生能够正确地认识自己,教师需要教育学生保持平常心,不管做什么事情,首先要平静下来,然后考虑一下自己是否在此方面有相应的问题,如果没有的话,不用过于焦虑。也不要过于怀疑自己,自己没有做出的事情,不需要为此做出相应的改变。要让学生有一个明确的态度,才能够让他健康的成长,不要遇到事情就焦急,如果学生能够保持一颗平常心,学业上也能事半功倍。

教师需要引导学生分辨自己的行为,让学生明白自己在做某件事情的时候是否出现过相应的偏差,当学生学会识别问题的时候,他就会有自己的见解。这样培养学生独立思考的能力,为未来思考问题,进行研究性学习打下思维基础。

补偿心理——留面子效应

如果教师提出一个较大的学习要求,被学生拒绝后,转而提出一个较小的学习要求,学生接受的可能性增加了,这种方法被称为"留面子效应"。为了更好地使学生接受要求,提高学生的接受可能性的最好办法,就是先提出一个较大的要求,在被拒绝后再提出退一步的、真正的要求。

一、留面子效应的相关研究

最早提出"留面子效应"的是心理学研究者查尔迪尼,1975年查尔迪尼等人曾做了一项被称为"导致顺从的互让过程"的研究。研究人员将参与实验的大学生分成两组。对于第一组大学生,研究要求他们带领少年们去动物园玩一次,需要两个小时,大学生经过一番讨论后,最后只有16.7%的学生答应了这个请求。对于第二组大学生,研究人员首先请求他们花两年时间担任一个少年管教所的义务辅导员,不出所料几乎所有的大学生都谢绝了。然后他们接着说:"那么让大学生带领少年们去动物园玩两个小时吧",结果神奇的是50%学生都觉得这样很轻松,便答应了这个请求。实际上最终的目的是一样,带少年去动物园确实要耗费时间和精力,那为什么后者的要求就会被容易接受呢?面对研究者的再次请求,学生们如果再次拒绝心中就会有歉意,为了让对方关系更好地维护下去,也达到自己心理认知的平衡,就会做出些许让步,接受他们认为相比较还算合理的小要求。

据说欧洲有位画家,年轻时虽然画作水平不低,但因为名气不够,作品很难有机会发表,不是被驳回就是被打入"冷宫"。但是有位画报编辑,觉得他画得不错,但为了显示自己的分量,总要指手画脚提点外行的修改意见,如果不遵照他的意见修改,便不给发表,年轻画家也很无奈。后来画家终于想出一个办法:每幅画作完成之后,都在画面醒目之处填上一只小狗,再交给那位挑刺的编辑。果然编辑看完之后立马指出：画面上这只狗不伦不类，必须删掉！画家虚心接受意见，将那只画蛇添足的小狗去掉后，便是自己原来的画作，也是编辑满意的画作，从此画家的作品每次都会添上一些明显的错处，让编辑指出，果然一幅接一幅地发表，很快成为一位名画家。该画家在这里运用的是留面子效应，编辑虽然喜欢改画但是也喜欢作家的画，不可能去深究画作，况且他对画也是只了解皮毛，给自己留了面子和给画家一个台阶下才能达成融洽的合作。

二、留面子效应产生的原因

留面子效应的产生原理主要是因为人们在拒绝别人的大要求的时候，感到自己没有能够帮助别人，损害了自己富有同情心、乐于助人的形象，辜负了别人对自己的良好期望，会感到一点内疚。这时，为了恢复在别人心目中的良好形象，也达到自己心理的平衡，便会欣然接受再次提出的小要求。没错就是因为内疚心理，我们才会不好意思再次拒绝别人，想要给别人留面子，别人提出的小要求，就很容易因为我们的不好意思而接受，这就被称作"欲得寸，先进尺"。

因此在人际交往中，由于人际关系的相互作用，当个体拒绝了他人的一个要求后，会愿意做出一点让步，给他人留一个面子，使他人获得满足。人际交往是个体自我价值意识最重要的来源。他人的不愉快，正是个体不愉快的主要原因之一。个体会自然地倾向于选择对交往双方都会带来最大满足的行为，出于补偿，拒绝他人一个（较大）要求后，接受其另一个（较小）要求的可能性会大大增加。

三、留面子效应的教育启示

留面子效应对批评的启示是，对学生进行教育需要考虑沟通的方式和方法。对学生实施批评时要掌握分寸，使批评能被学生所接受。要在批评中给予学生改正错误的希望，使他们相信自己能够按照老师的指导一步一步地完善自己。如果批评学生过频过重，超过了他们的承受能力，让他们丧失了自信，他们就会破罐子破摔，或是在犯了错误时想到的不是如何去改正错误，而是如何去逃避惩罚。因此,我们在批评学生时要做到恰到好处,让学生看到希望,找到出路。

留面子效应提醒我们,作为教育者,无论是教师、家长或其他人员,对于受教育者要循序渐进地进行引导,不要让孩子产生巨大压力。教育孩子中我们所想到的方法并不是要恐吓孩子,而是用温和的办法让孩子向内归因,自己主动去找寻合理的解决办法,这样不但不会破坏师生之间的关系,也会增进同学之间的友谊。所以当我们要提高孩子自我要求的程度时,比如让孩子自主自律地学习,不妨也利用留面子效应,不同要求不同语气,从而达到我们教育期待的目的。无论是哪个心理效应,是"先得寸再进尺"还是"先提尺再进寸"都是要把握一个尺度,不要为了一己之私,滥用心理学效应,利用他人心理,去损害对方的利益。

学校教师要重视学生及其家长的脸面,能风光一些的要尽可能给予风光,能保留面子的要尽可能给予保留,但原则问题必须指出,不能因面子而不问不管。但要尽可能注意既解决原则问题,又能保全面子,在两者能兼顾时必须尽一切力量加以兼顾。

得寸进尺——登门槛效应

登门槛效应是指一个人一旦接受了他人的一个微不足道的要求,为了避免认知上的不协调,或想给他人以前后一致的印象,就有可能接受更大的要求。这种现象,犹如登门槛时要一级台阶一级台阶地登,这样能更容易更顺利地登上高处。

一、登门槛效应的相关研究

1966年,美国社会心理学家弗里德曼与弗雷瑟曾做过一个实验:派人随机访问一组家庭主妇,要求她们将一个小招牌挂在她们家的窗户上,这些家庭主妇愉快地同意了。过了一段时间,再次访问这组家庭主妇,要求将一个不仅大而且不太美观的招牌放在庭院里,结果有超过半数的家庭主妇同意了。与此同时,派人又随机访问另一组家庭主妇,直接提出将不仅大而且不太美观的招牌放在庭院里,结果只有不足 20% 的家庭主妇同意。超过 80% 的主妇当场拒绝了他,有的主妇还直接将他赶出了庭院。

在另一个实验中,实验者让助手到两个居民区劝人在房前竖一块写有"小心驾驶"的大标语牌。在第一个居民区向人们直接提出这个要求,结果遭到很多居民的拒绝,接受的仅为被要求者的 17%。在第二个居民区,先请求各居民在一份赞成安全行驶的请愿书上签字,这是很容易做到的小要求,几乎所有的被要求者都照办了。几周后再向他们提出竖牌的要求,结果接受者竟占被要求者的 55%。实验结束后,弗里德曼进行了分析,他认为人们普遍不愿意接受他人提出的有难度的要求,因为这会让他们付出很多时间和精力,但对方的请求如果只是一些小事,人们找不到足够的理由拒绝,便会倾向于同意,而这也会让自己有一种良好的自我认知(觉得自己是一个善良的人、一个有社会公德心的人等),此时,如果对方继续提出更高的要求,人们为了避免出现认知上的不协调,也为了给他人留下前后一致的好印象,就会有很大可能接受此要求,这就是登门槛效应的内在心理机制。

二、登门槛效应产生的原因

实际上,当一个人接受了一个小的要求之后,为了保持自己前后形象的一致性,就有可能接受一个更大、更高的要求;否则他的认知就会出现失调,觉得自己不应该这么前后不一致,甚至人们在不断满足小要求的过程中可能已经逐渐适应,意识不到慢慢提高的要求实际上已经大大偏离了自己的初衷。

心理学家认为,在一般情况下,人们都不愿接受较高较难的要求,因为它费时费力又难以成功,相反,人们却乐于接受较小的、较易完成的要求,在实现了较小的要求后,人们才慢慢地接受较大的要求,这就是登门槛效应对人的影响。举个例子,有个小和尚跟师父学武艺,可师父却什么也不教他,只交给他一群小猪,让他放牧。庙前有一条小河,每天早上小和尚要抱着一头小猪跳过河,傍晚再抱回来。后来小和尚在不知不觉中练就了卓越的臂力和轻功。原来小猪一天天在长大,因此小和尚的臂力也在不断地增长,他这才明白师傅的用意。这就是登门槛效应的应用。

三、登门槛效应的教育启示

登门槛效应在很多领域都得到了很好的运用。在教育教学管理中,我们也可以运用"登门槛效应",对学生先提出较低的要求,待他们按照要求做了,予以肯定、表扬乃至奖励,然后逐渐提高要求,使每个人都乐于无休止地积极奋发向上。尤其是对年龄较小或基础较差的学生的教育引导,使用目标分解法和循序渐进原则,更会奏效。

登门槛效应的关键在于循序渐进地引导学生掌握知识,这对于学困生而言具有十分重要的教育意义。对此,教师可以将此教育理念和教学方法融合至课后拓展复习环节中,为学生设计不同形式的课后作业,不仅可以丰富学生的作业形式,激发学困生的复习积极性,同时可以在丰富的作业形式中达到循序渐进提升学生学习效果的目的。

根据登门槛效应,教师制定目标时,一定要考虑孩子的心理发展水平和孩子现有的发展水平,根据不同素质、不同能力层次的孩子的基础与表现,制定不同层次的、具体的目标,使孩子经过努力能够达到,即跳起够得着,从而使每个孩子都能获得成功的喜悦。因此,教师在教育教学过程中,应将远期目标和近期目标结合起来,将较高的目标分解成若干层次不同的小目标,以调动学生学习的积极性。学生一旦实现了一个小目标,或者说迈过了一道道小小门槛,我们的教育前景就宽阔得多了。比如,要求孩子养成良好的学习和生活习惯,我们可以首先要求孩子从找准自己的不足做起,根据自身问题制订一个时间段的好习惯目标。如养成不随意发脾气、抓紧时间做事、倾听别人说话、不随地扔垃圾、勤于思考、聚精会神听课、做题仔细认真等等好习惯。长此以往,良好的学习和生活习惯便会功到自然成。

对问题学生"后进孩子"的教育切忌急于求成、恨铁不成钢,而要富有爱心和欣赏心,看到他们身上的闪光点和发展潜力,对他们作出积极的、鼓励性的评价,哪怕是一个赞许的点头,一个满意的微笑,一次真诚的祝福,都可能唤起他们的自信,使他们看到自身发展的希望,从而积极健康成长。

没有完成的任务记得牢——齐加尼克效应

人在接受一项工作时,会产生一定的心理压力。如果顺利完成任务,紧张状态会随之消失;而任务未完成者,这种紧张状态会持续存在。他们的思绪总是被那些未能完成的工作所困扰,从而导致心理上的紧张压力难以消失,这被称为"齐加尼克效应"。

一、齐加尼克效应的相关研究

法国心理学家齐加尼克曾做过一次颇有意义的实验:他将自愿受试者分为两组,让他们去完成 20 项工作。其间,齐加尼克对一组受试者进行干预,使他们无法继续工作而未能完成任务,而对另一组则让他们顺利完成全部工作。实验得到不同的结果。虽然所有受试者接受任务时都显现出一种紧张状态,但顺利完成任务者,紧张状态随之消失;而未能完成任务者,紧张状态持续存在,他们的思绪总是被那些未能完成的工作所困扰,心理上的紧张压力难以消失。还有一项实验是齐加尼克让一个叫贝士的人连续去做一些工作,其中有些工作一次完成,而另一些工作则在中途强迫停止。实验结束后,齐加尼克让贝士回忆自己所做过的工作名称,结果发现,贝士首先回忆起的并不是那些已经完成的工作名称,而是那些被中止未完成的工作名称。那些被中止未完成的工作名称,贝士不仅回忆得快,而且回忆得又多又准。这表明:一个人在接受一项工作时,就会产生一定的紧张心理,只有任务完成,紧张才会解除。如果任务没有完成,则紧张持续不变。一年以后,柏林大学学生奥夫圣克娜重复了上述实验并稍作一点改进。她阻止一组受试者完成任务,同时给他们自由活动。结果他们依然试图去继续那些未完成的任务,仍处于紧张状态。说明这也是人的一种需要的满足,任务完成和紧张释放相关。

在《巧用"齐加尼克效应"提高课堂教学效率》中辛丽君、宋志国指出:"悬念"正是"齐加尼克效应"中的一种欲知不得、欲罢不能的心理,悬念会激发学生产生强烈的心理期待和探究欲望。根据教学内容需要,巧妙设置一些"悬念",能使学生对所学内容产生强烈的求知欲望,激发学习兴趣,使学生积极感知学习对象,集中注意力,丰富想象力,思维处于能动和活跃的状态。在课堂教学中教师要善于制造悬念,诱发学生积极思维,使学生发现问题、思考问题、解决问题,从而收到较好的教学效果。教师在讲课时可以先提出悬念,引导学生去积极思考;或在新课引入时,用一些较为新奇的实验或故事制造出悬念,让学生作为解决问题的主体,而不是只是知识的被动接受者,这样在获得答案时就会有一种成就感或是豁然开朗的感觉。

二、齐加尼克效应产生的原因

美籍德裔社会心理学家库尔特·勒温(Kurt Lewin)于1936年将物理学中的"场论"概念移植到社会心理学的研究中,创造性地提出了著名的场动力理论。该理论包括场论与动力论两大理论,由生活空间和心理紧张系统两大核心概念构成,主要对处于特定时空中的个体的行为过程及其变化原因进行解释,其核心在于分析个体行为得以产生的内部动力及支撑动力的外部环境。他认为,人是一个场,人的行为取向取决于内部力场和环境力场的互动作用,而主要的决定因素是内部力场的张力,即"心理张力"。当人的需要未得到满足时,会产生内部力场的张力,即紧张状态,而环境起着导火索的作用。所以人类有一种自然倾向去完成一个行为单位,如去解答一个谜语,学习一本书等。在勒温看来,如果中断了满足需要的过程或解决某项任务的进程而产生了张力系统,就可以使一个人采取达到目标的行动。"心理张力"可以使人经常处于"适度紧张"状态,从而保持积极的心态。但也不要追求完美,以免张力过强,产生负面效应。

到2017年时,美国著名畅销书作家、心理学教授罗伯特·西奥迪尼在他继《影响力》之后的又一部畅销书《先发影响力》中,提及他在给大学生上课时如何运用齐加尼克效应来保持学生注意力,使齐加尼克效应被更多人所了解。西奥迪尼不仅成功地将齐加尼克效应原理运用到了课堂教学领域,还发现齐加尼克效应对于提升人们的好奇心、注意力和记忆力的心理效用很值得推广到各个学科的教学领域。

根据格式塔心理学原理,个体在信息缺失时,往往会追求信息的"圆满",在追求信息的过程中实际上对已有信息进行了多次的回忆,这就导致被回忆的信息记忆效果更好;对于没有掌握的信息,个体始终处于一种搜寻信息的状态,这会导致压力的持续增加。

认知主义学派认为,能否引起人的行为变化取决于学习者的心理结构。人们的学习并不是被动地接受外界刺激和反应的行为,而是一个有目的地改组所接收到的信息,形成自己心理结构的过程。学生是在学习情境中通过自己探索来寻找、获得问题答案。每个人都有发展自己潜力的动力和能力,学习的动机来自学习者的内在需求。

三、齐加尼克效应的教育启示

在家庭教育中,父母在养育孩子的过程中,要充分利用齐加尼克效应带来的积极影响,让孩子保持一定的学业压力,振奋斗志、督促行动;又要留意齐加尼克效应带来的消极影响,避免任务过多,造成过大的心理压力。应尽可能做到张弛有度、压力适当。

(一)留点未完待续,激发孩子的学习兴趣

父母在引导孩子学习某些知识的时候,也可以尝试着留一些适当的悬念,让孩子有一种未完待续的期待。这些"未完成"会引发齐加尼克效应。父母运用效应的积极影响,能激发孩子强烈的期待心理和探究兴趣。例如,父母在给孩子讲故事的时候,可以绘声绘色地讲述前半段,到了快结尾的时候,留一点悬念,孩子会产生想要尽快了解结尾的期待,从而促使孩子主动要求继续听完。

(二)任务安排要适量,张弛有度要节制

父母在孩子的学业任务安排中,一定要考虑到孩子的实际能力和完成效率。一到寒暑假,父母就会给孩子安排各种课外辅导班,但一个接一个的课外辅导真的起到应有的效果吗?还是只会让孩子产生应接不暇的倦怠感?因此,父母在报班之前,可以和孩子一起讨论、分析一下有哪些是孩子既感兴趣又有必要的课程。而对于其他过量的课程可以适当地放弃,以确保学习的效率。

(三)调节放松有良方,缓解压力促健康

要学会适当地放松和自我调节。压力源于期待和现实的差距,如果感觉到

压力巨大，父母不妨和孩子一起探讨一下自己的期待是不是太高、以孩子的能力是否能够达到？可以适当地调整期待，减缓压力。父母也可以引导孩子尝试向他人倾诉自己的压力。或者找一些自己平时喜欢的休闲娱乐活动，让自己沉浸其中，舒缓压力。

在教育教学中，教师应学会给学生松绑，为学生创造宽松、和谐的学习氛围。兴趣爱好是转移大脑"兴奋灶"的一种积极的休息方式，能有效地调节大脑的兴奋与抑制过程，进而消除疲劳，改善情绪。因此，教师可以为学生定期开展一些音乐、棋牌、书法、绘画、写作等健康有益的活动，学生可以根据自己的兴趣进行选择，进行适当"投资"。鲁迅笔下的阿Q常用的"精神胜利法"也是一种有效消除精神压力的方式，其内在机制是自我暗示心理活动，即运用积极乐观的自我暗示化被动局面为主动局面，进而调节和改善身心状态。另外，教师还要引导学生注重过程、看淡结果，对待学习上的挫折不必耿耿于怀，亦不要为自己根本无法实现的"宏伟目标"而废寝忘食，把自己弄得精疲力尽。教师及时发现并帮助消除齐加尼克效应的消极影响，对学生的身心健康发展有着不可估量的作用。

环境限制了一个人——鱼缸效应

孩子的成长需要自由的空间。要想使小鱼长得更快，更大，就一定要给它活动的自由，而不要让它们拘泥于一个小小的鱼缸。后来人们把这种由于给孩子更大的空间而带来孩子更快发展的现象称为"鱼缸法则"。

一、鱼缸效应的相关研究

教育学中的鱼缸法则是指教室中的学生数量与教室大小之间的关系。这个概念最初是由教育学家李·巴克（Lee Bach）提出的，他认为教室的大小和学生的数量应该保持一定的比例，以便学生能够更好地学习和成长。根据鱼缸法则，教室的大小应该与学生的数量相匹配，以便学生能够得到足够的空间和资源来学习和成长。如果教室太小，学生的行动和活动会受到限制，无法自由地行动和表达自己的想法和意见；如果教室太大，学生的注意力和集中力会受到影响,无法集中精力学习和思考。因此,教育家们建议,在设计教室时应该考虑学生的数量和教室的大小之间的比例。同时,教师也应该采取一些措施来减轻教室过大或过小所带来的负面影响,例如采用小组讨论、互动式教学等教学方法,以便学生能够更好地参与和学习。

二、鱼缸效应产生的原因

在课堂上,老师会更注重那些表现良好、积极参与的学生,而那些不善于表达或者不好表现的学生往往被较少关注,而这可能导致这些学生的自我价值感和自信心下降,进而影响他们的学习动力和学业成绩。

为了消除鱼缸效应的影响,需要尊重和关注每一位学生,建立一个平等和包容的学习环境,确保每个学生都有机会获得资源和支持,从而最大限度地发挥他们的潜力,获得成功。

"环境限制了一个人"这句话可以理解为一个人的成长和发展受到周围环境的影响和限制。这个谚语的意思是,一个人的行为和思想往往受到他所处的环境的制约和影响。如果一个人生活在一个贫穷、落后的环境中,他的机会和资源可能会受到限制,这可能会影响他的成长和发展。相反,如果一个人生活在一个富裕、先进的环境中,他可能会有更多的机会和资源来实现自己的潜力。然而,这个谚语并不是绝对的。虽然环境可以对一个人的成长和发展产生影响,但每个人都有自己的选择权和决定权。即使在一个不利的环境中,一个人也可以通过自己的努力和决心来克服困难,实现自己的目标。因此,虽然环境可以限制一个人,但它并不是决定一个人命运的唯一因素。

三、鱼缸效应的教育启示

长期生活在小鱼缸的热带金鱼,失去了到水池发展的机会,逐渐丧失了继续生长的潜能,以至于穷其一生也见不得长进半点。狭隘的意识将金鱼置身于狭小的生存环境,以至于影响了金鱼的终身发展。心有多大,舞台就有多大,给学生提供一方广阔天地,他们必将还我们一个奇迹。

如果教育者能够立足学生的长远发展,站在学生精神成长的角度施以教育,那么就如同给予了学生一方池塘,为学生的将来进入"大江大河"积蓄了足够的能量。如果教育者仅仅从当前的角度着手,以功利性目标为导向,那么学生所接受的教育注定如同"高墙四角的天空",单调、枯燥、乏味,和待在鱼缸中生活的鱼儿无异。

  对孩子的教育也是一样,孩子的成长需要自由的空间。而父母的保护就像鱼缸一样,孩子在这样一个鱼缸中永远难以长成大鱼。要想让孩子健康茁壮地成长,一定要给孩子自由活动的空间,而不是让他们拘泥于一个小小的"鱼缸"。

专题四　家庭教育中的心理效应

主题一　家庭环境中的心理效应

环境创造人——泡菜效应

泡菜效应是指同样的蔬菜在不同的水中浸泡一段时间后,其味道是不一样的。"泡菜效应"揭示了环境对人成长的重要性。一个资质优秀的人,如果始终身处平庸者的环境中,其成就也是有限;而一个平庸驽钝的人,如果置身于成功者之间,也会机会频遇,奋发向上!

一、泡菜效应的相关研究

恩格斯说:"人创造环境,同样,环境也创造人。"环境对人的成长具有不可抗拒的影响作用,有人更是提出了"人是环境之子"的观点。《晏子春秋》里曾说:"橘生淮南则为橘,生于淮北则为枳。叶徒相似,其实味不同。所以然者何?水土异也。"其实,人也一样,容易受到周边环境的影响。我们与什么人相处,就会养成什么样的习惯、品性,而这些行为特点将会影响我们的一生。因此,为了有效地认知自己,我们应该给自己创造一个良好的环境,努力从周围的环境中汲取营养,提升自我。

环境决定论者重视教育和环境对儿童心理发展的作用,认为儿童心理的发展是由环境决定的。这个学派最早是在20世纪初起源于美国的行为主义学派。行为主义学派的创始人华生写道:"给我12个健康的婴儿,一个由我支配的特殊的环境,让我在这个环境里养育他们,不论他们父母的才干、爱好、倾向、能力和种族如何,我保证能把其中任何一个训练成为任何一种人物——医生、律师、美术家、大商人,以至于乞丐或强盗。"华生认为:"五岁以前婴儿的人格,可任我们的意志造成或毁灭。"华生关于环境决定儿童心理发展的观点,完全是他的行为主义基本观点的具体体现。

二、泡菜效应产生的原因

遗传因素是人的发展的生理前提,但也只是为人的发展提供了先天可能性,要把这种发展的可能性转化为发展的现实性,还有赖于后天生活中的环境影响。环境是人的发展的现实根基与资源。

环境的给定性指的是由自然、历史,由前人、他人为儿童个体所创设的环境,它对于儿童来说是客观的、先在的、给定的。但是,环境的给定性并不意味着人的发展、人的命运已经被确定了、注定了,人是具有能动性的主体,即使是初生儿,他也本能地会通过哭闹来影响、调动他的母亲和亲人,以改善他的生活处境。随着年龄和经验的增长,人的能动性、自主性、选择性、创造性在逐步增长,其对环境的反作用与相互作用的活动也在逐步增强,这也就是说主体对环境的能动性、选择性在逐步增强。

环境的给定性离不开主体的选择性,环境的给定性不但不会限制人的选择性,而且正因为有了环境的给定性,反而激发了人的能动性、创造性。当然,给定的环境条件也不是一成不变的,二者的相互作用蕴含着人的多种多样的发展可能性。

三、泡菜效应的教育启示

家庭环境对孩子的影响,甚至会决定孩子一生的价值取向,左右孩子对人生观、幸福观的评判标准。一个在父母的争吵打骂中成长起来的孩子,他的家庭观念会很淡薄,对社会对人生的理解也会很偏激,对家庭、对社会缺乏责任感。而在一个温馨宽松的家庭气氛中成长起来的孩子,会对家庭充满依恋、对社会对人生的理解宽厚而平和,从而有更多的机会走向成功。

很多父母都认为自己给孩子买了许多课外书籍,而孩子就是不喜欢阅读,这完全是孩子自身的原因,殊不知这同父母本身有着密切的关系。假如每天晚上,父母陪着孩子一起阅读,一起进入书中美妙的境界,互相交流读书所悟,长期坚持不懈,父母就不愁自己的孩子不喜欢阅读了。学校要重视校园硬环境和软环境的建设,重视通过良好的环境对学生潜移默化的教育。校园的硬环境主要是指校容校貌,它由校园的一草一木、一砖一瓦、一楼一台等建筑物构成;校园的软环境主要是指正确的舆论风气、和谐的人际关系、民主的管理方法、严明的校纪校规、独特的校风校训等。校园的硬环境和软环境,具有"润物细无声"的育人效果。为此,学校要努力让校园的硬环境整洁、优美、有序,让校园的软环境充分体现人文精神,蕴含丰富的教育因素,从而给学生诗情画意、温馨怡人的感受,发挥对学生启迪智慧、激发灵感、培育志向的作用。

面对正在成长中的儿童,教师要真诚地热爱和关心孩子,要时时对他们报以友善、和蔼可亲的态度,因为教师的态度会成为孩子从镜子里看到的态度,会激发出孩子成倍友善、和蔼可亲的态度回应教师,教师友善、和蔼可亲的态度和儿童回应的态度共同营养双方的精神、温暖双方的心房、保健双方的心灵。

多元化要求会让孩子无所适从——手表效应

当只有一块手表的时候,人们能够确定时间;当拥有两块或两块以上手表的时候,各个手表显示的时间不同,人们反倒没办法确定时间。更多手表不仅不能让人们知道准确的时间,反而会引起时间混乱。手表效应的深层含义是指任何人都不能同时拥有两种不同的价值观,一旦发生这种情况,人们的行为就会陷入混乱。

一、手表效应的相关研究

手表效应是指佩戴手表的人在时间感知和时间管理方面表现更好的现象。研究手表效应的历程可以追溯到 20 世纪 60 年代。当时,一项研究发现,佩戴手表的学生在考试中的表现要比不佩戴手表的学生更好。这项研究引起了人们的关注,并促使更多的研究人员开始探究手表效应。

随着时间的推移,研究人员发现,手表效应不仅仅存在于学生中,也存在于其他人群中,如职场人士、运动员等。研究还发现,手表效应可能与时间感知和时间管理能力的提高有关。

智能手表可以帮助人们更好地管理时间,提高生产力和工作效率。但也有研究表明,智能手表可能会分散人们的注意力,影响工作效率。总的来说,手表效应的研究历程涉及多个学科领域,包括心理学、管理学、计算机科学等。虽然手表效应的存在仍有争议,但研究表明,佩戴手表可能会对时间感知和时间管理产生积极的影响。

一位心理学家做了一个实验,这位心理学家给实验对象一块手表,当有人向实验对象询问时间的时候,他可以很快告诉对方时间。之后,心理学家又给实验对象一块手表,两块不一样的手表在实验者手中,当有人再次过来询问时间的时候,实验对象表现出犹豫不决的状态,不知道如何回答。英国心理学家P·萨盖提出了这一观点,并赋予了它更深层的含义:一个人不能同时选择两种不同的行为和价值观念,也不能选择完全不同的准则或目标,否则他将在生活中无所适从并将陷入混乱状态。

二、手表效应产生的原因

心理学家弗洛姆曾说:"只要观察一下人的决策现象,就可以发现人们错误地认为决定是'他们'自己做出的,而实际上却是屈从于传统、责任或明显的压力。"就像有的人选择一份工作,是因为父母觉得这个工作好;有的人结婚生子,是因为生活中亲朋好友都这样。我们需要的是,建立属于自己的评价体系,不妨问问自己的内心:对你而言,什么才是真正重要的?

正如耶鲁大学教授约翰·刘易斯·加迪斯在书籍《论大战略》中谈道:那些有着明确清晰目标的人,即使走得慢,也更能成为自己想要成为的人。目标不在于多,而在于精,不要让太多目标和欲望混淆了你的视线,什么都想要,最终几乎什么都无法实现。著名建筑工程师戴念慈说:"风格是共同特征在表现上的不断重复。"对孩子的教育或管理也是如此,偶尔为之,或者今天这样、明天那样,不能称之为风格,亦无法形成风格。

事实上,有些家长对孩子的要求就是摇摆不定,缺乏稳定性的,这说明他们还处在摸索之中。家庭中手表效应体现在于有时候长辈对孩子的要求有不一致的情形,而导致孩子不知道要听谁的,无法形成统一的标准,导致孩子无所适从;更有甚者,父母在教育过程中相互拆台,导致孩子产生投机心理,去适应对自己要求更低的一方，导致教育效果大打折扣。作为教育者的家庭成员，对孩子的管理不能采用不同的标准或方法，不能同时设置高低不同的目标，甚至一个人不能同时由两个人来指挥，否则将使孩子无所适从。

三、手表效应的教育启示

家长应该在教育理念上达成一致，最怕遇到的就是教育理念不合的家长，大家不商量，每个人都按照自己的标准来。孩子也会有偷懒心理，多个标准之下，让他既没有对权威的敬畏，又养成投机取巧的习惯。所以理念上有冲突，别在孩子面前表现出来，大家可以在私下里商量出一个可行的方案，再与孩子进行交流。

家长们给孩子提要求的时候，永远都不要忘记，要带同一块"手表"。父母是孩子最好的榜样，在相处的过程中，孩子在不知不觉的时候就在模仿家长的行为。对孩子确立的规矩家长也应遵从，规矩不应该只约束孩子，对大人也要有约束力。在以某一套标准作为规矩的时候，身为家长，也要以身作则，成为规矩的最好"代言人"。如果想要让孩子放下手机、平板之类的电子产品，可以先从自己做起，放下手机，多陪孩子聊聊天，出去走走，建立更加亲密的亲子关系。在孩子写作业的时候，也可以看看书，而不是在玩游戏或打牌。

家长们给孩子制定规矩的时候，永远都不要忘记，只带一个"手表"，才是效率最高的教育方式。规矩的建立，离不开家长的赏罚分明。在跟孩子明确规矩的时候，就要直截了当地告诉孩子做好某件事有什么好处，没有做好某件事会有什么后果，奖励和惩罚机制都要跟他解释清楚。这样等事情发生了，不会盲目地奖励和惩罚，孩子不会觉得心里不服气：这是早就跟你约定好的。同样地，家长也不能随便地说空话。奖励的东西是自己实现不了的，为了当时解决问题就信口承诺，可是等孩子做到了，又不记得这个承诺了，或者是承诺的期限无限延后，"明日复明日"。

言传身教——红苹果效应

红苹果效应是指儿童的行为可以依靠长辈的语言来建立，但更大程度上是模仿他人的行为并且不断地操作形成的,也就是说,言传有一定的作用,但相对于言传来说,身教的感染力更大。

一、红苹果效应的相关研究

伦敦大学的教授们做了一个实验,参加实验的是几十对父子,并分成了两个小组来进行实验。在第一组实验中,父亲手拿苹果,郑重其事地对孩子说:这个苹果一点也不甜,还有点酸涩,你不要吃。说完,父亲就头也不回地离开了房间。经过统计,有63%的孩子在父亲离开后,没有吃苹果,37%的孩子忍不住吃了苹果。在第二组实验中,父亲手拿苹果,郑重其事地对孩子说:这个苹果一点也不甜,还有点酸涩,你不要吃。说完,父亲吃了一口,摇摇头,离开了房间。这个实验的统计结果是这样的:在平均不到5秒钟的时间内,95%的孩子都忍不住咬了苹果,只有5%的孩子没有吃苹果。这个实验说明,相较于语音的要求,成人的行为示范具有更大的影响力。

1980年,伦敦的卡斯比教授做过这样一个尝试,他对1000名3岁的儿童进行了面试,根据面试的结果,他将这些幼儿分成了5类:良好适应40%;充满自信28%;坐立不安10%;沉默寡言8%;自我约束14%。

23年后的2003年,他又对这些已经26岁的青年们再次进行了面试。结果发现,当年归类为良好适应的孩子,他们小时候表现得自信自制,不容易心烦意乱,26岁后性格依旧如此;当年归类为充满自信的孩子,他们小时候活泼热心,26时,他们开朗、果断、领导欲较强;当年归类为坐立不安的孩子,他们小时候行为消极,注意力容易分散,长大后,他们表现得容易紧张,心胸狭窄,容易产生对抗情绪;当年归类为沉默寡言的孩子,他们比一般人更容易隐瞒自己的感情,不愿影响他人,不敢从事任何可能导致自己受伤的事情;当年归类为自我约束的幼儿,他们长大后性格还是和小时候一样拘谨。

这一研究指出:一般来讲,3岁幼儿的言行就预示他们成年后的性格,这与当时的一句俗语"三岁看八十"是不谋而合的,当然,卡斯比教授也承认一个人的性格到成年后又改变的情况是存在的,这与教育方式以及社会环境是有密切关系的。

通过这样的对比,我想大家应该很容易就看到,身教与言传哪一个更加重要。是的,事实证明,身教的作用,要比言传高出很多,这就是著名的红苹果效应。

二、红苹果效应产生的原因

班杜拉认为,人的行为,特别是人的复杂行为主要是后天习得的。行为的习得既受遗传因素和生理因素的制约,又受后天经验环境的影响。生理因素的影响和后天经验的影响在决定人的行为上微妙地交织在一起,很难将两者分开。班杜拉的社会学习理论所强调的是这种观察学习或模仿学习。在观察学习的过程中,人们获得了示范活动的象征性表象,并引导适当的操作。

强调观察学习在人的行为获得中的作用。认为人的多数行为是通过观察别人的行为和行为的结果而学得的。依靠观察学习可以迅速掌握大量的行为模式。

班杜拉重视榜样的作用,认为人的行为可以通过观察学习过程获得。但是获得什么样的行为以及行为的表现如何,则有赖于榜样的作用。榜样是否具有魅力、是否拥有奖赏、榜样行为的复杂程度、榜样行为的结果和榜样与观察者的人际关系都将影响观察者的行为表现。

三、红苹果效应的教育启示

榜样是社会道德伦理的化身,具有一定的心理暗示作用。家长、老师是孩子心目中理所当然的榜样与楷模,他们的语言是有声的行动、他们的行为是无声的语言,家长与老师的语言应当令孩子信服、家长与老师的行动应当令孩子佩服。家长与老师的人格形象在教育中有巨大作用和显著效果。当家长、老师做出道德行为示范时,孩子往往会跟着仿效;当老师、家长边抽着烟、边教育孩子:"吸烟有害健康,你不知道吗?"这样的批评教育往往是无效的。要培养孩子优秀的品行,家长与老师首先要以身作则,给孩子做出榜样。

在教育孩子的时候,家长与老师应该注意保持言行一致,不要仅凭口头指导,更应该以身作则,成为孩子的好榜样。如果希望孩子是孝顺的,那么家长本身就应该孝顺自己的长辈,这样不需要过多的言语,孩子就会潜移默化地受到影响;如果希望孩子是有责任感的,那么家长就应该主动承担责任,这样孩子就知道需要为自己的言行负责。而如果大人们说一套,做一套,那么孩子就会很迷茫,不知道什么才是正确的,还可能无意间强化了孩子的错误行为。

西方不亮东方亮——补偿效应

补偿心理是一种心理适应机制,个体在适应社会的过程中总有一些偏差,寻求得到补偿。从心理学上看,这种补偿,其实就是一种"移位",即为克服自己生理上的缺陷或心理上的自卑,而发展自己其他方面的长处、优势,赶上或超过他人的一种心理适应机制,正是这一心理机制的作用,自卑感就成了许多成功人士成功的动力,成了他们超越自我的涡轮增压器,而生理缺陷愈大的人,他们的自卑感也愈强,寻求补偿的愿望就愈大。

一、补偿效应的相关研究

心理学中的补偿效应指的是,当一个人在某一方面失去了某种东西或感受到了某种不公正时,他们将在另一方面寻求平衡和补偿。例如,当某人被拒绝时,他们可能会努力在其他方面表现出色,以弥补情感上的伤害。

精神分析学派创始人弗洛伊德认为补偿心理源自个体挫折后的心理防御机制。补偿是指个人因身心某个方面有缺陷不能达到某种目标时,有意识地采取其他能够获取成功的活动来代偿某种能力缺陷而弥补因失败造成的自卑感。补偿心理理论的另一大师阿德勒最初把自卑补偿理论限于生理上的缺陷,后来将其从生理学扩展到心理学领域。他指出生活中所有不完美的感觉,包括任何身体的、精神的或是社会的障碍,而不管是真实的或想象的障碍,都会使人产生自卑感,促使个体进行补偿。补偿心理是一种心理适应机制,个体在适应社会的过程中总有一些偏差为求得到补偿。

二、补偿效应产生的原因

补偿效应还可以在自我评价和社交关系中起到作用。如果一个人感觉自己在某些方面存在缺陷,他们可能会在其他方面表现更好,以弥补这种不足。此外,他们可能会选择与那些不会让他们感到不够好的人交往,以满足他们的需求和自尊心。总之,补偿效应可以影响个人行为、决策和人际关系。理解这种效应可以帮助我们更好地理解和管理我们的情绪、行为和社交动机。

人们在不断地追求优越,渴望通过行动获得优越来克服自卑感,达到心理的满足与愉快,从而使自卑与优越之间架起了一道必经之桥,即补偿。通过补偿来摆脱自卑而寻求优越的方式有利于激发人的内在的创造性动力,促进整个人类社会的发展与进步。

自卑感伴随着人类的存在而存在,还推至人类的祖先也具有自卑感,而与自卑共同产生且不可分离的补偿也成为战胜自卑感的路径与桥梁,并与自卑并列成为个性心理学中的核心概念之一。补偿最终目的是缓解儿童的失落感、焦虑感与孤独感等自卑感,避免自卑情结的加剧与发展。补偿无论表现为何种形式,最终都使儿童产生心理的某种平衡感或获得心理满足感。

三、补偿效应的教育启示

心理补偿是一种使人转败为胜的机制,如果运用得当,将有助于人生境界的拓展。当个人产生自卑感后,为了恢复内心的平衡,会设法弥补自己的弱点。所以,补偿作用就是发挥一个人的最大优势,激发其自信心,抵消其弱点。无数事实说明,补偿措施能给自卑意识强烈的人提供成功的精神力量。老师要合理地激发学生的竞争欲,为学生创立一个竞争的环境,发掘学生的内在潜力,使学生迸发更大的力量。同时老师要重视学生的心理,对学生进行心理疏导,使他们可以正确看待自身的缺点,不要因为自己的弱势而自卑,鼓励学生扬长避短,发挥自己的长处。老师要对所有同学一视同仁,对于身体或心理有缺陷的同学不能有偏见。

父母不要将自己的意愿强加在孩子身上,不能将自己的"遗憾"在孩子身上进行补偿。父母要善于观察、发现孩子的优势与特长,不要把注意力全部投在孩子的学习上,一些孩子学习能力确实较差,但他们在人际交往能力方面往往比一些"学霸"更好。

有些国家通过开展"头脑启迪计划",对处于不利地位的儿童学期教育的缺失做出了一定程度的补偿,这是值得我们借鉴的。为特殊儿童创造合适的教育环境。但是要实现真正的教育公平,仅仅关注残疾儿童是不够的,应该关注整个特殊儿童群体。

适可而止——食盐效应

社会心理学家将不可缺少,但是也不能过多的现象称之为食盐效应。"食盐效应"存在的意义在于,做任何事情都要有度,就算是自己非常喜欢的,对自己有利的事,也不可追求过多。一旦过度,事情就容易"变质"。

一、食盐效应的相关研究

食盐效应来源于驴子与盐的寓言故事。

有一个关于驴子和盐的寓言故事。一户人家养了一头驴子,主人一直以来都以草料喂食。时间长了,驴子不再喜欢吃青草,想换个口味。主人很无奈。这天,主人灵机一动,在草料里加了一把盐,草料立刻变得有滋有味。驴子很高兴,便问主人加了什么东西让草料变得如此好吃。主人回答说是盐。驴子太兴奋了,并宣布从此之后,只吃盐不吃草料!接下来的事大家应该都能猜得到,驴子第一天吃盐就感觉齁得要命,而且还不能消除饥饿感。于是,第二天驴子不得不皱着眉头继续找草料吃了。

二、食盐效应产生的原因

在现实中,有很多事情,爱好和兴趣都只是我们枯燥生活中的调味剂,它的作用只是为了装点生活,装点我们的"草料",但是一旦我们过度迷恋它,依赖它,让生活的天秤失了衡,则会让事情往糟糕的方向发展。当朋友有困难的时候,我们第一时间想到的是要去帮助他们。不过,我们在帮助他人的时候,一定要考虑帮助是否应该在合理的范围之内。其实这个问题来源于一个限度问题和适度原则的问题,很多人会有这样一种想法,那就是帮人帮到底,送佛送到西。无论是面对多么困难的境地,我们都会尽自己最大的努力来帮助他们,想让他们走上比较好的位置,或者说走出比较困难的境地。但是从现实情况来看,并不是所有落魄的人或者相对困苦的人都需要别人的帮助。有的人可能性格坚毅和骄傲,即便是在落魄的时候,也不想别人因为同情或者可怜他,而给予一定的帮助。有的时候,过度的善意,会被他们认为是施舍和怜悯。而从另一个方向来看,现在需要帮助的人,我们的帮助会真的是他所需要的吗?这就来源于食盐效应当中的一个基本原理,那就是好的东西一定是所有人都喜欢的吗?答案是否定的。每个人都会觉得有人需要帮助,有人需要他的同情,但其实这些人都是以个人为中心出发去思考别人的想法。

三、食盐效应的教育启示

适度的挑战和压力可以激发学生的学习兴趣和动力,促进学生的学习效果。例如,适度的竞争和挑战可以激发学生的竞争意识和学习动力,使他们更加专注于学习任务。然而,过度的压力和挑战可能导致学生的焦虑和压力,影响学习效果。因此,我们可以将心理学中的食盐效应解释为教育中的"适度挑战原则"。在教育中,教师应该根据学生的实际情况,给予适度的挑战和压力,同时避免给学生过度的压力和挑战。

受教育者,特别是孩子对自己的了解往往首先是从教育者那里得到的。当他们从自己的父母,教育者身上所解读出来的是一种对自己过度的要求以及一种对自己所做的成果常常表示不满的结果,对孩子产生的负面的影响远大于他们预期中孩子的积极反应。相反,如果他们感到教育者给予适度的干预,只是提出建议意见,而不是以一种强硬的手段或者措施去干预孩子的选择、人生,那他们也认为自己是被相信自己有能力去解决自己力所能及的问题的,是值得信任的,他们就能建立起应有的自尊,使自己有热情为做得更好而努力。如果教育者用自己的想法观点决定他们的决定,他们也会陷入自我怀疑,怀疑自己所做的选择是否真的正确,更有甚者会产生逆反心理,尤其在青春期的孩子心思细腻敏感,从而陷入自我怀疑,自我否定,认为自己如果不听从父母老师的话就会没有出路,那么他们就不能确立应有的自信,就不能有自我判断能力。他们会感觉自己的人生被操控,听从意见的会逐渐丧失自我选择自我判断能力,如现在社会中的一个热词"妈宝男""妈宝女",而坚定自己的选择的孩子多半会被扣上"叛逆""不听话""不知道父母良苦用心"的帽子。

"老大憨、老二精、娇生惯养是老三"——出生顺序效应

在同一个家庭中的兄弟姐妹,由于其出生的顺序不同而产生的在家庭中的独特经验与不同地位,使孩子不得不采取相应的方式适应生活,他的生活风格发展也受其影响,出生顺序效应便产生了。

一、出生顺序效应的相关研究

奥地利心理学家阿德勒(Alfred Adler)是第一个强调出生顺序在人格形成中的作用的心理学家,他在20世纪初就提出了出生顺序影响儿童性格的观点。个体由于出生先后不同,在家庭中的地位也不同,从而会形成不同的风格。出生顺序对人格的形成起重要作用。儿童的向上意志很强烈,与兄弟姐妹相处,都想争优越地位,特别是想独占父母的爱。年龄较大的哥哥、姐姐自居,向弟弟、妹妹发号施令,甚至仗势欺人;弟弟、妹妹自知年幼体弱,却能以柔取胜,因为他们对父母恭敬、听话,能博得父母亲的欢心。总之,儿童都以争取优势为目的,但达到目的的方式和方法不同。

阿德勒研究了长子、次子、幼子、独生子的人格特点,认为长子在弟妹出生前一直是被关心的中心人物,但第二个孩子出生后,父母对长子的爱就会减少,他的地位就会迅速下降。弟妹出生会带给长子苦恼,他容易产生妒忌感和不安全感,比较孤独和倔强,对人有敌意,自卑感大多比较强烈。阿德勒说,他经常在头生儿童中发现"问题儿童、神经症患者、罪犯、酒鬼和性反常者"。阿德勒对中间儿童评价积极,认为次子最幸福。因为父母一般不会给予他们过多的溺爱,他们往往有强烈的追求优越的欲望,会努力超赶哥哥或姐姐,长大后还会把自己与处在比他有利条件下的人相比较,试图超过他们,以此来作为自己的推动力。他们雄心勃勃,有远大的抱负。阿德勒认为,在问题儿童中,头生子的比例最大,末生子也有。因为他们在儿童期都受到家庭的成员的溺爱,始终被看作"婴儿",从而缺乏创造力,有强烈的自卑感,觉得周围的人都比他强大。出生顺序在儿童的人格发展中确实有作用,但儿童的人格发展非常复杂,受许多变量的影响,仅仅用出生顺序来解释儿童的人格发展是不全面的。儿童出生顺序

对人格发展的影响一直是心理学家研究的课题。有些研究结果支持阿德勒的观点,但并不是所有研究。研究表明,在智力方面,出生顺序与儿童智商有递增关系,但不包括天才儿童。推孟的研究表明,天才儿童中,长子的比例最大。行为治疗实践表明,不能说哪一个出生顺序最坏,在任何一个顺序中出生的儿童都有人格困扰,而且受困扰的人数大体上相等。

萨洛韦在此方面做了大量的研究,证明长子更内向、羞涩、保守、更有责任心、遵守纪律,而次子则较为开朗、爱交际、反叛、更富想象力和创造力,也更加独立。随后众多研究者也相继佐证了这一结论。如果考虑到人格的内外向可以正向预测主观幸福感,压力能够负向预测幸福感,即外向的人和压力较小的人幸福感分数更高,也就是说内向的长子幸福感低于外向的次子。国外的研究者通常把独生子女归为长子,还有一些研究者将最小的孩子单独划分出来,称为末子,Saroglou 和 Fiasse 认为末子相对于长子和次子更加温暖、宜人、外向。萨洛韦解释长子与次子的人格差异主要来源于父母教养方式的不同。父母会赋予长子一部分教育弟妹的责任,这使得长子站到了父母的一方,成为规矩的守护者,而晚出生的孩子需要和哥哥或姐姐争夺家庭中的资源,并且受到父母和兄姐的束缚,这导致他们更加反叛,也更具有竞争能力。长子更加内向的原因还可能和家庭内部的互动模式有关,长子在家里和同辈的互动较少,而次子之间的互动比较多。

二、出生顺序效应产生的原因

出生顺序本身不具有意义,顺序的本身并不会影响孩子的性格,但它通过影响父母和其他兄弟姐妹对孩子的对待,以及孩子本人对出生顺序的看法而起作用。父母对待孩子的不同态度才是决定他们人生走向的关键。了解出生顺序效应,有利于教育者更好地展开教育,从出生顺序效应中我们可知父母扮演了很重要的角色,所以一定要让父母重视出生顺序效应,摒弃错误的传统道德思想,树立科学育儿理念。我们常说性格决定命运,出生顺序很大程度上会影响个人性格的养成,所以重视出生顺序效应,对个人人生发展具有重要意义,同时也为家庭教育如何影响人的幸福感提供新的思路。

三、出生顺序效应的教育启示

在进行教育的时候,我们应该要考虑到受教育者在出生顺序中所受到的影响,正确看待出生顺序对受教育者的影响,进行正确引导。教育过程中,注重与受教育者的父母的沟通,走进家庭,了解成长环境,做出合理判断,加以引导。父母会因孩子的出生顺序的不同而采取不同的方式对待他们,父母对孩子的影响非常大,从此方面入手,对父母进行正确引导。

家庭环境十分重要,父母养育方式十分重要,父母应采用积极温和的养育方式去教育孩子,有利于儿童建立亲密的同胞关系。父母教育不应该区别对待,要鼓励孩子独立做决定,明确告诉他根据自己的想法去做决定,而不能因要让父母高兴而选择某个决定,不要根据兄弟姐妹的行为来一味模仿。不要期望一个孩子成为另一个孩子的耳朵和眼睛,不要让大一点的孩子为年幼的孩子当保姆。老大虽然年龄大一些,但并不意味着他应该对弟弟妹妹们的错误行为负责。不要对孩子过于挑剔,不要过于倾向完美主义,减少对一个孩子必须达到另一个孩子的要求等做法。花点时间和孩子们相处,不因为偏心而专注于一个对象而忽视另一个。鼓励差异,消除特权。鼓励中间的孩子找到他自己的定位,非常重要。事实上,排行中间的孩子往往会变得很有艺术天赋,因为这会让他们在家庭中占据一个独特的位置。

需要产生动机——马蝇效应

马蝇效应是源于美国前总统林肯的故事,讲述再懒惰的马,只要身上有马蝇叮咬,它也会精神抖擞,飞快奔跑,这就是著名的"马蝇效应"。"马蝇"就是教学中的激励因素。心理学家通过相应的研究,也将此种情况命名为马蝇效应,如果从教育学的角度来看,也就是说在生活中,我们要多加使用这种刺激的方式去促进孩子成长。

一、马蝇效应的相关

林肯少年时和他的兄弟在肯塔基老家的一个农场里犁玉米地,林肯吆马,他兄弟扶犁,而那匹马很懒,慢慢腾腾,走走停停。可是有一段时间马走得飞快。林肯感到奇怪,到了地头,他发现有一只很大的马蝇叮在马身上,他就把马蝇打落了。看到马蝇被打落了,他兄弟就抱怨说:"哎呀,你为什么要打掉它,正是那家伙使马跑起来的嘛!没有马蝇叮咬,马慢慢腾腾,走走停停;有马蝇叮咬,马不敢怠慢,跑得飞快。"

二、马蝇效应产生的原因

人的欲求是有着千差万别的。有的人比较理想主义,可能更看重精神层面的东西,比如荣誉、尊重;有的人比较功利,可能会看重物质上的东西,比如金钱。针对不同的人,需要对症下药,投其所好,用不同的方式去激励他。总之,要使人产生动力,就需要分析他的需要,提供相应的刺激,使其产生行为动力。

三、马蝇效应的教育启示

马蝇效应告诉我们教育的意义是要促使学生的学习和做事的积极性能得到发挥。就应该给予适当的"叮咬",即给予适当的刺激,实际上也是一种刺激性的有效教育方法。

批评是刺激,批评虽然是不舒服的、但是它是有助于除害而进步的,所以它是必要的。对于学生所存在的缺点尤其是错误,应该而且必须给予批判教育。以刺激来帮助他获得心灵震撼和触动。然后才能在其自知之明的基础上奋起超越自我、改止缺点、幡然图新。当然。批评教育要注意场合、时间,掌握好度,批评不能放纵。值得一提的是。在大家都在讲赏识教育、愉快教育的时候,不可忽视或放弃批评的积极作用。

督查是刺激,制度是一种规定,要求是一种希望,但规定的、希望的都需要用督查来保证其有效。所以对学生的教育,除了晓之以理外,更重要的是对学生的落实行为进行督查。通过严肃的督查、刺激学生遵规守纪的神经毫不松懈。严格按规则办事,督查可防止惰性,督查可促进"奋蹄"。

表扬也是刺激,刺激并非一定是负向的。表扬学生的优点或进步,也能起到激励性和促进性的刺激作用。所以,教师多用表扬的方式来激励学生的积极性,的确具有正刺激的强大的促进力,使学生产生发扬优点、克服弱点的内驱力,使学生能加快发展自己。

先进引路也是刺激,榜样的作用不可小视。为学生树立先进的榜样,则能让学生内心产生强烈的趋善向上的激动,并在这磁力般的吸引下,凝聚成积极的向往和行为冲动。

此时无声胜有声——留白效应

留白效应指人在感知事物时,如果感知对象不完整,便会自然地运用联想,在头脑中对不完整的感知对象进行自我补充,并且在进行这种联想和补充的过程中,产生更加强烈的心理效应,印象将会变得更加深刻。

一、留白效应的相关研究

留白效应在教学中主要指"课堂留白",课堂留白亦称作"教学留白""教学空白""教学补白",名称不同而内涵近似。自20世纪80年代起,"留白"就进入教育教学领域,进入到语文、数学、化学等不同学科的教学之中,但一直以来,均偏重于实践层次上的运用而忽视理论层次上的总结。故而,学界对"课堂留白"的界定尚不统一,主要可分作两大类别。

其一,部分学者将"课堂留白"定义为一种教学手段或策略。持此观点的学者强调课堂留白的工具性与目的属性,普遍认为课堂留白是指教师为了达到激发学生学习兴趣、提升教学效果等教学目的而使用的一种媒介或工具,以教学目标的达成程度作为课堂留白运用效果的衡量标准。教学"布白"艺术指教师在教学活动中,遵循教学规律,根据教学需要,运用言语激发、提出问题或布置练习等方式进行时间和空间的布白,以达到激发学生的思维主动性、发挥学生主体性、提高教学质量的一种教学策略。其二,另一部分学者将"课堂留白"定义为一种教学艺术。持此观点的学者强调课堂留白的艺术性与生成属性,普遍认为课堂留白是指教师在遵循教育教学规律的基础上,运用停顿、等候等方式所进行的具有启发性、独创性的教学实践活动。此种定义之下的课堂留白,不仅注重教学目标的完成度,更强调教学意境的生成,注重教师在教学过程中的创造性,更关注对生成性教学资源的创造、转化与利用。如张晓辉认为,所谓教学空白艺术就是灵活运用空白,遵循教学规律以及美的规律进行的创造性教学实践活动。

二、留白效应产生的原因

留白效应中的"留白"一词源于中国传统绘画观念。清代张式《画谭》说:"烟云渲染为画中流行之气,故曰空白,非空纸。空白即画也。"中国书法、文学、音乐、雕塑、园林等艺术范畴随后陆续引入"留白"的创作理念。留白亦被归纳为言语修辞之一。谭学纯等主编的《汉语修辞格大辞典》定义"留白"为"说话或写文章时,有意不把话说完或说清楚,留下一定的空白,让读者发挥自己的想象力去填补的一种修辞方式"。最早是中国山水画中的一种技法,即在整幅画中留下空白,给人以想象的余地。这种手法以无胜有,有无相生,是一种巧妙的艺术表达,更是一种智慧。心理学将这一概念引入,"留白效应"用来概括人们感知事物时,所具有的这种因联想作用而使得印象更加深刻的心理现象。

留白效应中的这种空白在人们的感知中起到了一种变被动为主动的效果。因为对于感知者而言,如果感知对象将全部的信息都无所保留地表达出来,那么感知者所需做的就是被动地接受感知对象所提供的信息。而如果感知对象的表现是留有余地的,则感知者就会对这种空白去进行自主地补充。在这一主动的联想过程中,感知者会调动其更加积极的情绪,给予更高程度的精神投入,从而也就加深了印象,取得了更好的知觉效果。

三、留白效应的教育启示

留白效应在教育中的应用应表现在学校教育和家庭教育两方面。学校教育中,教师在课堂教学中恰当地"留白",通过有意义的引导,可以培养学生独立思考的能力,使学生在自主学习方面更有获得感和成就感;师生相处中恰当地"留白",保持适当的距离,会创造更为和谐愉快的师生关系。家庭教育中,父母适当地放手,给孩子留下独处的空间,其实会发现孩子的更多可能性。

1. 在课堂教学中,把学生作为课堂教学的主体,充分发挥教师的引导作用,使得课堂教学效率得到显著提升。

2. 由于学生的基础参差不齐,教师在平时布置作业和考试中,应该分层次,照顾到不同程度的学生,给学生一个灵活掌握学习的余地,防止"一刀切"。同时,还要根据学生在学习中反映出的问题,有针对性地指导和帮助学生,及时调整授课进度,从而做到面向全体,培优补差,发现学生创新的火花。

3.学生犯错教师在批评学生时,最好留有时间让学生自己去思考,自己去责备。这样,学生就不会有一再被"穷追不舍"之感,反抗心理就会锐减,教育效果反而会事半功倍。

4.家庭教育中,父母在对待孩子的时候,应该多一些放手和理解,让他们自己去闯,这样不仅会减轻孩子想要对着干的叛逆心理,还会营造温馨和谐的家庭氛围。

5.学生自身在安排日程或者设定目标的时候不要安排得太满,给自己留下喘息的空间,适当地留白,其实是为了更好地缓冲自己、减少内耗。

机不可失,时不再来——时机效应

提高学生的教育管理和学习效果,需要在一个合适的时间采取一个合适的行动,这样才可以获得一个理想的结果,学生在不同的年龄段有不同的特点,需要去观察,采取正确的行动,以避免一些不利的影响,只有利用正确的时机做出正确的行动,才有获得更好的结果的机会。

一、时机效应的相关研究

三国时期,诸葛亮北伐,司马懿带领十万兵马绕开蜀国大队,直奔诸葛亮的驻地阳平。当时阳平城里只有两千多老弱残兵,大多都是文官,大家都很惊慌,只有诸葛亮从容不迫,吩咐人打开城门,叫几个士兵扮作老百姓扫城门,自己坐在城头上把香点燃并弹琴。司马懿带军队看到这样的情况,他认定有重兵埋伏,便命令全军撤退了,诸葛亮和阳平城里的百姓脱险了。司马懿发现上当受骗,又回过头来攻打,但是诸葛亮已经做好准备了,司马懿错失了攻下阳平城的机会。

时机效应的研究历程可以追溯到 20 世纪初。最早关于时机效应的研究来自心理学领域。例如,1905 年爱德华·索普发现,根据灯光的亮度和颜色,人能够产生不同的视觉错觉,这就是时机效应。

在1947年的一项实验中,研究者发现,当被试在上午时段接受测试时,他们的表现要比下午时段更好。这表明,在不同的时间点,人的认知能力会有所不同。

在经济学领域,1979年诺贝尔奖得主丹尼尔·卡尼曼和阿莫斯·特沃斯基也进行了类似的实验。他们发现,当人们在饥饿状态下做出决策时,他们更倾向于选择立即享受的回报,而不是稍后才能得到的更高回报。这揭示了时机效应对决策的重要影响。

研究表明,时机效应在不同年龄段的学生中有所差异。在青少年早期,如小学阶段,时机效应对学习成绩的影响较大,因为这个时候他们的认知能力和思维能力正在发展。而随着年龄的增长,时机效应逐渐减弱,其他因素如认知、社会和情感发展等开始更为重要。

随着对时机效应的深入研究,学者们开始探究时机效应的具体原因以及如何避免其影响。这也为人们做出更明智、合理的决策提供了思路和方法。

二、时机效应产生的原因

在教育教学中,时机效应通常被用来研究学习和记忆的过程。时机效应对学习成绩有显著的影响。如果教育者在适当的时机向学生提供学习机会和资源,将能够取得更好的效果。例如,有些学生在某个时间段内能够更容易地理解特定概念,而在另一段时间可能会感到困难。

时机效应涉及认知心理失衡和利用悬念的等待作用。等待过程中,人们内心的矛盾感会成为改变态度、行为的动力。悬念能够激人好奇,催人思索,产生心理上的焦虑、渴望和兴奋,促使人们想要尽快知道谜底。?

三、时机效应的教育启示

在教育学生时,教师应该注意选择适当的时间、场合对学生进行集体教育或个别教育;家长教育自己的孩子时也要考虑时机、场合、孩子心理状态等因素,这一点对做好工作中起着十分重要的作用,但是又常常被一些老师和家长忽视。如果能注意到这一点,教育将可能收到事半功倍的效果;反之,如果教育者不论时间、地点,随口而出,则往往不能达到教育的意图,有时甚至可能带来相反的效果。在选择适当的时间和场合上,也要讲究一定的策略。例如,对自尊心比较强的学生进行教育,应该尽量避免在公共场合使用严厉的口吻,老师和家长不能伤害学生的自尊心,以避免对立情绪的产生。

教育者需要了解哪些时机对于他们的学生来说最为适宜,以便针对性地设计教学策略和计划时机效应在不同年龄段的影响。

在制定教学计划时,需要考虑到不同年龄段学生的特点,提供适合他们年龄段的学习内容和时机。一方面,教育者可通过精心设计,将所学知识与学生的生活经验相联系,创设出有利于学生记忆的场景;另一方面,教育者也可以根据学生的认知水平和学习进度,合理安排学科进度和考试时间,以减轻学生的压力,从而提高学生的学习兴趣和效果。同时,家长和社会也应该重视时机效应的存在,为孩子们创造良好的学习环境,帮助他们更好地利用时机效应,在学业上取得更好的成绩。

躺平——习得性无助效应

习得性无助行为,是指一个人经历了失败和挫折后,面对问题时产生的无能为力的心理状态和行为。当一个人将不可控制的消极事件或失败结果归因于自身的智力、能力的时候,一种弥散的、无助的和抑郁的状态就会出现,自我评价就会降低,动机也减弱到最低水平,无助感也由此产生。

一、习得性无助效应的相关研究

一头小象被一根木桩绑在地上,只能原地打转。它无数次地想要挣脱这个木桩对它的束缚,但是奈何它还太小,力气不够。后来等到它长成大象,它其实可以挣脱掉木桩对它的束缚,但是它已经放弃这个行动了。因为在它的潜意识里,它一直都认为它自己是没有力量拔出这个木桩的。

美国心理学家马丁·塞利格曼1967年在对动物研究中发现了习得性无助现象,他起初把狗关在笼子里,只要蜂鸣器一响,就给狗施加难以忍受的电击。狗关在笼子里逃避不了电击,于是在笼子里狂奔、屎滚尿流、惊恐哀叫。多次实验后,蜂鸣器一响,狗就趴在地上,惊恐哀叫,也不狂奔。后来实验者在给电击前,把笼门打开,此时狗不但不逃,而是不等电击出现,就倒地呻吟和颤抖。它本来可以主动逃避,却绝望地等待痛苦的来临,这就是习得性无助。为什么它们会这样,连"狂奔、屎滚尿流、惊恐哀叫",这些本能都没有了呢？因为它们已经知道,那些是无用的,"习得性无助"在教育活动中的表现这一项研究显示,反复对动物施以无可逃避的强烈电击会造成无助和绝望情绪。

后来,宾州大学的马丁·赛利曼把笼中的狗从钢制格栅地板通以强烈而持久的电,以致狗不再企图逃避,学会了处于无助状态。赛利曼和史蒂芬·麦尔与詹姆士·吉尔在一篇论文中写道:当一个正常、未曾受过任何训练的狗在箱中接受逃避训练时,以下的行为是常态:初遭电击,狗就狂奔,屎滚尿流,惊恐哀叫,直到爬过障碍时间较快;如此反复,直至可以有效地避免电击。再一步,赛利曼把狗绑住,使它们在遭到电击时无法逃脱。当这些狗重新又放回电击时可以逃脱的穿梭箱时,赛利曼发现:这样的狗在穿梭箱最初被电击时的反应,和未曾受过任何训练的狗一样。但它却不久就停止奔跑,默然不动地一直等到电击结束,狗没有越过障碍逃避电击。

20世纪80年代,心理学家仍在继续做这种"习得的无助感"的实验。在费城的天普大学,菲立普·柏希和另三位实验人员训练老鼠去认识警示灯,让它们知道5秒钟之内将有电击。老鼠一旦懂得了警示灯的含义,就可以走入安全区避免电击。在老鼠学会了这一步以后,实验人员又把安全区挡住,使老鼠遭受比原先更久的电击而无法逃避。可以预见,后来即使可以逃避了,老鼠们还是无法重新很快习得逃避。柏希又让372只老鼠遭受难以忍受的雷击,以测验巴夫洛制约和习得的无助感之间的关系。他们报告说,"实验结果并不很能确定习得无助",而"一些基本的问题仍然存在"。

二、习得性无助效应产生的原因

习得性无助的形成机制涉及个体在面对持续性的失败或不可控制的情境时,逐渐形成的认知和情绪过程。其形成机制主要包括以下5个方面:

1. 持续性的失败经验:形成习得性无助的第一步通常是个体经历了一系列持续性的失败经验,这些失败可能来自学业、职业、人际关系等。失败经验的持续往往会加剧个体的负面情绪和无助感。

2. 无法预测性和无法控制性：失败经验往往具有无法预测和无法控制的特点。个体无法提前预知失败将会发生，也无法通过自己的努力或行动来改变或控制失败的结果。这种无法预测性和无法控制性使个体感到更加无助。

3. 认知归因模式：习得性无助形成的关键是个体对失败的归因方式。失败者往往会将失败归因于内在的、稳定的因素，而不是外部的、暂时的因素；对于自己无力改变的现实，失败者只能"躺平"。失败者内在性和稳定性的归因模式，会进一步强化个体的无助感和绝望情绪。

4. 自我效能感降低及情绪反应：在持续性的失败经验和内在性稳定性的归因模式的形成过程中，个体的认知和情绪状态可能会发生改变。他们可能会出现对自己能力和未来的悲观看法，这种现象可以被理解为自我效能感的降低，同时伴随着情绪消沉、动力丧失等负面情绪反应。

5. 循环强化过程：习得性无助形成的过程往往是一个循环强化的过程。持续的失败经验和负面归因模式会加剧个体的无助感和绝望情绪，进而影响个体的行为和应对方式，使其更容易遭遇新的失败，形成一种恶性循环。

近年来，心理学家开始试图为习得性无助理论作出更为全面的解释。Dweck认为在成就情境中习得性无助感的个体一般追求一种操作表现目标，对外界评价敏感，比较看重所取得的成就，并且认为成功和失败就是人有没有能力的标准，他们常逃避困难和挑战。这就将着眼点转向了目标的参与。与此相应，认知信念理论将人们对知识的认知态度也融入了对无助感的解释中。Perry发现学生对复杂主题的理解受他们关于知识的信念的影响。一般来说绝对主义者（认为知识要么正确要么错误）较可能寻求低水平理解策略；相对主义者（知识在特定背景中正确）倾向运用高水平理解策略。而运用高水平理解策略的学生要比运用低水平理解策略的学生得到较高课程分数，相对不容易产生失败和无助。

三、习得性无助效应的教育启示

教育者不应该过多否定学生或者孩子，使他们的积极性和自尊心受挫。如果过多否定孩子会对孩子造成极大伤害，当他们想要尝试做某事时总会想起被否定的经历,从而否定自己认为自己做不成某事。家长老师应该积极鼓励孩子,善于发现他们身上独特的闪光点并进行积极引导,帮助他们树立信心。

  教师可以制定有针对性的教学计划,建立个性化的学习档案,并根据学生的具体情况,制定特定的教学任务,进行针对性的辅导,以提高学习效果。不断体验成功,老师要多给学生创造一些成功的机会,对其取得的进步及时表扬鼓励,使他们不断体验到成功的幸福。老师鼓励他们建立自信,困难本身并不能让人灰心、无助、丧失自信,但严厉的批评可能会把孩子推向失败的深渊,教师应该多给学生一些鼓励,帮助学生寻找他们身上的闪光点。老师可以提供分层教学和辅导,特别针对困难学生,增加辅导活动,同时结合考试练习从而激发学生的动力。

主题二　亲子互动中的心理效应

别无选择的选择——霍布森选择效应

人们自以为做了选择,而实际上思维和选择的空间是很小的,其实质是这是一个小选择、假选择、形式主义的选择。有了这种思维的自我僵化,当然不会有创新,这就是霍布森选择效应。

一、霍布森选择效应的相关研究

1631年,英国剑桥商人霍布森从事马匹生意,他说,所有人买我的马或者租我的马,价格绝对便宜,并且可以随便挑选。霍布森的马厩很大,马匹很多,然而马厩只有一个小门,高头大马出不去,能出来的都是瘦马、小马,买马的人左挑右选,到最后得到的不是瘦马就是小马。后来,管理学家西蒙将这种没有选择余地的所谓"选择"讥讽为"霍布森选择"。

霍布森选择效应就是看似给出了选择,但实际上还是别无选择,放在教育教学里面讲就是教师在教学上课的过程中不能过于注重预设的答案。上课前准备预设内容是没错的,但学生的思维是活跃多样的,如果只局限于其中就陷入了霍布森选择效应,用别无选择的标准去约束衡量学生,会抑制学生多样性思维的发展,也会扼杀创造性的思维。因此教师要引导学生从不同角度去思考问题,追根溯源地去探索去发展,在教学过程中,学生占据着主体地位,如果教师的教学方式偏向固态化、模板化,学生的主体地位就会被慢慢地淡化,解决问题的能力也会逐渐退化。因此教师在教学中一定要克服思维方式上的封闭性,认识到开拓视野的多维性,在教学中不仅仅局限于某一种答案,也不局限于某一种想法。社会心理学家也指出,谁如果陷入霍布森选择效应的困境,谁就不可能进行创造性的学习、生活和工作,因为好与坏、优与劣,都是在对比选择中产生的,只有拟定出一定数量和质量的可能方案供对比、选择、判断,决策才能做到合理。如果某一种的判断只需"是"或"不是",那受教育的主体就失去了发散性的思维与独立思考的能力,不管在什么领域,"没有选择的余地就等于扼杀创造"这句话都同样适用。

二、霍布森选择效应产生的原因

"霍布森选择效应"其实是一个较消极的效应,陷入这个效应就相当于陷入了别无选择的情况,从社会心理学关于自我选择的角度来说,"霍布森选择效应"是社会角色扮演者的一大忌讳。一个人在进行判断、决策的时候,必须在多种可供选择的方案中决定取舍,并能在对其了解的基础上判断,才算得上判断。在我们还没有考虑各种可供选择的方法之前,我们的思想是闭塞的,如果只有一个方案则无法对比,也分不出优劣。我们要尽可能多地避免陷入这个效应,否则对学习、工作、生活都是不利的,当没有选择时就是要改变自己走的道路的。如果感到似乎只有一条路可走,那很可能这条路就是走不通的。

三、霍布森选择效应的教育启示

要避免陷入"霍布森选择效应"的困境,就得克服思维方式上的封闭性和趋同性结构,真正地"睁眼看世界"。客观地去认识世界,正视系统环境的开放性,开阔视野的多维性。世界是统一的,在此统一体中,有无数交叉的分支结构。当今时代已从一个非此即彼的选择变为多种多样选择的时代。同时,要想避免"霍布森选择效应",头脑中就应当有许多种不同声音。它们可以是来自"自我世界",也可以来自"其他个体世界"。"自我世界"即个体自身要进行充分的思考分析,进而得出多种看法,自我规划出不同的选择。"其他个体世界"同理,汲取别人的意见和建议,以对立的观点、不同判断的选择为基础,并结合自己的实际不断优化选择。归根结底,就是充分考虑各个方面、各个角度,不能"一言以蔽之"。让问题真正暴露出来,摒弃不必要的部分,找出痛点,再对症下药,做出有目的性的选择,寻求最优解。富兰克林曾说:"思考一旦停止了创新,就如同停止了生命。"现代社会是井喷式的创新人才需求时期。社会发展日新月异,逐渐淘汰那些墨守成规、唯命是从的机械式工作者,而能适应社会急速变化且敢于提出自己的想法并付诸实际行动的创新者正在脱颖而出。

要尊重学生主体性,在抛出问题引导学生回答时,勿让学生在自己限定的圈子思考,应解放学生,让学生发散思维,多方面回答问题。要满足学校现实利益诉求及配套政策不完善情况,搞好就学大环境,加强学校同等竞争力,使学生有更好选择。教育改革提倡以学生为本,要求充分发挥学生主观能动性,霍布森选择效应启示教育者,要避免扮演霍布森的角色,带领学生跳出霍布森选择泥潭,还学生选择权,培养学生的问题意识和创新意识,促进学生创造性思维的不断发展。在基础教育课本中要多加入创新题目,扩展孩子思维。

欣喜若狂的感觉——高峰体验效应

高峰体验是人本主义心理学家马斯洛在他的需要层次理论中创造的一个名词,是指人们在追求自我实现的过程中,基本需要获得满足后,达到自我实现时所感受到的短暂的、豁达的、极乐的体验,是一种趋于顶峰、超越时空、超越自我的满足与完美体验。在高峰体验时,人会产生一种存在认知,这与一般的认知不同,这种体验仿佛与宇宙融合了,是人自我肯定的时刻,是超越自我的、忘我的、无我的状态。

一、高峰体验效应的相关研究

"高峰体验"是美国著名心理学家马斯洛独创的心理学术语,强调人的主观情绪感受对个体行动产生的促进作用。"这种体验可能是瞬间产生的、压倒一切的敬畏情绪,也可能是转眼即逝的极度强烈的幸福感,甚至是欣喜若狂、如痴如醉、欢乐至极的感觉"。在高峰体验中,人能彻底消除与世界、与自然的二歧分离,从而更好地认识世界、自然与自我。马斯洛认为,这样的状态或插曲可以在任何人一生的任何时刻到来。

马斯洛的高峰体验论是建立在他的需求层次理论和自我实现论的基础之

上的,最初他试图通过研究"自我实现者"达到揭示人的真正特点、潜力、价值与尊严的目的,但在研究中发现,"自我实现者"并不常见,而"自我实现"的事件则经常见到,所以他把注意力转移到"自我实现"的事件上。在马斯洛看来,每个人的一生总会有一次高峰体验,而自我实现者则是那些能够多次体验到并一直在追寻着程度更高的高峰体验的人。可见高峰体验论是自我实现论的发展和延伸。

高峰体验是情绪的组成部分,它强调的是情绪主体的感受,具有极强的主观色彩,因此对于高峰体验者的特征有不同的描述,可以概括为以下三个方面:

人的释放性。马斯洛指出,高峰体验时,个体一般都处在自己能力的顶峰,能最好地、最完善地运用自己的全部智能,而在平时我们只利用了部分智能。在高峰体验中人们体验到发挥自身全部能量的酣畅淋漓,这是高峰体验最重要的特征。

人的创造性。在高峰体验中人会比平时更果断、更专心、更能够摆脱环境的影响和控制,经受得住他人的质疑与反对。在这种情况下,能够达到超越自我的境界,主宰自己的思维,最大限度地发挥自己的创造能力。

人的自我认同感。人们在日常生活中不能发挥全部能量的原因很大程度上是由于自我怀疑和困惑的消耗,在高峰体验中人释放出自己所有的力量,将会真正发现自身存在的价值。这既是对高峰体验的促进,又是在体验过程中所产生的满足与自信。

二、高峰体验效应产生的原因

人本主义心理学之父马斯洛在探讨人性、价值的相关理论中,以其丰富的实践研究和对存在主义、现象学的合理应用以及解读行为主义心理学、精神分析学派的理论观点的探索中,提出人性在发展与完善的过程中,人类的需要、动机、认知、价值的相辅相成,并且在阐述自我实现理论的过程中,以其合理的推理在多层理论中提出"高峰体验"的理论观点。在现代社会,学校教育推行"以人为本"的教育理念,实施大幅度的课程改革,以实现学生全面能力的塑造与培养。以学生为中心的教育改革注重了学生兴趣的调动、正确动机的引导、合理价值观的树立,以及围绕学生而形成的教育内容的生动性、教学方法的多样性、教师角色的引导性的分析与研究。在这些因素中,学生的兴趣、积极性、动机和价值观的实现成为实现教育目的的关键因素,其中学生行为产生过程中的高峰体验以及随之形成的健康人格促进了教育者的进一步研究与分析。

三、高峰体验效应的教育启示

教师改变教育方式,多元式教育,不进行填鸭式教育,而是形成探讨式的课堂氛围,让学生自由发言,启迪学生的思想,提高自己的思维逻辑能力,让学生体验短暂的认识感与成就感。

在专业知识教育中加入兴趣性选择,让学生对所学内容产生兴趣,从而更愿意自主学习,更容易获得自己的理解和理解所学内容。

赋予所学内容价值感,让学生主动去追求知识的获得,使其对知识产生一种渴望,明白学习的意义和知识的价值,让其明白所学内容对自己、对社会、对未来的创造性价值,让其在学习知识中实现人生价值。

改变班级风气,形成一种轻松的班级氛围,融入学生中去,让学生与教师之间尽量消除隔膜,能让学生畅所欲言,没有心理与精神上的负担。合理利用家长对孩子的影响,家校双方共同促进学生的成长。

过犹不及——超限效应

中国有句老话"过犹不及",这句话用在超限效应当中是极为合适的。须知,"不及"往往达不到既定目标,而"过度"又会"物极必反",不管什么工作,都要掌握好"火候""分寸"和"尺度",唯此,才能避免"欲速则不达"的超限效应。

一、超限效应的相关研究

超限效应最早来源于美国著名作家马克·吐温一次经历:马克·吐温听牧师演讲时,最初感觉牧师讲得好,打算捐款;十分钟后,牧师还没讲完,他不耐烦了,决定只捐些零钱;又过了十分钟,牧师还没有讲完,他决定不捐了。在牧师终于结束演讲开始募捐时,过于气愤的马克·吐温不仅分文未捐,还从盘子里偷了两元钱。而这种由于刺激过多或作用时间过久,而引起逆反心理的现象,就是超限效应。其实,超限效应在你我童年时代,大部分人都深有体会。比如,在学校一天最后一节课,老师经常会拖堂,导致学生产生厌烦情绪,这就是时间上的超限效应;还有就是题海战术,经常做一些内容过量、同一重复的作业,这也是超限效应。这些效应都会使我们的神经细胞处于抑制状态,从而影响学习效率。还有就是在家里面,老妈经常会因为你的一个坏习惯一直唠叨你。一次两次重复这样的唠叨时,会让你厌烦程度不断提高,也会产生逆反心理。

心理学家米勒进行过一项有关广告画张贴效果的实验,一是把有精美画面的广告在大学生宿舍公共场所的墙上每隔15英尺贴一张,共贴30张(这是中等张数),贴两天;一是把同样的、但更多张数的广告用较短的墙面距离贴三天以上。

结果表明:中等张数贴两天,使大学生们增加了对广告画的喜欢,过量张数与天数则减少了大学生们对广告画的喜欢。

二、超限效应产生的原因

超限效应本身就是由于受到大量来自外界的反复的刺激而产生逆反心理而引起的,不论是作为老师还是家长,如果一直揪着孩子的错误不放,就很容易引起孩子的逆反心理,会让他们产生不耐烦的感受,引起他们的反抗。苏联著名教育家马卡连柯说过过分的爱、严、温和及急躁,势必给教育带来不利,到头来事倍功半,收效甚微。所以,在教育教学中教师必须掌握尺度,把握分寸,注意火候,这好比医生用药,必须适度,过小则无疗效;过大则可能变药为"毒"。能否把握教育尺度,同样表现着教师的水平,为此教师要不断加强自身修养,努力掌握教育艺术。

"超限效应"在基础教育教学活动中非常普遍,"填鸭式"的教学就是"超限效应"的一个典型代表。这种教学模式牺牲的不仅是学生的学习能动性,更多的是浪费了学生有效学习的时间。有研究表明,青少年的注意力一般在10~20分钟左右。在一节课45分钟的时间内,前20分钟左右,大多数学生能保持听课的专注力,其后随着讲课时间的不断延后,学生听课的专注力也会随之而递减,学习效果也会随着注意力的下降而无效。如果一节课教师不停地讲解,而忽视了学生专注力的时限规律,没有给学生留有大脑调节的时间,就会出现"超限效应"，教学效果则会大大降低，久而久之，学生就会对学习失去兴趣，甚至对教师产生逆反心理。

三、超限效应的教育启示

在家庭教育中，作为父母，对孩子的教育不能一意孤行，当今社会上有诸多实例表明，很多父母教育孩子的方法是错误的，导致父母与孩子之间的距离越来越远。在孩子的成长过程中，家庭教育起着直接性的作用，父母是孩子最好的老师，如果父母在教育孩子的时候，能够设身处地地想想，换个角度去理解孩子，而不是一直反复地唠叨让孩子去学习或者去做别的事情，这样能给孩子留些自己的空间，也有利于培养孩子的独立性。在学校教育中，老师是与学生联系最多的，虽然老师可能相对于家长来说在教育孩子方面更专业一些，但也不乏一些反面例子出现，一些老师布置作业过多、严重拖堂等现象都会引起学生很大的反感，哪怕是表扬，也要适可而止。过度或廉价表扬也会导致超限效应，例如某班有个差生听惯了批评，他对批评根本不当回事。新学期换了个班主任，这个班主任一开始对这个差生的某些"闪光点"做了表扬，起初这个差生很受感动，但是过了一段时间，这个差生发现老师对自己的表扬是有意拔高的。他认为这是老师在哄自己，甚至认为老师不信任他，造成不好的影响。所以在教育学生的时候，不论是批评还是表扬，都要有一个限度，学会适可而止。要学会利用超限效应，超限效应也是心理暗示的一种，在教育的过程中，我们要多鼓励孩子，增加他们的自信，发挥超限效应的积极作用。

跳一跳、能够着——篮球架效应

如果篮球架有两层楼那样高，那么对着两层楼高的篮球架子，几乎谁也别想把球投进篮圈，也就不会有人犯傻了；如果篮球架跟一个人差不多高，随便谁不费多少力气便能"百发百中"，大家也会觉得没啥意思。正是由于现在这个跳一跳，够得着的高度，才使得篮球成为一个世界性的体育项目，引得无数体育健儿奋争不已，也让许许多多的爱好者乐此不疲。篮球架子的高度启示我们，一个"跳一跳，够得着"的目标最有吸引力，对于这样的目标，人们才会以高度的热情去追求。

一、篮球架效应的相关研究

篮球架定律又叫洛克定律,是美国管理学家埃德温·洛克于1968年提出的,他同时也是著名的管理学家。1967年的时候,有一位名叫扎努克的人通过朋友介绍找到了洛克,扎努克说自己的电影公司这些年碰到了一些问题,行业的萧条、人才的流失等。经过两个月的调查,洛克发现这个公司很多老员工总是不能完成既定的目标,但是目标还是和以前一样每年都在增长,可是似乎差得越来越远,员工们也感觉无能为力。在洛克接触的众多员工中有一个叫阿兰·莱德的年轻人,在阿兰·莱德接手这些影片之后,似乎进度有了起色,几乎都有希望按时完成。于是洛克找到莱德,询问他对工作的安排,有什么经验。莱德想了想,觉得也没有什么诀窍,他处理问题的方式来源于他的爱好——篮球。小时候他的父亲为了让他能摸得到篮筐,于是在家里装了一个可以升降的篮球架,随着他的成长,父亲隔一段时间就把篮球架上升一点,一直保持他努力跳起就能摸得到的位置,于是莱德就养成了制定刚好能摸得到的目标这样一种习惯。洛克和莱德谈话之后就陷入深深的思考,终于恍然大悟,这个公司的问题就出在目标的制定不够细致,不能把一年出500部电影作为一个目标,而是要把500部电影的制作工作量细分到每一天,制定类似配音小组今天30个镜头要配音,剪辑团队今天有100个小时的视频需要剪辑加特效,这样的目标才是可以实现的目标,一个一个这样的目标积累下来,自然而然地就完成了一年500部的发片。洛克向扎努克提出了这些想法,并且推荐了莱德负责计划的制定,这些建议都得到了扎努克的认可,并且很快开始实施,即使面对行业不景气的背景,还是让公司在1971年走出了困境。公司陆续推出了《星球大战》三部曲和《巴顿将军》这样经典的作品。这家电影公司就是鼎鼎大名的二十世纪福克斯。阿兰·莱德也在1971年出任了二十世纪福克斯公司的总经理,而埃德温·洛克也在1968年发表的《管理的实践》一书中谈及此事并总结出了"洛克定律":方向正确又有挑战性的目标才是有效的。可以制定一个总的目标,但一定要为这个目标制定实施的步骤。不要想一步登天,多为目标定制"篮球架",然后一个一个去"摸到",长此以往,不知不觉中就成功了。

二、篮球架效应产生的原因

马斯洛、罗杰斯等人指出,当孩子的周围环境和教师、同学和朋友提供最优的支持、同情和选择时,孩子就最有可能健康成长和自我实现。相反,当父母和权威者不考虑孩子的独特观点,或者只有在孩子符合一定的标准才给予被爱的信息的话,那么这些孩子就容易出现不健康的情感和行为模式。

不同文化对人的生活满意度的判断的感觉有很大的差别。在个人主义文化为主的国家中,当判断自己有多快乐时,会理所当然地参照他们的情感,经常感受到快乐是生活满意度的一个预测因子。相反,集体主义文化下的人们则倾向于参照一定的标准来判断他们是否快乐,并且在评估生活时,会考虑到家庭和朋友的社会取向。因此,在不同文化中,人们认为与生活满意度相关的因素也是有差别的,这或许源于文化对人们的价值观和目标所带来的影响。积极心理学理论与篮球架效应不谋而合,当我们完成自己制定的目标时会得到极大的满足感,满足感就会带来积极的心理反应。当这两者与家长、老师的鼓励与帮助交融时,一个人会产生更加磅礴的动力,这又会形成一个新的螺旋上升的积极效应。此时,个体达成目标的阻力会大大缩减,也就更容易走向成功,这和洛克所说的"不知不觉间你已走上成功之巅"的观点就达成了一致。因此,善于把握这些共通的心理效应,是引导学生走向成功的必由之路。

三、篮球架效应的教育启示

教师在日常的德育工作中,要全面分析学生各方面的情况,注意教育目标的可行性、合理性。提出的目标要与学生心理发展水平处于同一层次,要以人为本,具体问题具体分析。

教师要注意教育目标的层次性和差异性。每一个学生都是个性、兴趣、爱好、能力各异的个体,德育也要落实因材施教的原则。对待班级中的佼佼者与学习被动、思想消极的学生,切不可执行统一的"高标准、严要求",班主任必须分析不同层次学生现有的发展水平,根据学生的不同情况,制定不同层次的、具体的目标,使每个学生通过努力都能获得成功,从而增强前进的动力。

教师应该给学生确立呈梯级状的行为目标和规范,切忌操之过急,急于求成,同时要帮助学生细分目标。如果目标越小、越集中,就越容易接近目标;相反,如果目标越大、越宽泛,就越容易偏离。教师在德育教育中常犯的错误就是空洞说教。教师不但要给学生指引前进的方向,更应该做学生每一步前进的垫脚石。要把宏观的目标分解成具体的阶段性目标。只有通过不断实现一个一个的小目标,才能实现最终的大目标。这就要求教师要注重学生日常生活中的养成教育,给学生制定的小目标要具体、可执行、可量化、可评估。例如引导学生做一个道德高尚的大学生,可以给学生提出很多具体的要求。要求学生要认真值日,如果不认真值日每次扣2分,每做一件好人好事思想品德分加2分,宿舍内务好,年终被评为五星宿舍,加5分,最终将思想品德分与评优、入党、奖学金评选等挂钩。正是通过引导学生做这样一件一件具体的小事,培养学生做一个道德高尚的人。

人们喜欢喜欢自己的人——阿伦森效应

人们最喜欢那些对自己的喜欢、奖励、赞扬不断增加的人或物,最不喜欢上述态度或行为不断减少的人或物。在教育中老师对学生不能够一味地批评或者表扬,一味地批评只会打击学生的自信心,让学生心里充满挫败感,一味地表扬虽然会极大促进孩子积极性,但是一点打击就会使学生挫折感无限放大,从而产生逆反心理。

一、阿伦森效应的相关研究

美国社会心理学家艾略特·阿伦森做过一个实验:将80名学生分成四组,其中有一个人是假被试——他的真实身份是教授的助手,他被挑选为这群学生的临时负责人。实验创造了一个情境:让四组被试都"不小心"听到假被试对他们的评价。第一组是"好评组",其中的学生听到的都是对自己肯定的评价;第二组是"差评组",该组的学生听到的都是自己的缺点;第三组"先贬后褒组",先听到批评后听到表扬;与第三组相反,第四组"先褒后贬组"的学生会被先肯定后否定。事后,阿伦森询问学生们对负责人的看法,结果"先贬后褒组"的学生对他最有好感,其次是"好评组",然后是"差评组",而"先褒后贬组"最反感他。

阿伦森认为,这证明了人际吸引中的相互性原则,你肯定别人、别人也喜欢你,你否定别人、别人就不喜欢你。不但如此,阿伦森还进一步指出,人们最喜欢那些对自己的奖励和赞扬不断增加的人,最不喜欢那些对自己的奖励和赞扬不断减少的人。在人际交往中,这也被称为"增减效应"。

二、阿伦森效应产生的原因

阿伦森认为,人们大都喜欢那些对自己表示赞赏的态度或行为不断增加的人或事,而反感上述态度或行为不断减少的人或事。为什么会这样呢?其实主要是挫折感在作怪。从倍加褒奖到小的赞赏乃至不再赞扬,这种递减会导致一定的挫折心理,但一次小的挫折一般人都能比较平静地加以承受。然而,继之不被褒奖反被贬低,挫折感会陡然增大,这就不大被一般人所接受了。递增的挫折感是很容易引起人的不悦及心理反感的。

阿伦森认为,人们要维持一定的积极性,就会期望奖励的逐渐增加,如果奖励逐渐减少,则人的积极性也会逐渐降低,其原因主要是来自挫折感的递增和累积。从倍加褒奖到小的赞赏乃至不再赞扬,这种赞赏的递减会导致一定的挫折心理,小的挫折或许人们都能比较平静地加以承受,但是,继之而来的不被褒奖反被贬低,就会使人的挫折感陡然增大,孩子会从内疚不安到不耐烦,最后会产生反感和对抗情绪,引发敌对的行为。所以,我们就不难理解孩子何以产生厌学心理,正是这种挫折感的递增和累加,最终导致孩子的厌学。

三、阿伦森效应的教育启示

在课堂教学教育中,阿伦森效应的现象比比皆是。对具体的学生而言,教师的表扬会让其产生愉悦感,持续的表扬则可能使其产生满足感;教师的批评,会给学生以警示作用,但过多的批评,肯定会引发学生的消极情绪。先表扬,后批评,会降低学生的成就感,如果批评的强度过大,反而导致学生的挫折感;先批评,后表扬,会使学生客观地认识到自己的缺点,继之更多地关注自己的优点,因此产生成就感,会进一步激发学生学习的勇气和兴趣。

根据阿伦森效应,表扬和批评应紧跟在学生的行为之后,不能留有较长的时间间隔。给予学生奖励的同时,要表扬学生良好的行为。教师的奖励方式最好是表扬,表扬的语言应富有变化。对学生要一视同仁,批评要与表扬配合使用,在改变学生坏习惯的同时,要注意培养良好的习惯。"奖励递减"的办法就是采取适当措施,降低学生对与错误行为相关联的奖赏的满意度,从而克服错误行为的做法。不过,教师实施这种方法要谨慎操作,避免产生副作用。

阿伦森效应告诉我们,在孩子厌学的背后,除了其自身的原因之外,必然存在家长或教师错误的评价过程。持续的指责、挖苦,不断地打击孩子的信心,会造成孩子的厌学。如果我们科学合理地评价孩子,能产生很好的激励作用,激发并维持孩子长久的学习兴趣,帮助孩子消除自身的缺点,更好地促进孩子的进步和成长。

内部动机消失的原因——德西效应

德西效应认为适度的奖励有利于巩固个体的内在动机,但过多的奖励却有可能降低个体对事情本身的兴趣,降低其内在动机。

一、德西效应的相关研究

心理学家爱德华·德西曾进行过一次著名的实验,他随机抽调一些学生去单独解决一些有趣的智力难题。

在实验的第一阶段,抽调的全部学生在解题时都没有奖励;进入第二阶段,所有实验组的学生每完成一个难题后,就得到 1 美元的奖励,而无奖励组的学生仍像原来那样解题;第三阶段,在每个学生想做什么就做什么的自由休息时间,研究人员观察学生是否仍在解题,以此作为判断学生解题兴趣的指标。

结果发现,无奖励组的学生比奖励组的学生花更多的休息时间去解题。这说明:奖励组对解题的兴趣衰减得快,而无奖励组在进入第三阶段后,仍对解题保持着较大的兴趣。

实验证明:当一个人进行一项愉快的活动时,给他提供奖励结果反而会减少这项活动对他内在的吸引力。这就是所谓的"德西效应"。

德西效应提醒教育者施加外部奖赏并不总是产生积极影响,有时会降低某项活动对参与者的吸引力。外部奖励是一把"双刃剑",教师如果能在教学中善用外部奖励,将外部奖励与学生学习本身联系起来并关注学生的成长发展,外部奖励就可以起到激发学生内部动机的作用,使学生的学习具有持久的动力,从而取得良好的教学效果。

二、德西效应产生的原因

奖励在教育中很常见,我们经常会发现教师采用各种奖励激励学生的学习:奖状、表扬、排名次、发奖状、作业中五个"优"得一个"红苹果"、满五个"红苹果"得一张激励卡……家长们也经常采用激励手段:允诺学生如果考试取得好成绩,就带她去游乐场玩、买一套乐高拼装玩具、买一套芭比娃娃……学生一听到自己感兴趣的奖励,就会提起学习的兴趣,从而主动自主地去学习,学懂的也会比较快,成绩自然而然就会提升,这正是适当的奖励发挥的重要作用。

20世纪以来,诞生了不少伟大的动机理论。而心理学家德西和瑞安主要研究内部动机和外部动机,他们认为人是积极的有机体,具有先天的心理成长和发展的潜能,并据此提出了"自我决定理论"。自我决定理论强调自我在动机过程中的能动作用,认为驱力、内在需要和情绪是自我决定行为的动机来源。为了验证他的理论,他设计了一个拼图实验。1970年,德西在罗切斯特大学招募了一些大学生作为被试参加实验,他在实验房间准备了立体积木拼图,还有各种娱乐杂志。立体积木拼图是一种非常有趣的智力小游戏,目的是符合人们自我游戏的本能。实验分为三个阶段:

第一阶段:无论被试是否完成拼图,他们都没有奖励。

第二阶段:被试者分为两组,实验组的被试每完成一个拼图可得到1美元的奖励,而控制组的被试则跟第一阶段相同,没有报酬。

第三阶段:自由休息时间,被试可以在实验房间自由活动。

实验结果:

1.奖励组的被试在第二阶段确实十分努力,但在第三阶段自由活动时,大部分学生却往往会放下积木拼图去翻看杂志,很少继续玩立体拼图。

2.无奖励组的被试在第三阶段自由活动时,还有很多学生仍坐在桌前,继续玩立体拼图。

德西的"自我决定理论"提出了决定人们行为的三种基本心理需求：自主感、胜任感和归属感，这三种需求决定了人的成长、完善和幸福，促使人们自动自发地、积极主动地去发现问题、解决问题。而违背这三种基本需求的行为必将受到人本能的抵抗。就拿拼图试验中的大学生来说，人的本能让他们去玩拼图，获得一种"我可以"的胜任感。而当他们可以通过拼图获得奖励时，他们就失去了"自主感"，而且"奖励"影响了"胜任感"的快感获得。因此一旦没有了奖励，他们就想重新获得自主感，逃避这种失控感。这就验证了德西效应：人有积极向上的本能，即使没有外部奖励，人也会从本能上要求自己成长和发展，而外部奖励使用不当，反而会削弱人的这种自我成长本能。

三、德西效应的教育启示

教师要慎用外部奖励努力维护学生与生俱来的对探索世界的好奇心，激发学生的内部动机，如此孩子方能获得长远发展。

以口头奖励为主，实物奖励为辅。外部奖励主要分为两类：口头奖励和实物奖励。与口头奖励相比，实物奖励更容易将学生的注意力从学习本身的兴趣转移到对物质奖励的功利性追求上，这不利于积极行为的长期维持。因此，当需要运用外部奖励时，应以口头奖励为主、实物奖励为辅，同时，要强调学生可以控制的因素，比如肯定学生的努力和认真，如果强调的是不可控制的因素或者很难改变的能力因素，如"你真聪明"，孩子即使进步了也难以获得自我成就感。

关注学习过程本身，合理使用外部奖励。教师应努力对每个学生的学习本身进行关注，仔细观察学生的个性和特长，对每个学生的能力、兴趣差异等要十分清楚。教师对学生的评价不能"一刀切"，要有针对中学生的评价标准，还要有针对优秀学生和学困生的衡量尺度，每个学生只要相对有进步，教师就要以某种方式给予肯定。其实，教师能给予学生的最大奖励是让学生看到自己的努力得到了回报，而外界奖励只是媒介和手段。

教师应多从内容和方法上下功夫，使学生从内心喜欢这些材料，认为这是一种幸福的事情，只有在学习中达到了这种境界，才能不去计较有没有给予表扬和报酬。

合理利用家长对孩子的影响和约束,家校双方共同促进学生的成长。

被欣赏也是一种动力——赏识效应

一、赏识效应的相关研究

"赏识"一词,在词典中的本义:认识到别人的才能并给予重视或赞扬,以调动人的积极性,使它作用对象的生理和心理产生快感,即我们俗话所说的干起事来有劲。赏识运用到教育中是一种思维视角,即用赏识的眼光看世界。是一种凡是发生,即往好的方面想的积极的思维方式,同时它又是一种欣赏的心态。赏识教育,就是在这种心态和思维方式指导下的一套教育理念。

1925年,美国心理学家赫洛克做了一个著名的实验。他将106名小学四五年级孩子作为研究对象,分成能力相当的四组,在四种不同的情境下进行学习,完成难度相等的学习任务。实验结果发现,即使是相同的任务,四组的表现也完全不同。(见图4-1)

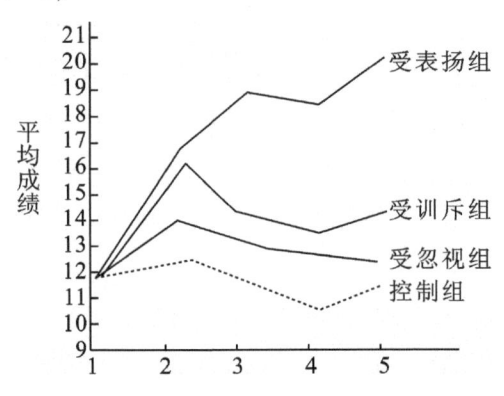

图4-1 教育方法差异对学生成绩的影响

第一组叫做"受表扬组",在每次完成任务后,会受到鼓励和表扬。

第二组称之为"受训斥组",与第一组完全相反,在完成任务之后,无论结果如何,都会受到严厉的批评。

第三组称之为"受忽视组",和一、二组不同,他们是被忽视的一群人,既没有表扬也没有批评。

第四组称之为"控制组",在整个过程中,全程与前3组隔离而且事后完全不给予评价。

实验结果表明:表现最差的一组是第四组,表现最好的一组是第一组;随着时间的推移,第一组(受表扬组)的表现越来越好,呈现稳步上升的趋势;第二组(受批评组)即使没有第一组表现好,但是和第三组(受忽视组)相比,数据要更好。

这就是著名的赫洛克效应,它告诉我们:对于工作结果及时给予评价,能够强化工作动机,对工作起到促进作用。适当表扬的效果显然比批评要好,而批评的效果优于不给予批评。这个实验后来被广泛应用到生活中的许多场景中。

现在大家都一致认为"赏识教育"是由周弘首先使用的,作为一个普通父亲用其20年的生命探索出的赏识教育,不仅把自己的聋哑女儿周婷婷培养成中国第一个聋哑留美博士,而且改变了许多孩子和家庭的命运。国内外近千家媒体争相报道他创造的教育奇迹,周弘被誉为"赏识老爸",成为"中国家庭教育第一品牌"。他的这种教育方式经过宣传推广后不仅在家庭教育中应用,在学校教育中也备受青睐。周弘就把"赏识教育"的基本理念定义为"没有种不好的庄稼,只有不会种庄稼的农民;没有教不好的孩子,只有不会教的父母"。

二、赏识效应产生的原因

赏识的核心是"爱",爱生命的全部。虽说对学生而言,我们不提及文章的功利性,但作文毕竟属于精神生活的范畴。学生在文章中常流露出他们的精神意识,或是幸福的享受,或是委屈的压抑,或是生活的迷惘,诸如此类还需要我们的老师用"爱"去开启他们的心灵之窗。也许几句真心亲切的话语会胜过雷霆万钧,学生的心灵也随之豁然开朗,从而找到希望的曙光,顿悟出新的做人的道理。

马斯洛的需要层次理论认为,人类除了最基本的生理、安全需要外,更高层次的需求就是对尊重的需求,希望得到他人的肯定和欣赏,得到社会的肯定性评价,这是人们心理的最高层次需要。马斯洛需要层次理论是"赏识教育"的理论渊源。教育心理学还认为,渴望被别人信任、被重视、被看得起是学龄儿童或青少年最大的心理需求。特别是青少年正处在生理和心理的成长高峰期,他们的独立的自我意识尚未完全形成,非常在乎他人对自己的看法,特别希望能得到别人的羡慕、好感和赞扬,渴望得到老师和其他成人的尊重,肯定和赏识便成为这一年龄段的第一心理需求。

三、赏识效应的教育启示

近年来,赏识教育在国内外蓬勃兴起。赏识教育是生命的教育、是爱的教育、是充满人情味、富有生命力的教育。其基本理念是:"没有种不好的庄稼,只有不会种庄稼的农民;没有教不好的孩子,只有不会教的父母。"他们用赏识教育归纳出信任、尊重、激励、理解、宽容、提醒的操作原则和简单易学的操作方法,从而对教育规律的把握达到了理论化、系统化、操作性、特色性的高度。

在课堂教学中,运用赏识是激励学生获得心理需求的重要手段,它要求老师对学生的学习活动能及时地给予有分寸的褒奖和鼓励。学生的一己之见得到老师的赞许,一技之长得到肯定,一个正义的行为得到支持,一篇优美的作文得到鼓励,一次作业得到表扬乃至老师对学生一个肯定的手势、一次期待的目光,都会给学生留下深刻的印象,都可以强化学生自信、自爱、自尊、自持的信念,从而化成一股动力,促成学生按照规定的要求发展。许多作家在开始练习写作时、从发表第一篇作品时就激起了对文学写作的兴趣,从而在文学之路上逐渐成长起来。著名作家丁玲在一篇回忆的文章中曾说:"自从叶圣陶发表了她的第一篇小说后,便激发了她对文学酷爱的热情,选定了文学作为她终生的事业。"可见,赏识能大大激发人的心理需求。

苏霍姆林斯基曾说过:"我们应该发展孩子们身上的一切。应该给他们创造条件,让他们身上最美好的东西得到最充分的、最理想的施展。"因此,教师要善于发现学生的长处,"尺有所短,寸有所长",扬长避短,让他们养成择善而从、从善如流的风尚,塑造好他们良好的形象。赏识学生,是教师的一种美德、一种责无旁贷的历史使命。凡有出息的学生,多数是在教师的赏识之下,经过自己的努力,踏上成功之路的。

"吃完饭饭,才能吃糖"——祖母原则

祖母对付孙子时常说"先吃饭,然后才能吃糖。"说得更明确一点,就是先让孩子做一些不太喜欢做的事情,然后"柳暗花明",就可以做自己喜欢的事情了。由于老奶奶常用这种方法,所以又被称为祖母原则,即普雷马克原则。该原则最早由大卫·普雷马克在1965年提出,是指利用频率较高的活动来强化频率较低的活动,从而促进低频活动的发生。

一、祖母原则的相关研究

普雷马克在1959年做了一个实验,让接受实验的孩子们从两种活动中选择一种:玩游戏机或者吃糖。结果有的孩子不喜欢吃糖,他们选择了游戏机;有的孩子则对游戏机不感兴趣,选择了糖。对于喜欢吃糖的孩子,普雷马克把糖作为玩游戏机的"报酬",喜欢吃糖的孩子们便一次又一次地去玩游戏机。而对于喜欢玩游戏机的孩子,普雷马克则把玩游戏机作为吃糖的"报酬",喜欢玩游戏机的孩子们吃了很多。

普雷马克原理是强化理论在教育中的应用分支之一的原理,是强化理论中的正强化。在教育过程中引导学生对提高低频行为的一种方式,和强化理论一样,如果在进行学生引导过程中没有恰当掌握学生的心理活动,则会造成反作用导致学生的抵触。

二、祖母原则效应产生的原因

强化理论是美国心理学家和行为学家斯金纳首先提出来的一种理论,也叫做行为修正理论。该理论认为人的行为受外部条件的调节与控制,因而改变刺激就能改变行为。人或动物为了达到一定的目的会采取某种行为作用于环境。当这种行为的后果对他有利时,该行为就会重复出现;不利时,该行为就会减弱或消失。这就是环境对行为强化的结果。最初应用于训练动物,后来进一步发展并应用于人的学习上,现在被广泛用于激励和改造人的行为。

强化是由于强化物的存在而引起有机体需要的满足、内驱力的降低或活动

的变化,导致行为发生改变的过程。可见,强化学生的行为改变的作用是不容忽视的。因此探讨强化的本质、正确理解和运用强化的规律对于指导青少年学生的学习有着重要的现实意义。"正强化"和"负强化"与"祖母原则"都是一种有效的行为刺激法。

三、祖母原则效应的教育启示

祖母定律是必须先有行为,后有强化,这种前后关系不容颠倒。用孩子喜欢干的事情作为一种强化手段,刺激孩子做出他们本身不喜欢但却是父母希望他们做出的行为。例如,普雷马克原理认为:你做完家务后,才可以出去玩。如果有一件愉快的事等着孩子去做,他们会很快完成另一件不喜欢做的工作。

必须使孩子在主观上认识到强化与他的学习行为之间的依随关系,家校联合达到互通,方能全方位实现强化的最佳效果,避免强化断层。全面地进行强化,达到引导孩子正确行为的目的。

在教学中,可以将学生"喜欢的行为"作为"不喜欢行为"的有效强化物,让学生先做他们不喜欢的事,再做他们喜欢的事,从而强化学生良好的行为习惯。教师在选择强化物时,必须用学生喜欢的活动去强化相对不喜欢的活动(强弱关系);必须了解与所要强化的学习行为相比,学生更喜欢什么,并把它作为强化物,才能见效。

由于人的喜好会发生变化,这一顺序也可能会相应变化。所以教师和家长要一直定期观察,对学生的喜好进行重新排序,预先确定在各种情境中哪个强化物最有效,以便更有效地进行强化。除了观察,教师还要常和学生交流,了解其爱好到底是什么。

"不说还好,越说越糟糕"——飞镖效应

社会心理学上,人们把行为举措产生的结果与预期目标完全相反的现象,称为"飞镖效应"。飞镖效应又名为飞去来器效应,根据飞去来器效应的特点,飞去来器在飞去时势急力强,此时根本无法拦截,硬要拦截,此时飞去来器的强大运动惯性,只会弄得大家两败俱伤。

一、飞镖效应的相关研究

美国学者迈耶斯夫妇在 1985 年出版的《人类传播动力学》一书中使用这一提法来描述这样的情况：一特定的讯息落入人们排斥抵制的范围中。要杜绝事与愿违的傻事，"不说倒还好，越说越糟糕"的傻事果断不做，批评、指责时注重说服、劝解等的时机与场合，做时机相符的行为。情绪、意念、思想等内心活动都是能量和波动，通过循环和感应来影响外部世界和他人。负面思维和情绪带来的负能量有三种循环路径，一是你的负能量会反噬自己，自己成为负能量的承受者，身心都会受到影响，这是自寻烦恼、自找苦吃；二是负能量有了外部发泄渠道，出去跑一圈，找人打一架也是个发泄途径，把他人当成你的疏导者或是垃圾桶，其他人接受转化你的负能量，这是资源整合；三是转变念头、转变负能量。为什么做事总是事与愿违？"飞镖效应"这样说——激励他人正能量。赞美是一种正面积极思维的表现，对他人的缺点要"化解"，而不是"解决"。

二、飞镖效应产生的原因

用力把飞镖往一个方向投掷，结果它却飞向了相反的方向，"飞镖效应"随处可见。比如，为了把学习成绩提上去，有些学生拼命加班加点和开夜车，弄得整天头昏脑胀，毫无学习效率可言，又怎能在其昏昏的情况下使其昭昭呢！再比如有些谈恋爱的男女，老怕自己在对方心目中贬值，因而常常借助各种方式压低对方，借以提高自己的"相对地位"，结果，把爱一个人表现得跟恨一个人似的，最后闹得爱情吹灯又拔蜡。

"飞镖效应"产生的根本原因，在于当事人在考虑问题时犯了简单化、片面性的错误，导致目标与手段不协调一致。目标是我们行动反应后所要取得的东西，手段是我们实现目标的方式。目标与手段必须匹配，而且必须是最佳的匹配。"飞镖效应"事实上就出在当事人把目标与手段相离，只是把注意力盯在要达到的目标上，而忽视了手段的择优选取和最佳匹配的问题，以致手段与目标不匹配，因而引发了一系列中间反应，对实现目标起了干扰作用，从而心厌引起情绪逆反作用。

实际上，许多心理问题严重化的过程，正是"飞镖效应"发生作用的过程。

因为当事人在不明了自己的问题产生的原因时,为克服心理障碍所做的种种努力,其实是在"巩固加强"他们的问题。

三、飞镖效应的教育启示

在教育孩子时一定要注意"飞镖效应"。孩子在成长过程中,思想难免不够成熟,常常很不理解家长的处事方式,甚至有时会顶嘴。这个时候,家长一定要注意飞镖效应的影响。当孩子在情绪上与你处于对立状态时,一定要及时止住你那喋喋不休的话,不要觉得自己说得有理,就用家长的威权继续对孩子进行你那没完没了的批评与教育。因为这时你那苦口婆心的教育对孩子来说不是什么灵丹妙药,而是一支支射向孩子的飞镖,在激起孩子的逆反心理后,又继续回旋着伤害到你身上。

在教学上,为了讲解更多的知识点,相信有不少老师经常会采取"拖堂"的方式教学,本来以为效果会更好一些,但真正的效果可能与老师期望的截然相反。本来学生每天的时间就很紧张了,每天学习新知识导致头昏脑胀,早就盼着下课铃响了,心都飞到了课堂外面。知识点,就像一个个飞镖一样在扎着他们那颗躁动的心。其实,飞去来器飞出去后到了一定时间,它自会折返,我们只要在运动弧线的最远点等着,观察是否有使其不利于回归原点的因素,以便及时排除。它提醒我们,作为教育者,无论是教师、家长或其他人员,一定要及时警觉飞镖效应的危害,在对立情绪比较紧张时,不妨冷静一下,采取暂时的冷处理方式或许是更好的选择。当双方都冷静下来后,相信对于如何更好地处理孩子的教育问题会更有帮助。

鼓励或贬抑,效果是不同的——保龄球效应

保龄球现象,也称保龄球效应,是形容面对问题时,旁边的人采取鼓励或打击态度会造成不同的结果,一旦外部再施加压力,就会使这个保龄球东倒西歪,最终失败。

一、保龄球效应的相关研究

行为科学中著名的"保龄球效应"。两名保龄球教练分别训练各自的队员。他们的队员都是一球打倒了 7 只瓶。教练甲对自己的队员说:"很好,打倒了 7 只。"他的队员听了教练的赞扬很受鼓舞,心里想:下次一定再加把劲、把剩下的 3 只也打倒。教练乙则对他的队员说:"怎么搞的,还有 3 只没打倒。"队员听了教练的指责,心里很不服气,暗想,你咋就看不见我已经打倒的那 7 只。结果,教练甲训练的队员成绩不断上升,教练乙训练的队员打得一次不如一次。

通过上面这个小故事,我们可以得出一个道理:教练甲通过积极鼓励使队员成绩突飞猛进,而教练乙通过消极鼓励使队员成绩一落千丈。

二、保龄球效应产生的原因

从心理学的角度来说,保龄球效应中的两个教练采取的都是鼓励式的训练方式,不同的是前一个教练采用的是积极鼓励的方式,而后一个教练采用的是消极鼓励的方式,两种鼓励带来的结果截然不同。之所以会出现这样的结果,是因为受到责备的人并不会因此减少做错事的心思,最多只是习得了如何逃避惩罚。在工作中,有些人认为自己干的越多,错的越多,最后评奖评优的时候因为错误多而落选。而那些没怎么做事的人反而因为做的少,错的也少,最终被评为了优秀员工。这不免有些讽刺,于是,原本那些干得多的人为了避免犯错误,也选择少做事。

心理学研究证明,积极鼓励和消极鼓励(主要指制裁)之间具有不对称性。受过处罚的人不会简单地减少做坏事的心思,充其量,不过是学会了如何逃避处罚而已。常常有这样的议论:干工作越多错误越多。潜台词就是为了避免错误,最好的办法是"避免"工作。这就是批评、处罚等"消极鼓励"的后果,而"积极鼓励"则是一项开发宝藏的工作。受到积极鼓励的行为会逐渐占去越来越多的时间和精力,这会导致一种自然的演变过程,学生身上的一个闪光点会放大成为耀眼的光辉,同时还会挤掉不良行为。

三、保龄球效应的教育启示

诸多家长和教师,总是觉得自己的孩子不如别人家的孩子,一味地比较使得他们对孩子的期待值越来越高,但是孩子的反响又很低,从而对孩子进行言语讽刺、批评甚至是打骂,久而久之,孩子的自卑心理就会日益严重,就会觉得自己真不如别人家的孩子,慢慢地学习和生活也会越来越不如意。

在教育的层面来看,利用"保龄球效应"可以很好地激发孩子的上进心。孩子在知道自己只考了80分的成绩时,自然会产生一定的羞愧或者是丧失信心的负面情绪。但是,在这个时候,父母若是可以很好地利用保龄球效应,不是选择批评没有得到很好成绩的孩子,而是选择鼓励和安慰孩子的话,很容易就能够激发孩子的上进心,从而学习进步,才是真正十分有效的。

没有一个人会不喜欢满意的成绩或者是令人羡慕的学习结果,对于孩子群体,自然也是这样的。因此,当孩子发现自己的成绩在同龄人中没有很突出甚至属于平淡的那个,自然会出现沮丧心情。久而久之,孩子很容易就会出现厌恶学习的问题。但是,在这种时候,父母群体若是选择了利用保龄球效应,就可以很好地阻止这一情况的发生。在教育孩子的过程中,出现学习结果一时不如意的情况,其实也是很正常的。毕竟,孩子在年幼的阶段,他们对于外界的好奇心和玩性比较强烈,学习活动对于他们来说,相对而言是比较枯燥的。

当孩子考试得80分时,父母采用的保龄球效应,可以给孩子带来很好的心理缓和以及鼓励。这种教育方法的出现,能够有效地缓解孩子不安或者是负面的情绪,对于孩子下一次或者是持久性的学习,能够带来有效的作用。父母在孩子考试得80分时,选择批评的教育方法,也不是完全错误的决定,在一定的程度上来看,也是可以达到一定的教育和促进孩子学习的作用的。但是,这种批评教育的程度掌握,父母还是应该要多加注意,否则的话,很容易就会导致孩子出现逆反的心理情绪,使教育出现反向的不良作用。而对于在孩子考试得80分时,父母究竟应该采用鼓励还是批评的教育方式,其实,由于孩子的个人性格或者是父母在教育过程中的个人特色不同,是很难进行一个明确的判断的。但是,不管怎么说,保龄球效应的这种教育方法,其存在的教育效果是十分显著的。

其实,在现实生活中,教育无需掌握过多的技巧,只要用心对待,做到平衡有度,或者是在教育的过程中不要只是一味地鼓励孩子或一味地批评孩子,针对具体的实事使用不同程度的教育方法就足够了。这种灵活且能够根据孩子的成长变化而随之改变的教育,才是真正不会出错的教育。

行为是会被模仿的——毛毛虫效应

毛毛虫习惯于固守本能、习惯、先例和经验,而无法破除尾随习惯而转向去觅食。后来,科学家把这种喜欢跟着前面的路线走的习惯称之为"跟随者"的习惯,把因跟随而导致失败的现象称为"毛毛虫效应"。

一、毛毛虫效应的相关研究

约翰·法伯是法国著名的心理学家,他曾经做过一个家喻户晓的实验,也可以称之为"毛毛虫实验"。他首先将许多毛毛虫都放在一个花盆的边缘上,并且使它们首尾相接,围成一个圈,同时他又撒了一些毛毛虫喜欢吃的食物在花盆非常近的地方。然后,毛毛虫就开始绕着花盆的边缘一个跟着一个,一圈一圈地走,就这样,一个小时过去了,一天过去了,又一天过去了,但是这些毛毛虫依然没有改变行动轨迹,它们依然夜以继日地绕着花盆的边缘在转圈,这样一连不停地转了七天七夜以后,毛毛虫们最终因饥饿和精疲力竭而相继死去。在做这个实验之前,约翰·法伯曾经设想:也许这些毛毛虫很快就会厌倦单调而乏味的绕圈而转向它们比较爱吃的食物,但是令人遗憾的是,毛毛虫并没有这样做。其实,这是因为毛毛虫习惯于固守原有的本能、习惯、先例和经验才导致产生现在的悲剧。毛毛虫虽然付出了生命,但却没有取得任何成果。事实上,假如在这群毛毛虫当中,有一个能够破除尾随的习惯而转向去觅食,那么就完全可以避免最后死亡。后来,科学家把这种习惯称为"跟随者"的毛毛虫效应定义为一种抗拒变化的行为反应现象,它出现在尝试新事物时或必须处理新形势时。小的改变在长时间内经过累积会产生巨大的影响,类似于毛毛虫爬行的轨迹。在教育学中,毛毛虫效应可以解释为:小的改变在学习过程中经过不断地积累和巩固,最终能够产生显著的进步和提升。例如,学习一个新的语言,每天坚持学习一点点,虽然每天学习的量很少,但是长时间的积累和巩固会让你的语言水平有明显的提升。

二、毛毛虫效应产生的原因

毛毛虫效应可以用心理学中的模仿学习和社会认同理论来解释。

模仿学习理论认为,人们倾向于模仿他们所尊敬和崇拜的人,以便获得他们所拥有的权力、地位、知识和技能。在毛毛虫效应中,当一个人看到其他人采取某种行为时,他会认为这种行为是值得模仿的,并且会尝试去模仿。

社会认同理论认为,人们倾向于迎合他们所处的社会环境和群体,以获得认同感和接受感。在毛毛虫效应中,当一个人看到其他人采取某种行为时,他会感到这种行为是被接受和认同的,并且会尝试去适应这种行为方式。

因此,毛毛虫效应可以解释为人们在社会环境中受到模仿学习和社会认同的影响,导致他们采取与其他人类似的行为方式。

在法布尔的实验中,毛毛虫因为习惯跟随,不愿意打破原有的运动轨迹,因此失去了食物,也失去了自己的生命。从心理学的角度来看,这就是一种从众行为,而导致这种从众行为的原因就在于惯性思维。而毛毛虫效应的本质就是人对惯性思维的过度依赖,类似于毛毛虫的这种表现,在自然界中还有不少。

个体处于社会群体的无形压力下,会下意识地和群体中的大多数人保持一致,于是就出现了"随大流"的现象。毛毛虫因为这种效应的影响,出现了习惯地跟着队形前进的习性。而人类同样存在这种心理,进而导致惯性思维的产生,束缚了个体前进的步伐。

个体倘若缺少独立思考的能力,不能勤于思考,勇于改变和创新,就会使自己丧失前进的力量,在长期的从众中丧失自我,进而被时代抛弃,甚至成为时代的牺牲品。

三、毛毛虫效应的教育启示

大部分家长都喜欢干涉孩子的自由,不愿意放开手让孩子自己去成长。过度地干涉孩子思想的行为,只会让孩子的毛毛虫效应更加恶化。家长应该适度地给予孩子做小大人的权利,让孩子勇于发表自己的意见,并尝试帮助孩子实现他们的想法,在实践中鼓励孩子勇于创新,不要怕受挫。

如果孩子长时间处于学习的状态,会让孩子的思维变得僵化,他们的大脑疲惫的状态让他们无法思考。家长应该适度地给予孩子压力,这样可以让孩子更好地学习。如果压力过重只会造成反效果,不仅让孩子的学习成绩退步,还可能会让孩子产生厌学的情绪。

每一个孩子其实身上都有专属的发光点,家长应该善于发现孩子的长处,在孩子学习的过程中,多一些给予孩子独立思考的机会,让孩子可以获得精神习惯。

毛毛虫效应会导致孩子只想跟随别人的脚步去学习,他们每天都会重复地用同样的思维方式考虑问题,这样会磨灭孩子的创造力和思维能力,他们不懂得如何去改变现有的思想。这样的效应会使孩子陷入死读书的状态,他们不会跳出书本知识的范围,面对新学的知识变得不懂得怎样去接受,最后选择放弃的方式。

当孩子守着自己的规则做事,一成不变的方式只会让孩子停止进步,当孩子在做事的时候,他们往往没有自己的观点,只习惯跟着别人的方向走,这种从众心理会导致孩子丧失独立能力。

时代在不断变化和发展,学生也在不断变化和发展,我们的教育教学等各方面工作不能禁锢于以往的僵化模式,而要不断地创新和与时俱进,从而能够适应时代变化以及学生的需求。唯有这样,我们的教育教学等各方面工作才能百尺竿头更进一步。毛毛虫那种毫无意义的绕圈所导致的悲剧还说明:在实际工作中"一分耕耘,一分收获"的神话并不存在,我们不能只关注做了多少工作,而且还要关注做出了多少成果,也就是人们常说的"效益问题"。当我们的教育教学等各方面工作遭遇挫折或陷入停顿时,切莫像毛毛虫那样做毫无意义的努力,而应该转变思路和善于另辟蹊径,以便更有技巧、更有效率地工作,从而达到事半功倍的效果。

与自己相关的材料记得更牢——自我参照效应

自我参照效应,即记忆的自我参照效应,是指记忆材料与自我相联系时的记忆效果优于其他编码条件的现象。

一、自我参照效应的相关研究

自我不但对情绪的产生和动机的发动起重要的作用,它还是个人信息的组织者和加工过程的一部分,对认知有直接影响。1977年罗杰等人发现,记忆材料与自我相联系时的记忆成绩比其他编码条件好,他们把这种现象称为自我参照效应。此后,涌现了大量的验证性研究以及对其心理机制的研究,使自我参照效应的研究一度成为热点。最近几年,自我参照效应与脑功能成像技术相结合,在自我的脑定位研究方面取得了新进展。而最近的研究发现文化对自我参照效应有重要的影响。

记忆材料与我们相联系时的记忆效果优于其他编码条件的现象,如果它与我们自身有密切关系的话,学习的时候就有动力,而且不容易忘记。

人们更易于记住与自身相关的信息,相对于其他不相关的信息。这是因为人们记忆新信息时,将其与已有的知识和经验进行比较、关联和组织,从而更容易加深、巩固,更易于与自身有关的信息。

二、自我参照效应产生的原因

自我参照之所以能提高记忆是因为自我是一个高度精细化的结构,一旦被激活,就能在记忆材料和早已存储在自我结构中的其他信息建立联系。在自我参照效应中,当人们触碰到与自己有联系的事物,首先记忆的是与自己相关的东西,人们会首先联系的是最接近于自己的、和自己有关的。同时,该元分析结果表明,在对照任务是他人参照而且参照对象与被试的亲密度高时(如被试的母亲),其产生的记忆效果接近自我参照,因为对亲密度高的参照对象的记忆表征更精细和丰富。总之,能提高对精细加工任务(如参照母亲)的记忆,就会缩小与自我参照任务间的差距。因此,可以把自我参照促进记忆的原因解释为精细加工作用。

自我参照可以把所有记忆材料归类到不同范畴中去,如把人格形容词归为适合描写自己和不适合描写自己两种,从而能促进对系列单词之间相互关系的加工。持双过程观点的研究者认为,自我参照任务能提高记忆的机制,既包括精细加工因素,也有组织作用的参与。

三、自我参照效应的教育启示

自我参照效应在儿童早期就已经出现,此时作为家长要正确理解该效应,在早期孩子"以自我为中心"的时期,切不能将此行为当作自私自利的表现,破坏孩子的正常成长。家长正确引导,培养孩子的自我意识,用自我参照的"所有权意识",运用引导语,将孩子熟悉的物品、食物与他人的进行区分,有意识建立自我与他人的界限,帮助孩子"去自我中心化"的概念。

老师在面对孩子的"以自我为中心"的现象,面对孩子对自己物品的占有欲,或在争抢他人玩具的时候,切不能"一刀切",将这种行为认为是孩子自身调皮。作为老师,帮助学生区分"自我"和"他人",告诉那个物品属于谁,如果想要玩,要询问玩具主人的同意。建立物品意识的同时告诉学生以正确的方式去交换,父母也不能过度纵容孩子,以不正当方式来霸占玩具。最后,老师可以在教授学习知识的时候,儿童学习一个新的词汇时,可以将"自我"代入,如"勇敢"一词,首先可以让儿童将自己代入到词汇的解释中"我是一个不怕危险和困难的人",然后再将"自我"融入该词汇进行造句,这样更有利于儿童对其的记忆和理解。

所教授的知识之间应该相互关联,这样可以更好地让学生记忆。让学生把所学知识和自身所熟悉的事物联系起来以达到更好的记忆学习效果,提高学生的学习兴趣。教师在教育中应该树立跨学科探究意识,不拘泥于课本和本课程的知识,综合运用其他学科。教育要以学生为主体,让学生成为课堂的主体,让学生自觉地融入课堂中自主学习。教师要尽量避免以学生的家人为例创设教学情境或组织相应的教学活动。

越是禁止,越是逆反——禁果效应

"禁果"一词来源于《圣经》,它讲的是夏娃被神秘的智慧树上的禁果所吸引,去偷吃禁果,而被上帝惩罚。这种禁果所引起的逆反心理现象称之为禁果效应。

一、禁果效应的相关研究

《圣经·创世纪》记载,上帝为人类始祖亚当和夏娃建了一个乐园,也就是众所周知的伊甸园。上帝让他们两人住在园中,并负责修葺与看管。同时,上帝还特意嘱咐道:"园内各样树上的果子你们都能吃,唯独知善恶树上的果子你们不能吃,因为吃了它你们就会死。"亚当和夏娃谨记着上帝的教诲。突然有一天,夏娃没经住蛇的诱惑,被神秘的知善恶树上的"禁果"吸引,于是摘下树上的果子,吃了下去。而且,她把果子也给了亚当,亚当也吃了。后来,上帝得知此事,将他们赶出了伊甸园。同时,上帝惩罚了罪魁祸首——蛇,让它用肚子走路;责罚了夏娃,增加她怀胎的痛苦;责罚了亚当,让他终身劳作才能从地里获得粮食。夏娃和亚当为什么要违背上帝的旨意偷吃"禁果"?是因为他们饥饿呢,还是因为他们嘴馋?当然都不是。这个关于人类远祖的故事,暗示了人类的本性中具有根深蒂固的"禁果效应"倾向。

心理学家费尼·贝克和辛德兹做过这样一个实验。他在一所大学的男洗手间里挂上禁止涂鸦的牌子。其中一块署名为"大学警察保安部长",并以强硬的口气写道:"严禁胡乱涂写";另一块署名为"大学警察区委员",并以委婉的语气劝说道:"请不要胡乱涂写"。每隔两个小时换一次警告牌,然后查看挂牌子的洗手间里被涂写的数量。结果发现,挂着"严禁胡乱涂写,大学警察保安部长"的洗手间,被涂抹的情况反而更严重。这说明,越是严加禁止,越是摆出权威的姿态,所产生的逆反心理就越强。

二、禁果效应产生的原因

无法知晓的"神秘"事物,比能接触到的事物对人们有更大的诱惑力,也更能促进和强化人们渴望接近和了解的需求。我们常说的"吊胃口""卖关子",就是因为人们对信息的完整传达有着一种期待心理,一旦关键信息在接受者心里形成接受空白,这种空白就会对被遮蔽的信息产生强烈的召唤。这种"期待——召唤"结构就是"禁果效应"存在的心理基础。"禁果格外甜",不过是人们的一种心理表现。

从传播学理论的层面上来说,"禁果效应"源于人们的"认知失调"。认知失调理论是由利昂·费斯廷格提出的阐释人的态度变化过程的社会心理学理论。它是认知相符理论中具有代表性的理论,其思想基础源于格式塔心理学;是二十世纪五六十年代在西方社会心理学研究领域中最有影响的理论之一。每个人的心理空间中包含多种多样的认知因素,这些因素是人对外部世界和对自我的种种认识,包括观念、信仰、价值观、态度等许多方面,同时,也可以是某种行为的表象或再现,甚至是对未来事件的期待。随着人当前社会活动的内容不同,各种有关的认知因素会以各种组合方式并存于人的当前意识中。它们之间的关系有三种可能性,即协调、失调和不相关。协调和失调是针对认知因素之间是否在心理上存在相互矛盾而言。所谓两个认知因素相互失调是指这两个因素之间不一致,偏重的是心理意义上的矛盾。

三、禁果效应的教育启示

透过禁果效应,我们不难发现,对于某种事物,我们越是禁止越会增加其诱惑力。相反,如果我们真想禁止某些事物,倒是应该学会适当地放纵一下。更确切地讲,我们一方面可以把某些人不喜欢而又有价值的事物人为地变成禁果,以提高其吸引力;另一方面不要轻易把某些不喜欢或不赞成的事物当成禁果,以免人为地增加其吸引力,适得其反。

我国著名教育家陆士桢曾经说过,教育孩子要学会一手接纳,一手控制。因为孩子毕竟只是孩子,对于孩子,适度的控制是必要的,但不能过于严厉,否则会引发孩子的逆反心理和抵触,正确的做法是管教和疏导相结合。就像大禹治水一样,在孩子的教育中,光靠"堵"不行,光靠"疏"也不行,要疏堵结合才行。在孩子的学龄前期要"管"和"教"为主,越小的孩子的行为越应该管束和规范,对小孩子的无理行为不能迁就。如果在孩子幼年时期父母就不能管束孩子的对抗行为,那么孩子以后的每一次对抗,父母都不会获胜。假如父母无法让一个5岁的孩子拾起他的玩具,那么就不可能在孩子具有逆反心理的青春期进行任何有效的管教。到了小学阶段除了要继续管、教以外,也要重视疏和导,做到管、教、疏、导同时并用;孩子越是长大,管和教就应该逐渐减少,而疏和导就越来越处于重要地位。孩子越大,就越要增加"疏"和"导"的分量。

孩子进入初中,父母对孩子的"疏"和"导"就应该占据重要地位了。进入初中阶段的孩子已经有了较强的独立意识,尤其是这个阶段的孩子的逆反、对抗心理较强,他们已经不再屈从父母的管束和说教,希望父母尊重他们,与他们平等地沟通。这时,激励和引导就应成为教育孩子的主导原则和方法了。

由于青春期的青少年学生处在特殊的发育期,好奇心强、逆反心理重,他们身上常常会出现禁果效应,越是禁止,他们越是不顾一切要得到。这种现象给我们的启示是,如果把认为是不好的东西当成"禁果"而有意遮掩,反而会人为地增加对学生的吸引力,就像洪水来时,拼命堵的结果最终还是冲毁堤坝,带来更大的灾难与损失。相反,如果像"大禹治水"那样去疏导,重视对学生的青春期教育,正面引导学生认识校园恋爱、早孕的庐山真面目,就可以减少他们的好奇心理和逆反心理,减弱对学生的吸引力,进而减少早孕对青少年学生身心健康的不利影响。因此,遇到学生恋爱时,一味地禁止会激起他们强烈的逆反心理,使两个人走得更近。与其这样,不如因势利导,正面加以引导,则会收到意想不到的效果。

专题五　社会环境中的心理效应

内卷——剧场效应

剧场效应是指由于个体成员追求自身利益最大化，引发其他成员效仿而导致集体秩序失衡、整体利益受损的现象。

一、剧场效应的相关研究

一个剧场，大家都在看戏。每个人都有座位，大家都能看到演出。忽然，第一批观众站起来看戏，后面的人劝他坐下，但他们置若罔闻。于是，第二排的人为了看到演出，也被迫站起来看戏，最后全场的观众都从坐着看戏变成了站着看戏。所有人看演出的效果和原来几乎相同，只是所有人都成了站着看戏，所有人都更累了。所有人，比原来付出了更多的体力成本，得到了和原来一样的（甚至更差）观剧效果。更悲剧的是，虽然大家都更累了，但不会有任何人选择坐下。因为，谁选择坐下来，谁就啥也看不到。以普通人口大省的高中阶段为例，本来所有学校都按国家规定执行，比如一周上五天课，每天上 8 节课，没有早晚自习，挺和谐的。突然，有个学校改成一周上六天课，每天上 10 节课，结果取得了较好的办学成绩，赢得了家长的好评和追捧。于是，其他学校迫于业绩考评和家长的压力，也被迫跟进。一段时间后，学校都成了六天上课制。某些学校索性失去下限，改成两周休息一次，加上早晚自习。更有甚者发展到早上 5 点起床，晚上 11 点才休息。于是，其他学校也被迫跟进。先延长时间的学校在一小段时间内取得一定优势，但随着其他学校的迅速跟进，这些先发学校的优势也逐渐丧失。各个学校与原来五天工作制的情况比较，办学成绩和排序没有本质变化。所有学校、学生、教师都更累了，但得到的仍是原来那个排名而已。只是，谁也不敢再回到五天工作制，谁也不敢退回去了。

在《"剧场效应"：幼小衔接超前补课现象透视》一文中但菲指出"剧场效应"揭示了幼小衔接超前补课中因个人利益最大化而导致集体利益受损现象的本质，其造成的影响具体表现为幼儿园育人职能被削弱、幼儿家庭面临多重压力、社会焦虑代际传递、社会阶层固化等问题。幼小衔接要坚持以儿童为本，全面推进幼儿园和小学实施入学准备和入学适应教育,从而减缓衔接坡度,帮助儿童顺利实现从幼儿园到小学的过渡。

"剧场效应"与"内卷"正逐渐在教育领域对包括教师在内的参与主体产生影响,教师的角色也因"剧场效应"发生转变。"剧场效应"使得中小学教师角色发生转变并表现为多元化、多重性和更加责任化的特点。

近些年来,教育竞争愈演愈烈,"鸡娃""海淀妈妈"等畸形教育产物层出不穷。教育竞争的加剧使得家庭对子女的投入从校内教育转向影子教育。在国际学术界被称作影子教育的课外补习,作为提升学生成绩而进行的补充性教育活动已经成为教育竞争的重要形式。影子教育近些年来在发展中国家和东亚地区逐渐盛行,已有研究表明我国有32.4%的基础教育阶段学生参与了影子教育,且参与人数呈逐年上升的趋势。2017年中国教育财政家庭调查根据各学段在校生的规模估计,全国校外教育行业总体规模达到4580多亿元。当一个学生参与影子教育并取得了一定成效时,周围的学生和家长见状也加入影子教育行列,如同剧场中的后排观众为了看清舞台而随前排观众起身,最终全场观众全程站立观影,越来越多的学生加入影子教育的"剧场",最终将进一步加重学生的学业负担和家长教育焦虑。

2021年7月24日,中共中央办公厅、国务院办公厅发布了《关于进一步减轻义务教育阶段学生作业负担和校外培训负担的意见》(以下简称"双减"政策),"双减"政策的发布表明亟须解决影子教育加重学生学业负担的问题。但是,当"双减"政策发布后,部分家长并未理解"双减"政策的真实用意,他们将影子教育从周末转移至周中,或是通过"住家教师""众筹私教"等隐形变异方式来规避"双减"政策。此举将对"双减"政策的落地形成阻碍,影子教育加重学生学业负担的问题也无法得以有效解决。

内卷是人类社会为了追求美好生活,而不惜拼命的表现;也是人类社会发展进步的内驱动力。世界上没有什么懒汉,只是报酬利益不够大。当利益足够诱人、足够大时,人甚至不惜一切代价,也要去争一争。内卷是由社会人对美好生活的需求而奋斗,但是社会总资源是有限的,社会的制度不能让每个人都在同一公平起跑线中竞争,而产生的一种社会现象。

二、剧场效应产生的原因

剧场效应要想产生,最大的前提,一定是要有竞争关系,这无疑是内卷产生的客观基础;内卷的第二个原因,是资源的受限。资源越稀缺,竞争就越激烈;内卷的第三个原因,则是对有限资源的人为控制。资源控制者通过制定相应的资源分配规则,实现自己对局面的绝对掌控。对资源的人为操纵,是加剧内卷的制度因素;内卷的第四个原因,则是多元化的丧失,这个多元化既包含社会评价体系,也包含个人能力价值观。譬如当经济下行压力增大时,对工作稳定性的追求就会加剧,考公、考编、考研的竞争就会加剧。

对于内卷我们要有正确认识,那就是如何实现公平的竞争。公平竞争有两个重要前提条件,一是机会公平,二是资源公平。内卷就是不能把人的竞争奋斗转化为为人而服务的无用内耗。其本质还是分配与公平的问题。当大家都能公平地分配和竞争,所付出与回报都是等价的,那么人们就不会觉得自己受到了不公,所谓内卷就是伪命题了。正是因为出自对社会不公的不安感,才让人们为达目的,而更加不择手段。

教育领域"内卷化"对整个社会发展的影响是深刻的,在内卷的情况下,提高的只是"分数线",而学生的能力并没有实质的提升。

至于教育领域内卷现象产生的背后原因,大致可以归结为:我国高等教育快速发展,高学历人口迅速增加,学历出现"过密化"现象,直接造成"内卷化";另外,知识和信息获取成本降低,技能学习变得"低门槛化",这造成了个体间职业竞争的"白热化"和内卷现象的发生。其实,内卷是社会经济发展到一定阶段的必然现象,它是社会发展过程中质的"飞跃"和"突破"前的必经阶段。"内卷化"只能使问题恶化,并不可能从根本上解决旧有矛盾。内卷的教育不可能凝聚起变革的湍流,唯有变革才能找到新的出路,使教育发展进入新的阶段。针对教育领域内卷现象及其带来的影响,我们需要从一个全新的理论分析框架出发认识问题、寻求出路。

三、剧场效应的教育启示

对于剧场效应的了解是有很现实的教育意义的。它提醒我们，作为教育者，一方面，要让学生进行有利的内卷，所谓有利的内卷，就是在身边每个人都在逐渐变强的时候，学生自己会督促自己追赶优秀人的步伐，逐渐让自己的水平也有所提升；另一方面，不可过度内卷，因为内卷带来的不一定都是好处，过度的内卷只会让教育者、家长、学生三方一起受累，有时甚至会起反作用，导致不好的结果出现，这样也失去了教育的基本意义，就是提升学生的认知水平的同时，也要提升思想道德水平。

教育领域的内卷现象伴随着校外培训机构的无序竞争愈发严重，不仅加大了学生课业负担，对于国家、社会和学生来讲也是有害的，需要持续性地干预和解决。

要跳出教育看教育，不断深化新时代教育领域的改革。如果教育政策只盯着校园教育，将永远走不出教育"内卷化"的困境，合理引导，营造良好成长成才氛围是教育的关键。教育行政部门要对学生和家长进行有效引导，淡化升学率考核、淡化分数要求。首先，考虑到教育投资收益是多元的、长期的、涉及范围广的综合收益，这就要求从学生的多元综合素质提升方面对学校教育进行评价，教育要服务于学生个性化成长。其次，打消学生和家长只盯着分数的错误倾向，迈出教育改革的实质性步伐。再次，对于教育投资功能和信号功能的发挥，要进行合理引导。引导家庭和社会进行合理的教育投资，更多关注学生全面成长成才。割断资本在义务教育领域推波助澜的利益链条。最后，充分发挥各类考试的指挥棒作用，只有把学生综合素质和能力的考核突显出来，形成快乐学习、健康成长、有序竞争的良好局面，教育内卷现象才能真正消除。在基础教育阶段，要更多倡导教育公平，注意激发学生兴趣、养成良好习惯、锻炼思维能力；在高等教育阶段，要不断强化对学生创新能力的培养，推动分类施策，因材施教，为国家、社会选拔和培养更多优秀的创新型人才。

生于忧患，死于安乐——青蛙效应

青蛙效应是指把一只青蛙扔进开水里，它因感受到巨大的痛苦便会用力一蹬，跃出水面，从而获得生存的机会。当把一只青蛙放在一盆温水里并逐渐加热时，由于青蛙已慢慢适应了那惬意的水温，所以当温度已升高到一定程度时，青蛙便再也没有力量跃出水面了。于是，青蛙便在舒适之中被烫死了。

一、青蛙效应的相关研究

"青蛙效应"源自19世纪末，美国康奈尔大学曾进行过一次著名的"青蛙试验"：他们将一只青蛙放在煮沸的大锅里，青蛙触电般地立即蹿了出去。后来，人们又把它放在一个装满凉水的大锅里，任其自由游动。然后用小火慢慢加热，青蛙虽然可以感觉到外界温度的变化，却因惰性而没有立即往外跳，直到后来热度难忍而失去逃生能力而被煮熟。科学家经过分析认为，这只青蛙第一次之所以能"逃离险境"，是因为它受到了沸水的剧烈刺激，于是便使出全部的力量跳了出来，第二次由于没有明显感觉到刺激，因此，这只青蛙便失去了警惕，没有了危机意识，它觉得这一温度正适合，然而当它感觉到危机时，已经没有能力从水里逃出来了。

如果一个孩子长期待在自己的舒适圈，不去接触社会的话，那么他很有可能就没有危机意识。在温室里长大的孩子，就像温水里的青蛙一样，既舒适又懒散，被父母保护得太好，反而失去了人类本能的野心和求生欲。此时，一旦家庭发生了变故，孩子失去了父母的庇护，等到他们不得不踏入社会的时候，又会感到一切过于突然，无法适应。在学校品学兼优的学生，到了社会中却因职场中形形色色的人和事的打击，从此一蹶不振。

现在的部分大学生并没有充分利用大学里面的各种资源去提升自己，没有了像之前中学老师那样的严加管教和约束，在大学里又没有自控能力，每天在宿舍过着漫无目的、得过且过的生活，并且不愿意改变这种安逸的生活去为自己的未来努力，完全没有毕业即失业的这种危机意识，从而导致了毕业后很可能找不到工作的现象。这是因为大学生处于一个相对平和的竞争环境，缺乏职场的厮杀,很容易忽略不利的处境。

顾银兰在《改变孩子要像"温水煮青蛙"》一文中用自己在从教工作经历中遇到的问题学生为例,并且用"温水煮青蛙"带给她的启示来教育学生,分享了自己是如何教育问题学生的,就是老师在要求"坏孩子"遵章守纪的时候,在一开始就应该把"坏孩子"放进温水,让他慢慢适应,不能急躁,开始要及时、心态要平和、过程要平静。

王鹤强在《"温水煮青蛙原理"对数学教学的启发》一文中,把温水煮青蛙原理运用在学生运算能力的教学中并取得了比较令人满意的结果,45人的试验班级,在期末考试试卷上的4道基本运算题中只错了3人次。将尝试的方法总结为:练习少题量,反馈要及时,巩固再练习。研究认为教师把温水煮青蛙原理运用在教学中,既为学生营造一个轻松、愉快的学习环境,又取得了与青蛙下场相反的好结果,有效提高了教学成果。

二、青蛙效应产生的原因

舒适区,指的是一个人所表现的心理状态和习惯性的行为模式,人会在这种状态或模式中感到舒适。在这个区域里,每个人都会觉得舒服、放松、稳定、能够掌控、很有安全感。一旦走出这个区域,人们就会感到别扭、不舒服或者不习惯。例如,习惯了右手刷牙的人,让他用左手刷牙,他会很不舒服。如果他是使用右手写字的人,请他用左手写字,他也会不适应。也就是说,在他的心理舒适区内,他只能使用右手刷牙、右手写字。人们固有的习惯、观念、行为方式、思维方式和心理定势,使人们处于一个只属于自己的"心理舒适区"。每一个人都会有一个适合自己的"心理舒适区"。在这个区域内,人们常常感觉放松,不愿被打扰,有自己的节奏,有自己的做事方式,有自己的为人处世模式。例如,有的人有强烈的利他意愿,有双赢思维,善于协作增效;而有的人不愿和陌生人交谈,不愿被人批评,不愿按规定时限做事,不愿主动关心别人……总之,人们处于一个只属于自己的领地。心理舒适区是指人们习惯的一些心理模式,如果人们的行为超出了这些模式,就会感到不安全、焦虑,甚至恐惧。沉溺于"舒适区"的人,会不思进取、故步自封,其行为表现为:懒惰、松懈、倦怠和保守,久而久之,会感到迷茫和无助。对现状充满着一定的满意度,既没有强烈的改变欲望,也不会主动地付出太多的努力,所有的行为,无非是为了保持舒适的感觉而已。他们也会感到非常惬意舒服,觉察不到任何真正的压力,没有危机感,甚至产生自我麻痹感;有的人甚至感到自己优越于他人。这意味着"舒适"需要付出代价。"温水煮青蛙"的故事中青蛙因为水温的舒适却没有意识到危险,当青蛙发现无法忍受高温时,已经心有余而力不足了,不知不觉被煮死在热水中。因此,我们只有"突破舒适区",主动寻求改变,谋求发展,才能迈向成功。

三、青蛙效应的教育启示

青蛙效应虽然是一个投资中的术语,但也反映了人的一种心理和行为规律,也有很重要的教育意义。在学校,孩子是青蛙,老师是温水,老师在面对一些问题学生时要将他们放进温水,让他们慢慢适应,慢慢让他遵守规则,这样他们慢慢就接受了。老师在自己的教学中也可以用这种方式,在讲课的过程中由简到难,让学生慢慢适应并接受新的学习内容,从而提高学习效率。在家庭教育中,父母在教育自己的孩子的时候,不要太溺爱自己的孩子,不让他们受任何的委屈,这样过度地保护孩子的同时其实是在害他们。在温室中养出来的花朵是经不起狂风暴雨的洗礼的,这也就是现在很多孩子老师管不住、又经不起社会的历练的原因。当孩子想要去尝试一些新的东西的时候父母要鼓励,要让他们接触不同的人和事,有些事只有自己经历后才会懂得、才会长大。在家里也不要让孩子过着衣来伸手饭来张口的日子,父母可以让孩子做一些力所能及的事,比如说帮妈妈做做家务,饭熟了帮忙端饭这种小事,也可以在闲暇时间教一教孩子怎样做饭,要让孩子学会"自己动手、丰衣足食"的本领。

"困在厕所里的老师"——寒蝉效应

"寒蝉效应"是一个法律用语,特别在讨论言论自由或集会自由时,指人民害怕因为言论遭到国家的刑罚,或是必须面对高额的赔偿不敢发表言论,如同蝉在寒冷天气中噤声一般。教育中的寒蝉效应更多地表现为在特定的社会环境下,老师对学生不敢管、不能管、不想管的情况。

一、寒蝉效应的相关研究

21世纪以来,随着人们对人权、民权等的重视,"民主教育""赏识教育""愉快教育""成功教育"等词汇层出不穷并流行于教育界中。"民主""平等对话""双主体教学""去中心化"等似乎无需判断和思考便成了构建新型师生关系的主题词。这些变化本着"以生为本"的原则推进了素质教育的进程,构建了新型的师生关系,建立了和谐、平等、民主的课堂环境。但随着时间的推移和教育实践活动的发酵,"以生为本"慢慢演变成无节制的泛化,教师的权威受到挑战,教师的尊严受到质疑。近年来,有的地方甚至出现了教师"跪着上课"现象,也一度成为网络热点,教师对学生"不敢管""不想管"现象越来越突出;不少学校的教师权威受到威胁,学生在课堂公开违规违纪,教师只能"视而不见";有的学生甚至公开挑衅、辱骂教师,教师只能忍声吞气……所有这些现象,值得我们每一个教育工作者反思:今天的教师应如何树立权威?对违纪学生到底还要不要惩戒?

在网上曾有一篇《困在厕所里的教师》的段子,内容如下:教师正在讲课,一名学生要求上厕所,教师觉得影响课堂秩序,便没有批准。结果学生尿于裤中,家长状告到教育局:该教师违反人权,剥夺学生上厕所的权利,应严惩。又一日上课,又一学生要求上厕所,教师批准。谁知该生在厕所滑倒受伤,家长状告教育局:课堂期间该教师擅自让学生离开教室,导致学生受到伤害,教师未尽到监护义务,应严惩。又一日上课,又一学生要求上厕所,教师害怕他在厕所滑倒,前往陪护,谁知教师离开课堂期间,大量学生在教室打闹,致使多人受伤。家长联名状告到教育局:该教师上课期间擅离工作岗位,致使多名学生打闹受伤,应严惩。又一日上课,又一学生要求上厕所,于是该教师带领全班学生一起去厕所。家长状告到教育局:该教师上课期间不传授学业,玩忽职守,不务正业,应严惩。

这虽是一则网络段子,表面上讲的是一位教师被"困在厕所里"的特例,其实质却是影射了目前教育中普遍存在的家庭与学校的矛盾,道出了教师在目前教育环境下的无奈,反映了新形势下学校教育的困境。

二、寒蝉效应产生的原因

老师之所以在管理学生方面"佛系""躺平",是多种因素共同作用的结果:

第一,部分学生不好管,稍微管得严一些,就可能导致各种无法预测的后果。现在的很多学生都是香蕉人,轻轻一碰就受伤,稍微说话狠一点,学生回家就要说抑郁了。个人认为现在的孩子越来越娇气了,是各个环境下保护过度造成的,当保护得越过度,被保护的对象越娇嫩。很多孩子惹起事来是一把好手,闹腾起来花样百出,犯起错来胆大包天不计后果,一旦追究其责任时,便装得蠢萌乖巧;一旦受到老师责备时,便犹如小兔子一样,一碰就受伤,打不得,说不得,骂不得。更有一些孩子懂得用条例过度保护自己,老师稍微严厉一些,便说老师违反了某某条例。有了这个紧箍咒,老师也不敢对学生要求过于严厉了。

第二,现在的家长太过护犊子,管学生的措施稍微严一些,一些家长就会不满意,甚至直接上告教育局。不但现在的学生非常难以管理,现在的某些家长也不好沟通交流。有些孩子在学校受了气,回到家里给父母说的时候可能会偏离实际,这时候有些父母就会带着情绪责问老师,甚至上告教育局。作为父母护犊心切,这是正常的,也可以理解,但是爱孩子要采取正确的措施和方法。学校和老师难免有做得不到位的地方,但是一味地单听自己孩子的言辞,把所有的责任都甩给学校和老师,这显然是不对的。家长过于维护自己的孩子,对学校的管理措施稍微不满,就可能选择直接上告教育局,这种情况只会造成老师更加不敢管束孩子。其实从某种角度上来讲,家长这样是害孩子。

第三,现在的社会对老师要求过高,一旦老师和学生发生矛盾,都会把矛头指向老师,这导致老师做什么事情都畏手畏脚,不敢管学生。现在社会上普遍对老师的要求很高,这让老师感到压力非常大,一旦发生教育恶性事件时,基本上舆论都会一边倒地谴责老师,这就造成老师更加不敢严管学生。任何教育都必须有奖惩措施,学生做得好就应该受到表扬,学生表现得不好,就应该受到惩戒措施,这本身就是符合教育基本规律的。但是现在老师不敢对学生进行责罚,原因很简单,现在的网络和舆论这么发达,一些做法在传播过程中很容易变形放大。这就让很多老师心里想,算了,别管了,管到最后受伤的还是自己。

第四,一些老师惯着学生,平时不管教学生,反而得到了家长和学生的好评。这直接导致那些对学生负责、严厉的老师，慢慢地也不想管学生了。在现实教育中，还存在一种现象，有些老师在管理学生的时候，做什么事情都顺着学生。令人啼笑皆非的是，这样的老师反而处处受到学生和家长点赞。而用心管教学生的老师，因为管教比较苛刻，虽然教学成绩很好，但因为对学生管理比较严厉，所以有些学生内心就会有不满，这些不满传递给家长，可能也会产生不理解。久而久之，这些用心管教学生的老师慢慢发现，自己对待工作如此尽心尽责，口碑反而不如那些"散养"学生的老师，久而久之也就不想管了。

三、寒蝉效应的教育启示

趋利避害是人类与生俱来的本能，也是推动人类发展的根本动力。然而要趋利避害，首先要知道哪些是利，哪些是害，只有正确认识利和害才会有趋避的行动和目标。简单的、直观的利害，容易认识；比较复杂的利害关系，往往很难搞清楚，因此趋利避害也就不是那么容易了。趋利避害是生物的本能，《管子·禁藏》云：夫凡人之情，见利莫能勿就，见害莫能勿避。"两利相权取其重，两害相权取其轻"是规范性决策理论的一大基本原则。此效应不能应用到教育学中，如应用到教育学中，在教学方面当老师因学生不听话、不遵守学校的规章制度，对学生做出处罚，而学生家长对老师提出举报，导致老师受到处罚。这种情况就会引发"寒蝉效应"，就会出现老师不敢管学生的情况，班委不敢管同学的情况，会引发一系列的负面效应。

对名人的盲从——名人效应

名人效应是指名人的出现所达成的引人注意、强化事物、扩大影响的效应，或人们模仿名人的心理现象的统称。

一、名人效应的相关研究

俄国心理学家符·施巴林斯曾做过这样一个试验：他把进修班的学生分成四组，请一位副教授分别向他们做关于"阿尔及利亚学校教育情况"的讲演。讲演者虽用同样的讲稿和相同的教态，但每次穿不同的衣服，以不同的身份出现。

在第一组以副教授的身份出现,第二组以"中学教师"的身份出现,第三组以参加过阿尔及利亚国际赛"运动员"的身份出现,第四组以"保健工作者"的身份出现,结果发现学生对讲演效果的评价有显著差异。由于学生有"不是专家就讲不清教育问题"的心理定势,所以第三、四组的学员反映,讲演者语言贫乏,内容枯燥无味,教态沉不住气,甚至有人埋怨"白费时间"。而第一组学员普遍地给予好评,认为讲演者"学识渊博",对问题及其特点研究得很细致,而且语言生动活泼,教态落落大方,因而感到颇有收获。

名人效应的产生依赖于名人的权威和知名度,名人知名度高,为人们所熟悉、喜爱,所以名人更能引起人们的好感、关注和记忆。由于青少年的认识特点和心理发展,他们多被名人的形象所吸引。他们所喜欢的名人多为歌星、影星一类,从而出现追星现象。这就要求老师在教育中要根据学生对名人的崇拜心理,让孩子明白歌星、影星成功背后所付出的艰辛努力和汗水。还要注意为学生选择好"名人",发挥名人的正面效应以促进学生健康成长。

二、名人效应产生的原因

名人一般都具有时尚、高颜值、高能力、高影响力的特征,由于"晕轮效应"的影响,人们对名人往往会有更多、更积极的印象,从而使名人具有更大的影响力;名人的某些行为会对学生产生潜移默化和深远持久的影响,所以要求名人的言行举止都应为学生树立积极正面的标杆作用。名人的影响力和感染力会在心理上给学生起一种模范作用,让学生能够依照这种心理作用做出不同的行为。因此,名人效应在心理学上的应用是极为广泛的。

在教育学上,名人效应是指学习者在学习过程中,因为受到名人的影响而产生的学习效果。根据教育学原理,名人效应可以通过以下几个方面来解释:名人效应可以激发学习者的学习兴趣,增强学习者的学习动机,从而提高学习效果;让学生更容易接受和理解新知识,加深学生对所学知识的掌握和消化,充分调动学生学习的积极性和主动性。

各个学校经常会请一些杰出校友给在校学生作报告,这即是学校应用名人效应激励在校生的通用做法。

三、名人效应的教育启示

教师要利用学生具有崇尚"名人"的心理特点,在课堂教学中,有机地渗透不同领域的"名人"及业绩,充分发挥榜样的感染力和诱导力,发挥榜样的教益、启迪和鼓舞等作用,用"名人效应"去潜移默化地达到素质教育的理想效果。利用好"名人效应",从不同的侧重点去关注不同的学生,引导学生学习名人好的方面,树立正确的人生观、价值观、道德观,让学生了解名人成才的经历,激励学生崇尚伟人,让学生心中树立起名人形象,从中吸取精神养料,从而化为奋发向上的动力。

在教学过程中,将名人故事与教学内容相结合,适时适量地穿插名人故事的讲解,引起学生的学习兴趣,从而拓宽教学课堂的信息量,开阔学生视野,扩大学生的知识面,使教学的知识性和趣味性相统一。

名人效应是一把双刃剑,运用正面的名人事例,来激励和鼓舞学生,发挥名人的正面效应;慎用反面的名人事例,防止其负面效应,这样才能使"名人效应"成为积极的动力去引领学生找到自己努力的方向。

参考文献

[1]王映学.教学的生态[M].上海:华东师范大学出版社,2022.

[2]王大顺,张彦军.中学生发展与教育心理学[M].西安:陕西师范大学出版总社,2020.

[3]李丽.旅游心理学[M].兰州:甘肃人民出版社,2014.

[4]刘儒德.班主任工作中的心理效应[M].北京:中国轻工业出版社,2019.

[5]曲鹏宇.幼儿教师不可不知的66个儿童心理效应[M].长春:吉林大学出版社,2014.

[6]杨连山.班主任巧用心理效应的85个案例[M].天津:天津教育出版社,2014.

[7]孙媛.教师不可不知的教育心理效应[M].南京:江苏凤凰教育出版社,2022.

[8]夏芒.不可不知的心理效应全集[M].北京:化学工业出版社,2011.

[9]朱海艳.体育锻炼下的大学生心理健康效应研究[M].北京:中国纺织出版社,2017.

[10]凯林,科尔斯.破窗效应:失序世界的关键影响力[M].陈智文,译.北京:生活·读书·新知三联书店,2014.

[11]莫源秋,卢奔芳.幼儿教育中的心理效应[M].北京:中国轻工业出版社,2017.

[12]杨泰山.孩子教育:61个神奇的心理效应[M].上海:上海文化出版社,2017.

[13]贾洛川.心理效应与罪犯改造:罪犯改造须知的100个金科玉律[M].北京:中国法制出版社,2022.

[14]刘儒德.教育中的心理效应[M].2版.上海:华东师范大学出版社,2013.

[15]汤笑.心理效应解读[M].北京:中国城市出版社,2003.

[16]何朝东.课堂教学中的心理效应[M].天津:天津教育出版社,2019.

[17]沈德立.基础心理学[M].上海:华东师范大学出版社,2010.

[18]杨治良.实验心理学[M].杭州:浙江教育出版社,1998.

[19]彭聃龄.普通心理学[M].5版.北京:北京师范大学出版社,2019.

[20]迈尔斯.社会心理学[M].侯玉波,廖江群,译.北京:人民邮电出版社,2014.

[21]黄希庭,郑涌.心理学导论[M].3版.北京:人民教育出版社,2015.

[22]张学民.实验心理学:修订版[M].北京:北京师范大学出版社.2007.

[23]叶枫.心理学定律与经济学定律大全集[M].北京:中国华侨出版社,2012.

[24]托尔曼.动物和人的目的性行为[M].北京:北京大学出版社,2010.

[25]章志光,金盛华,石秀印,等.社会心理学[M].北京:人民教育出版社,1996.

[26]深堀元文.图解心理学[M].候铎,译.天津:天津教育出版社,2007.

[27]周弘.赏识你的孩子[M].广州:广东科技出版社,2004.

[28]西奥迪尼.先发影响力[M].闾佳,译.北京:北京联合出版公司,2017.

[29]马欣川,满晶.西方教育心理学的发展与现状[J].外国教育研究,1994(3):7-11.

[30]任晓兰.礼治与法治:孔子与亚里士多德治国思想之比较[J].江苏警官学院学报,2009,24(1):100-112.

[31]王强.西方汉学视域下的中国古代军事文化[J].军事历史研究,2013,27(3):34-40.

[32]周家波,杨凯.兵家双璧:《孙子兵法》与《战争论》[J].国防科技,2007(3):69-72.

[33]燕国才.中国古代应用心理学思想的主要分支[J].心理学动态,1995(1):18-21.

[34]吕正韬.《孙子兵法》与《战争论》心理战思想比析及启示[J].理论月刊,2007(10):56-59.

[35]张彦军.广告中"名人效应"的心理学分析[J].兰州学刊,2003(5):148-149.

[36]王鹏.脑力劳动者要注意缓解慢性"暗杀"[J].职业与健康杂志,1990(1):20.

[37]辛丽君,宋志国.巧用"齐加尼克效应"提高课堂教学效率[J].中学物理,2010(12):13-14.

[38]杨建华.齐加尼克效应与教师的身心健康[J].生物学教学,2000(4):43.

[39]李保玉.勒温场动力理论视域下新建本科院校教师专业发展的动力机制探析[J].大理大学学报,2017,2(7):91-98.

[40]曹中原."亨利效应"的启示[J].少年天地:初中,2002(11):10-11.

[41]梅承鼎.别让"目的颤抖"困扰你[J].家庭中医药,2013,20(10):69.

[42]刘亚.大学生思想政治教育教学中的群体效应研究[J].甘肃教育研究,2022(11):134-136.

[43]潘瑾.钢琴演奏教学中听觉、触觉、视觉的协同研究[J].北方音乐,2014(13):94.

[44]鲍丽俊.与校园"詹森效应"说再见[J].中小学心理健康教育,2014(15):40-42.

[45]张骞.暴力动画片对5~6岁幼儿攻击性认知的启动效应[J].心理发展与教育,2020,36(3):265-274.

[46]李子逸,张泽,张莹,等.创造性思维的酝酿效应[J].心理科学进展,2022,30(2):291-307.

[47]钱含芬.小学儿童短时记忆发展特点的初步研究[J].心理科学通讯,1989(1):12-16.

[48]东.何谓联想心理学[J].内蒙古社会科学,1984(3):40.

[49]王莹.记忆回涨现象综述[J].林区教学,2008(1):5-7.

[50]董广叶.观众效应研究的理论综述[J].四川体育科学,2008(1):33-35.

[51]李彦,张勇,宋旭.体育教学中的观众效应[J].辽宁体育科技,2004(3):83.

[52]刘文城.关于运动员抗观众心理影响的对策[J].体育学刊,1997(1):121-123.

[53]张炎,杨锡强.异性效应的道德作用[J]陕西教育学院学报,2000(04):17-18.

[54]李阿童,赵敬国.异性效应的起源及其在体育中的应用[J].当代体育科技,2017(4):223+225.

[55]梁好.刺猬法则对学校管理的启示[J].辽宁教育,2016(4):47-48.

[56]张丽.不远不近的"刺猬效应"[J].初中生必读,2022(3):13.

[57]薛进军,园田正,荒山裕行.中国的教育差距与收入差距:基于深圳市住户调查的分析[J].中国人口科学,2008(4):19-29.

[58]李红真.学校常规活动仪式的文化解读[J].现代教育论丛,2008(10):47-50.

[59]黄静虹.从毕业典礼看小学仪式教育的育人效应[J].少先队研究,2015(5):21-23.

[60]陈芳梅,何翠.细水长流水滴石穿:由小滑事件引发的教育感想[J].科学咨询,2019(33):93.

[61]王亚南.心理学原理在大学教育教学中的应用[J].教育生物学杂志,2021,9(4):257-261.

[62]韩丝银,韦燕飞,黄德伦,等.当堂对分课堂结合斯金纳强化理论在生理学教学中的应用[J].广西中医药大学学报,2022,25(5):88-91.

[63]代文玲.强化理论视域下思政课教师素质培养的路径探析[J].重庆电力高等专科学校学报,2022,27(2):47-49.

[64]李玉林,杨付莲,冯丽霞,等.罗森塔尔效应干预措施辅助呼吸训练对慢性阻塞性肺疾病患者自我感受负担及急性发作的影响[J].中国健康心理学

杂志,2021,29(4):533-538.

[65]寇冬泉,张大均.教师职业生涯"高原效应"的心理学阐释[J].中国教育学刊,2006(4):72-75.

[66]徐李娟,黄莹,吴玺宏,等."鸡尾酒会"环境中的知觉线索的去掩蔽作用[J].心理科学进展,2009,17(2):261-267.

[67]王春华.从鸡尾酒会效应看早期教育的有效性[J].学前教育,2016(6):10-11.

[68]范硕,陈欣.色彩的心理效应及其在心理治疗中的应用[J].教育教学论坛,2016(31):68-69.

[69]王思思.用"部落"营造教育新生态:基于"共生"视角下的教学实践[J],文教资料,2019(14):203-204.

[70]刘丹,刘蝶.大学生高峰体验的问题及对策[J].文史资料,2015(32):116-118.

[71]马际娥.巧用心理效应,提高德育效果[J].青少年研究(山东省团校学报),2005(4):28-30.

[72]杨立行.别把孩子视为自己的另一张脸:篮球架效应[J].家长,2015(9):32-33.

[73]田明秀,法焕春.三种心理效应对高职院校班级管理的启示[J].教育教学论坛,2014(20):16-17.

[74]郎晓梅,王维诗."留白"审美模式刍议[J].辽东学院学报(社会科学版),2018,20(5):46-50.

[75]张杰.先苦后甜的阿伦森效应[J].初中生必读,2021(5):9.

[76]刘新明,朱滢.记忆的自我参照效应[J].心理科学进展,2002(2):121-126.

[77]林超.记忆的自我参照效应研究综述[J].黑河学刊,2009(4):38-39.

[78]段菁华.儿童自我参照效应的影响因素及教育启示[J].教育观察,2021,10(4):13-15.

[79]耿永志.教育领域"内卷化"问题分析及政策建议:基于信号论和投资

论的对比[J].教育导刊,2023(1):27-33.

[80]顾银兰.改变孩子要像"温水煮青蛙"[J].考试周刊,2017(17):9-10.

[81]王鹤强."温水煮青蛙原理"对数学教学的启发[J].考试周刊,2013(16):61-62.

[82]但菲."剧场效应":幼小衔接超前补课现象透视[J].辽宁教育行政学院学报,2022,1(1):17-23.

[83]周玮娜.浅谈"困在厕所里的老师"自我救赎[J].考试周刊,2018(88):51.

[84]纪伟,刘丽丽,李影.习得性无助的研究综述[J].吉林省教育学院学报,2011,27(6):98-99.

[85]赵欣怡.基于系列位置效应的初中数学高效课堂教学策略研究[D].西安:陕西师范大学,2021.

[86]王科.初中学生认知地图的构建和训练[D].上海:华东师范大学,2009.

[87]孙慧妍.学前儿童理解和使用地图能力的发展及教育思考[D].上海:华东师范大学,2009.

[88]蒋安慧.小学教师行使教育惩戒权的调查研究[D].赣州:赣南师范大学,2021.

[89]何静雯.甜苦味觉与成败概念的具身隐喻效应[D].苏州:苏州大学,2021.

[90]金怡瑶.坚毅量表在青少年中的测量分析及应用[D].长沙:湖南农业大学,2020.

[91]陶小娟.基于学习金字塔理论的小学数学问题解决教学模式研究[D].重庆:西南大学,2020.

[92]韩雪.大学生焦虑内隐认知与内隐心理健康观的研究[D].苏州:苏州大学,2008.